Carl Eduard Ney

Geschichte des heiligen Forstes bei Hagenau im Elsass

Beiträge zur Landes- und Volkeskunde von Elsass-Lothringen

Carl Eduard Ney

Geschichte des heiligen Forstes bei Hagenau im Elsass
Beiträge zur Landes- und Volkeskunde von Elsass-Lothringen

ISBN/EAN: 9783742869180

Hergestellt in Europa, USA, Kanada, Australien, Japan

Cover: Foto ©ninafisch / pixelio.de

Manufactured and distributed by brebook publishing software (www.brebook.com)

Carl Eduard Ney

Geschichte des heiligen Forstes bei Hagenau im Elsass

BEITRÄGE

ZUR

LANDES- UND VOLKESKUNDE

VON

ELSASS-LOTHRINGEN

VIII. HEFT

GESCHICHTE DES HEILIGEN FORSTES
BEI HAGENAU IM ELSASS

NACH DEN QUELLEN BEARBEITET VON

C. E. NEY
Kais. Oberförster in Hagenau.

ERSTER TEIL.

VOM EINTRITT DES FORSTES IN DIE GESCHICHTE BIS ZUM
WESTPHÄLISCHEN FRIEDEN (1065 bis 1648).

BEITRÄGE

ZUR

LANDES- UND VOLKESKUNDE

VON

ELSASS-LOTHRINGEN

in zwangloser Folge Abhandlungen und Mittheilungen aus dem Gebiete der Geschichte und Litteraturgeschichte von Elsass und Lothringen, Beiträge zur Kunde der natürlichen geographischen Beschaffenheit des Landes, seiner Bevölkerung und seiner Bevölkerungsverhältnisse in der Gegenwart und in der Vergangenheit, seiner Alterthümer, seiner Künste und kunstgewerblichen Erzeugnisse; es sollen daneben selten gewordene litterarische Denkmäler durch Neudruck allgemeiner zugänglich gemacht, und durch Veröffentlichung von Erhebungen über Volksart und Volksleben, über Sitte und Brauch der Stände, über Aberglauben und Ueberlieferungen, über Singen und Sagen der Landesgenossen deutscher und romanischer Zunge das Interesse an der elsasslothringischen Volkskunde befördert werden. Anerbietungen von, in den Rahmen gegenwärtiger Sammlung sich fügenden Beiträge werden den Unterzeichneten jederzeit willkommen sein.

GESCHICHTE

DES

HEILIGEN FORSTES

BEI HAGENAU IM ELSASS

NACH DEN QUELLEN BEARBEITET

VON

C. E. NEY

Kais. Oberförster in Hagenau.

ERSTER TEIL.

VOM EINTRITT DES FORSTES IN DIE GESCHICHTE

BIS ZUM

WESTPHÄLISCHEN FRIEDEN

(1065 bis 1648).

STRASSBURG

J. H. ED. HEITZ (HEITZ & MÜNDEL)

1888.

Zu den geschichtlich interessantesten Forsten Deutschlands gehört ohne Zweifel der heute noch rund 14,000 ha grosse Hagenauer Forst. Mitten in der Rheinebene in einer seit einem Jahrtausend dicht bevölkerten Gegend gelegen und fast durchaus auf einem zur landwirtschaftlichen Benutzung geeigneten Boden stockend, ist seine blosse Existenz schon auffallend, und nicht weniger auffallend ist die fast absolute Abwesenheit von Enclaven fremden Eigentums innerhalb seiner Grenze.

Das — und fast mehr die Eigentümlichkeit der thatsächlich bestehenden Eigentumsverhältnisse — war es, was mich veranlasste, in den ziemlich reichhaltigen und weit zurückreichenden Archiven der Stadt Hagenau und des Bezirks Unterelsass sowie in der vorhandenen Litteratur seine Geschichte an der Hand der Urkunden eingehend zu studieren, und ich übergebe die Resultate meiner Forschungen der Oeffentlichkeit in der Absicht, damit einen kleinen Baustein zur allgemeinen Geschichte des mir zur zweiten Heimat gewordenen Reichslandes zu liefern.

Die nachfolgenden Zeilen enthalten, so viel ich weiss, die erste zusammenhängende Spezialgeschichte eines einzelnen deutschen Waldes und dürften daher auch für die allgemeine Geschichte der deutschen Forstwirtschaft sowie für diejenige der Rechtsverhältnisse im und am Walde in Deutschland nicht ohne Interesse sein. Das vorliegende Heft wird die Geschichte des Forstes bis zum Uebergang der Landvogtei im Elsass an das Haus Oesterreich enthalten. In späteren wird dieselbe bis zum Jahre 1791, vielleicht auch bis zum Jahre 1870 fortgesetzt werden.

ERSTER ABSCHNITT.

Der heilige Forst unter den Saliern und Hohenstaufen (1065 bis 1254).

In keiner vor das Jahr 1065 zurückreichenden Aufzeichnung wird des Forstes ausdrücklich Erwähnung gethan. Nicht einmal die Existenz eines grossen Waldes zwischen Moder und Sauer lässt sich urkundlich nachweisen. Dieses Schweigen der Urkunden ist um so auffallender, als sich heute noch jenseits der Moder und Sauer und an den Ost- und Westrändern des Forstes ziemlich bedeutende Waldmassen fast unmittelbar an ihn anschliessen und ziemlich umfangreiche Waldflächen in dessen nächster Nähe nachweislich erst seit der Mitte des Mittelalters gerodet worden sind.

Was in dieser Gegend zu Anfang des 12. Jahrhunderts noch fast ununterbrochen Wildnis war, umfasst ein Areal von 20,000 bis 25,000 ha. Es sperrte fast das ganze Rheinthal ab und liess nur in der nächsten Nähe des Rheins und in den Vorbergen der Vogesen zwei schmale ziemlich waldfreie Lücken, durch welche sich der Verkehr und grosse Heere ungefährdet bewegen konnten.

Trotzdem wäre es übereilt, aus dem Schweigen namentlich der römischen Schriftsteller und der Geschichtsschreiber der Frankenkriege über das Vorhandensein dieses Waldkomplexes den Schluss zu ziehen, derselbe habe zur Römer- und Frankenzeit überhaupt als solcher nicht existirt. Speziell vom Forste selbst erscheint es durchaus unwahrscheinlich, dass derselbe zu jener Zeit etwas Anderes gewesen ist als Wald und Sumpf.

In der ganzen Ausdehnung des Forstes findet sich auch nicht die geringste Spur früherer zusammenhängender Ansiedelungen. Wohl sind einzelne Teile des Forstes, so namentlich der Forstort Mägstub, zwischen Schweighausen und Mertzweiler gelegen, übersät mit sog. Hünengräbern. Dieselben sind aber durchweg keltischen Ursprungs und entstammen einer Zeit, in welcher die Bevölkerung noch vorherrschend von Jagd und Viehzucht lebte. Zu dauernder landwirtschaftlicher Benutzung waren gerade die armen Sandböden, auf denen die Hünengräber sich fast ausschliesslich befinden, von allen Teilen des Forstes am allerwenigsten geeignet, und fast scheint es so, als wenn sie die damalige Bevölkerung nur deshalb zur Bestattung ihrer Todten benutzte, weil ihr leicht fortzubewegender Boden ihnen das Aufschütten der oft hunderte von Kubikmetern enthaltenden Grabhügel am meisten erleichterte. Ebensowenig sprechen die ganz vereinzelten Funde römischer Ziegel im Forste für Besiedelung des Forstes zu Zeiten der Römer.

Die von unserem verdienten Altertumsforscher Herrn Bürgermeister Nessel ausgeführten Nachgrabungen haben in allen mir bekannten Fällen ergeben, dass die Ziegel immer von Schuppen, Harzöfen und ähnlichen Anstalten geringen Umfangs herrühren, wie sie auch heute noch mitten im Walde errichtet werden.

Auch von Römerstrassen findet sich im Forste keine Spur. Es ist daher bis zum urkundlichen Beweise des Gegenteils anzunehmen, dass der Forst wenigstens in der Ausdehnung, in welcher er heute noch vorhanden ist, schon zur Römerzeit Wald war, und dass ihn die Franken bei der Besitzergreifung als zusammenhängende Waldmasse vorgefunden haben.

Allem Anscheine nach ist er damals, wenn auch in stellenweise etwas weiteren Grenzen, als er sie heute besitzt, als Königsgut, oder, da er nirgends unter dem fränkischen Königsgute aufgeführt wird, wahrscheinlich als Lehensgut irgend eines Heerführers in den Besitz eines Einzelnen gekommen. Es spricht dafür der Umstand, dass er in keiner uns erhaltenen Urkunde als Markwald irgend einer Gemeinde oder Markgenossenschaft bezeichnet wird. Hätte er in irgend einer wenn auch noch so weit zurückreichenden Zeit die Eigenschaft als Markwald besessen, so wäre in den zahlreichen späteren Rechtsstreiten um Eigentum und Servituten dieses Umstandes ohne Zweifel Erwähnung gethan worden. Ausserdem spricht der Verlauf seiner Grenzen dafür, dass er sich von jeher in einer starken, jeden Eingriff hintanhaltenden Hand befunden hat.

In welchem Umfange der Forst damals als Einzelgut von der Verteilung an die Gemeinden ausgeschlossen wurde, lässt sich genau nicht mehr feststellen.

Einigen Anhalt gewähren indessen die Besitzurkunden der Abtei Weissenburg, welche von Zeuss unter dem Titel « Traditiones et Possessiones Wissenburgenses » veröffentlicht wurden. Dieselben umfassen die letzten 70 Jahre des 8. und den Anfang des 9. Jahrhunderts und liefern den unumstösslichen Beweis, dass damals ein sehr grosser Teil der um den Forst herum gelegenen Dörfer nicht allein bereits bestand, sondern dass auch ihre Feldmarkung bereits in hohem Grade, bis zu Drittelshuben und halben Mannsmatten[1] parzelliert war. Die Bänne dieser Gemeinden sind, namentlich wenn sie Gemeindewald und Almende besitzen, spätestens zu Anfang der Frankenzeit ausgeschieden und den Gemeinden überwiesen worden, der Feldbann als geteilte Mark zur Verteilung an die einzelnen freien Mannen derselben, die Almende als ungeteilte, allen Mitgliedern der Gemeinde gemeinschaftliche Mark meist an einzelne, der Wald als ungeteilte Waldmark im Elsass in der Regel an mehrere zu einer Mark- oder Gereutegenossenschaft vereinigte Gemeinden.

Ueber die jetzigen Grenzen der in den Traditiones vorkommenden Gemeinden : Sesenheim, Leutenheim, Forstfeld, Betschdorf, Surburg, Gunstett, Oberdorf, Wörth, Hegeney (falls Aginonivilla Hegeney und nicht Hagenau bedeutet), Mietesheim, Dauendorf, Uhlweiler, Ohlungen, Schweighausen, Wintershausen, Batzendorf, Weitbruch, Gries und Herlisheim, bezw. über die diesen zunächstliegenden natürlichen Grenzen kann sich der Forst seit der Frankenzeit nicht mehr erstreckt haben.

[1] Der Ausdruck « Mannsmatte » oder besser Mannsmahde ist heute noch in der Umgegend von Hagenau gebräuchlich. Er bezeichnete ursprünglich eine Wiesenfläche, die so gross ist, dass sie ein Mann in einem Tage mähen kann, jetzt eine Wiese von 20 a.

Dasselbe lässt sich annehmen von denjenigen Gemeinden, welche zwar in den Traditiones nicht erwähnt sind, aber Gemeindewald oder Almenden besitzen, soferne sich ein späterer Erwerb derselben nicht urkundlich nachweisen lässt, sowie von denjenigen Dörfern, deren Bänne sich zwischen diejenigen der vorgenannten Gemeinden einschieben, soferne ihre Grenze gegen den Forst die naturgemässe Verbindung der ihrigen bildet. Zu den ersteren gehören die Gemeinden Morsbrunn, Forstheim, Griesbach, Ueberach, Bischweiler, Oberhofen, Sufflenheim und Runzenheim. Zu den letzteren Schwabweiler, Bitschhofen und Niedermodern.

Die einzigen jetzt ausserhalb des Forstes gelegenen Gemeinden, deren Bäume demnach zur Frankenzeit noch zum Forste gehört haben können und, wie wir sehen werden, teilweise auch dazu gehört haben, sind von Norden anfangend Biblisheim, Walburg, Hegeney, Eschbach, Laubach, Mertzweiler, Hagenau, Kaltenhausen, Schirrein, Schirrhofen und Königsbrück.

Da indessen die Bäume der Dörfer westlich von Hagenau bis an das linksseitige Hochufer der Moder hinanreichen und von jeher mindestens bis an die Moder gereicht haben und die Gemarkungen der Gemeinden östlich der Stadt weit über die Moder hinausgreifen, so ist es durchaus nicht wahrscheinlich, dass bei Hagenau selbst und weiter abwärts der Forst die Moder überschritten hätte.

Der Teil des Stadtbanns von Hagenau, der auf dem rechten Ufer der Moder liegt, und das früher dazu gehörige Kaltenhausen mit seinem Banne hat mit anderen Worten wahrscheinlich seit der Frankenzeit niemals zum Forste gehört.

Vielmehr bildete gleich bei der ersten Teilung des Landes die Moder oder das nördliche Hochufer des Moderthales die Südgrenze des Forstes. Die Moder selbst war umgekehrt die Nordgrenze des Gebiets, in welchem Kaiser Heinrich II. dem Bischof Wernher von Strassburg im Jahre 1017 den Wildbann einräumte (Als. dipl. I, 150).

Südlich die Moder, nördlich die Sauer, östlich die Banngrenzen von Oberhofen, Sufflenheim, Leutenheim und Kauffenheim, westlich diejenigen von Ueberach, Mietesheim, Griesbach, Forstheim und Morsbrunn sind daher die äussersten Grenzlinien, bis zu denen sich der Forst seit König Chlodwigs Zeiten ausgedehnt haben kann.

In der Mitte des 10. Jahrhunderts war, wenn Batt [1] richtig interpretiert, auch Mertzweiler oder doch der Teil seines Banns, der rechts der Zinsel liegt, bereits gerodet und gehörte nicht mehr zum Forste.

Im Jahre 968 schenkte nämlich Kaiser Otto I. seiner Gemahlin Adelhaid neben anderen Höfen, unter welchen Hochfelden und Schweighausen, einen Hof « Morizenwiller », ebenso 995 Otto III. dem Kloster Seltz u. A. die Kirchen zu Schweighausen und Morcenviller. [2] Der gerade Verlauf der Grenzen dieses Teils des Gemeindebanns spricht für sehr frühzeitige Ausscheidung.

Zu Anfang des 12. Jahrhunderts gehörte aber auch die Hauptmasse der Bänne von Biblisheim, Dürrenbach, Walburg, Eschbach und Laubach nicht mehr zum Forste.

Biblisheim und Walburg sind nachweislich Ansiedelungen um Klöster, welche zwischen 1074 (Walburg) und 1102 oder 1165 von Grafen von Mömpelgardt gegründet wurden.

Diese Familie hatte aber, wenn sie ihn je besessen hat, wie wir sehen werden, wenigstens am Anfange des 12. Jahrhunderts keinen Anteil mehr am Forste. Von Biblisheim speziell existiert auch keine einzige Urkunde, aus welcher hervorgeht, dass diesem Kloster jemals ursprünglich zum Forste oder zum Eigentum der Besitzer des Forstes in jener Zeit gehörige Grundstücke übertragen worden sind.

Es ist deshalb in hohem Grade wahrscheinlich, dass die

---

[1] Geschichte des Eigentums zu Hagenau i. Els.

[2] Ich bin nicht Sprachkenner genug, um mit Batt zu entscheiden, ob aus Morizenwiller und Morcenviller ein Mertzweiler werden kann. In der Nähe von Schweighausen liegt auch ein Dorf Morschweiler. Es wird zu untersuchen sein, ob Morschweiler oder Mertzweiler in kirchlicher Beziehung zu Seltz gehörte. Morschweiler soll nach Batt früher Moraswiller geheissen haben.

fast gerade, heute wie vor 344 Jahren nur mit 4 Steinen vermarkte künstliche Linie, welche heute den Forst von dem Banne von Biblisheim scheidet, bereits um das Jahr 1100 die Grenzscheide zwischen den Besitzungen der Grafen von Mömpelgardt und dem Forste bildete.

Diese Linie verläuft von Norden nach Süden und verbindet den Sauerbach mit dem sog. Halbmühl- oder Biberbach, der antiqua Sura jener Zeit.

Verlängert man dieselbe geradlinig bis zum Eberbach, so schneidet die Verlängerung etwa ein Viertel des Bannes von Walburg zum Forste, und in diesem offenbar aus dem Forste herausgeschnittenen Stücke des Bannes sowie in den südlich des Eberbachs gelegenen Teilen desselben werden wir einen Teil der Schenkungen zu suchen haben, welche, wie wir sehen werden, im Anfang des 12. Jahrhunderts an das Kloster aus Teilen des Forstes gemacht wurden.

Spätestens um das Jahr 1100 bildete also nur östlich von Biblisheim der Lauf der Sauer die Grenze des Forstes, von da bis zum Eberbach war die erwähnte nordsüdliche Linie die Grenzscheide, und von dem Fusspunkt dieser Linie westlich folgte die Grenze dem Laufe dieses Bachs. Hegeney, das mit seinem Banne nördlich des Eberbachs liegt, hat daher, wenn überhaupt, um das Jahr 1100 nicht mehr zum Forste gehört.

Dagegen sind die Dörfer Eschbach und Laubach und die sog. Laubacher Höfe aller Wahrscheinlichkeit nach um jene Zeit auf Forstgrund gerodet, bezw. aus dem Forste herausgeschnitten worden. Es spricht dafür nicht nur ihre zwischen den Forst und den Bann von Forstheim sich einschiebende Lage südlich des Eberbachs sowie ihre frühere Zugehörigkeit zum Patronat des Seltzer Klosters, sondern auch der Umstand, dass Eschbach als «praedium Loubach» in einer Urkunde von 1143 geradezu als «in sacro nemore situm» bezeichnet wird und ebenso eine Schenkung des nachher zu erwähnenden Grafen Regenold an die Abtei Maursmünster, wie Laubach eine Schenkung desselben Grafen an die Abtei Neuburg war.

Dagegen gehörte damals wahrscheinlich der ganze auf der

rechten Seite der Zinsel gelegene Teil des Banns von Mertzweiler und alles, was von dem Banne von Schweighausen links der Moder (oder nördlich des linken Hochufers des Moderthales) liegt, noch zum Forste. Mit Bestimmtheit wissen wir das von dem sog. Staatswalde von Königsbrück und von dem ganzen Teile der Gemarkung von Hagenau, der links von diesem Hochufer gelegen ist, sowie von dem hochgelegenen Teile der Bänne von Schirrein und Schirrhofen. Ob der tiefgelegene Teil des Bannes von Schirrein, das Schirrieth, ursprünglich dazu gehört hat oder in anderer Weise in den Besitz der damaligen Herren des Forstes gekommen ist, lässt sich jetzt ebensowenig mehr entscheiden als die Frage, ob westlich von Oberhofen die Moder selbst oder das nördliche Hochufer des Moderthals damals die Südgrenze des Forstes gebildet hat. Bei dem hohen Werte, den man von jeher auf gute Wiesen gelegt hat, ist es wahrscheinlich, dass man gleich bei der ersten Teilung des Landes den ganzen zu Wiesen geeigneten Teil des Moderthals bis zum Hochufer der Gemeinde als Teil ihrer geteilten Feldmark zugewiesen und nicht zum Sondereigentum des ersten Besitzers des Hagenauer Forstes geschnitten hat.

Auf weitaus dem grössten Teile seines Umfangs waren demnach die Grenzen des Forstes um das Jahr 1100 in ihrem allgemeinen Verlaufe dieselben wie heutzutage; auf sehr lange Strecken ist der Grenzzug genau derselbe wie damals, da nämlich wo er von natürlichen, unverrückbaren Marken, wie Wasserläufen gebildet wird, oder wo der Forst an Waldungen der Gemeinden grenzt, welche gegen den Forst schon 1544 mit uralten Steinen vermarkt waren.

Abgesehen von den umfangreichen urkundlich nachweisbaren, schon durch ihre Form als nachträgliche Ausscheidungen kenntlichen Veräusserungen an die Klöster Walburg und Königsbrück, die Stadt Hagenau und seit 1870 an die Militärverwaltung, von denen später die Rede sein wird, zeigt der Verlauf der Grenze, dass seit 1100 nur verhältnismässig ganz unbedeutende Teile des Forstes durch Usurpation verloren gegangen sein können, so bei Mertzweiler auf dem linken Ufer der Zinsel, wo noch 1544 mitten im Felde gelegene Wäldchen dem Forste zugerechnet wurden, so bei Schweighausen, Schirrein, Schirrhofen und Sufflenheim und vielleicht bei Eschbach.

Im ganzen mag der Forst damals mit allem, was um 1100 noch dazu gehört haben kann, eine Fläche von höchstens 18,000 ha eingenommen haben, während die grösste Ausdehnung, die er seit der Frankenzeit überhaupt je gehabt haben kann, die Fläche von 21,000 ha schwerlich übersteigt.

In diesem Umfange schenkte ihn im Jahre 1065 Kaiser Heinrich IV. als Zubehör des Dorfes Schweighausen (« Schweichusun cum foresto Heiligenforst nominato ») dem Grafen Eberhard von Sponheim zu eigen. [1]

Diese Zugehörigkeit des Forstes zu Schweighausen scheint damals schon lange Zeit bestanden zu haben. Das Kloster zu Seltz, dem, wie erwähnt, Kaiser Otto III. 995 die Kirche zu Schweighausen schenkte, erhob auf Grund derselben später wiederholt Anspruch auf den Zehnten von im Forste gerodeten Grundstücken. Für Walburg wurde dieses Abhängigkeitsverhältnis durch die Bulle des Papstes Honorius von 1133 gelöst.

In welcher Eigenschaft der Kaiser Schweighausen mit dem Forst verschenkte, ob als König und Inhaber des Königsguts, ob als Herzog von Schwaben und Inhaber der zum Herzogtum gehörigen Reichslehen, oder endlich als Volleigentümer des Forstes, ist urkundlich nicht nachzuweisen.

Batt glaubt in seiner Geschichte des Eigentums in Hagenau das letztere annehmen zu dürfen; er rechnet Heinrich IV zu den Nachkommen des sagenhaften Herzogs Etticho, dessen Todesjahr er an den Schluss den 7. Jahrhunderts verlegt, und sucht nachzuweisen, dass alle um den Forst ansässigen ritterbürtigen Geschlechter ihren Ursprung von diesem Herzog ableiten.

Dieser Annahme widersprechen indessen die oben erwähnten Verschenkungen von Schweighausen und Mertzweiler durch die nicht zu den Nachkommen Ettichos gehörigen Ottonen.

---

[1] Schöpflin, Alsatia diplomatica I, 172.

Wenn nicht beide, so war doch sicher Otto I. zur Zeit der Schenkung Herzog von Schwaben und kann dieselbe sowohl als solcher, wie als Inhaber des Königsguts, wie endlich auch als zeitlicher Inhaber eingezogener Allodialgüter rebellischer Herren gemacht haben.

Sei dem, wie ihm wolle. Jedenfalls sind die Sponheimer nicht lange Eigentümer des Forstes gewesen.

Denn bereits 1106, 1116 und 1119 sehen wir gleichzeitig und teilweise gemeinschaftlich den Kaiser Heinrich V., seinen Neffen Friedrich I. den Einäugigen von Büren und Staufen, Herzog von Schwaben, den Vater Barbarossas, und einen Fürsten Peter von Lücelburg, nach einer Urkunde aus 1126 (Als. dipl. I, 204) « unus ex nobilioribus francorum et salicorum proceribus » als Eigentümer und zwar teilweise als Miterben in demselben lehensfreien Familiengute über Teile des Forstes verfügen.

Im Jahre 1106 schenkte Kaiser Heinrich V. dem Kloster Walburg in dem Forste drei Huben Landes « terram abundanter ad tria aratra, duo inter aquas Crewenbach[1] et Eberbach et unum circa monasterium » und räumte demselben gleichzeitig ein unbeschränktes Holz-, Fischerei- und Weiderecht im Forste ein, « usum ejusdem sylvae tam ad aedificandum quam ad calefaciendum *ad eorum libitum* et usum aquarum ad piscandum et ad suum commodum faciendum et pascua eorum animalibus per totam sylvam » (Als. dipl. I, 187).

Demselben Kloster schenkten nach einer Inschrift, die sich nach Bernhard Herzogs Elsässer Chronik über der Sakristei des Klosters befunden hat, « im Jahre 1116 der erlauchte Fürst Friedrich, Herzog von Schwaben, mit seiner Gemahlin Judenta und seinem Miterben, Grafen Peter, Güter, die er inn und ausser dem heil. Forste besass ».

« Darnach », heisst es weiter in dieser um 1592 niedergeschriebenen Chronik, « als man zahlt 1117, da bedracht der durchläuchtig Fürst, Herzog Friedrich, mitsammt seinem

---

[1] Crewenbach ist wohl der heutige Glaswinkelgraben. Derselbe bildet jetzt oberhalb der Einmündung der Verlängerung der Grenze gegen Biblisheim die Grenze.

Vettern Petro, das gut Werk so Kaiser Heinrich, seiner Mutter Bruder, angefangen und bestätiget hatte, und confirmirte solches zu Steinfeld, zugegen seines Vettern Reno und anderen trefflichen ihren Rhäten und Freunden » u. s. w. und befreite es von allen Beschwerden und Dienstbarkeiten.

« Darnach als zwei Jahr verschieden » (also 1119) « haben Friedrich und Judit das Kloster begabet mit dem Vorhof St. Egidi zu Morsbronn, das ist der ganze Walt von der Eberbach untz auf die Surr[1] und Dürrenbach mit Zwing und Bann. »

In verschiedenen Urkunden wird dieser Schenkungen Erwähnung gethan, so in der Bulle des Papstes Honorius II. von 1133, in welcher er die Privilegien des Klosters bestätigt, in einem Berichte des Bischofs Gebhard von Strassburg von 1133 und in dem Bestätigungsbriefe Kaiser Konrads III. von 1138.

In dem Berichte Gebhards ist ausdrücklich gesagt, dass Graf Peter Herzog Friedrichs « in eodem allodio coheres » gewesen sei und dass beide die Schenkungen Kaiser Heinrichs V. bestätigt hätten.

Danach befand sich der Forst zur Zeit dieser Schenkungen im ungeteilten Allodialbesitz der salischen Kaiser, der Staufer und der Grafen von Lücelburg aus dem Hause der Grafen von Mömpelgardt, und zwar stand, wie aus einer später zu erwähnenden Urkunde hervorgeht, den letzteren der dritte Baum im Forste zu. Die übrigen zwei Drittel wurden im Jahre 1125, nach dem Tode Kaiser Heinrichs V., der seinen Allodialbesitz seinem Neffen Friedrich dem Einäugigen vermachte, in der Hand dieses mächtigen Fürsten vereinigt.

Wenig später als Walburg — 1128 oder 1133 — wurde an seinem Südrande, wenn auch gleichfalls ausserhalb seiner Grenzen, das Kloster Neuburg begründet und sowohl von dem

---

[1] 1119 wäre demnach der jetzt dem Herrn A. v. Charpentier gehörige sog. Herrenwald, 1106 dagegen das Gelände südlich des Eberbachs und die dem Kloster zunächst liegenden Teile dem Kloster geschenkt worden. Zur Schenkung von 1116 scheint der sog. Murbruch bei Mertzweiler gehört zu haben. Im Jahre 1259 verkaufte ihn das Kloster als Wald an die Abtei Neuburg.

Sohne Peters, dem Grafen Reginald oder Reinaldus von Lücelburg, wie von Friedrich dem Einäugigen reichlich beschenkt. Schon unter seinem ersten Abte besass es in der Nähe des Forstes die Höfe Lubach (Laubach), Heckenheim (Hegeney) und Suvelnheim, und es ist wohl kaum zweifelhaft, dass die Waldungen bei Laubach sowie die auf dem linken Moderufer gelegenen, offenbar dem Forste entnommenen sog. Klostermatten bei Neuburg, die wir sämtlich später im Besitze des Klosters sehen,[1] zu den ersten Schenkungen gehörten, welche demselben von den Eigentümern des Forstes gemeinsam gemacht wurden.

Im Jahre 1143 starb Graf Reginald ohne Leibeserben als der letzte seines Stammes. Er vermachte seinen Anteil am Forste dem Kloster Neuburg. Aber derselbe verblieb nicht lange in dessen Besitze. Kaiser Friedrich I., Barbarossa, der seinem Vater 1147 als Herzog von Schwaben und 1152 seinem Onkel Konrad III. als deutscher König nachgefolgt war, zwang das Kloster, ihm diesen Anteil gegen ein Hofgut Selnhoren abzutreten, « quod predium », heisst es in einer im 13. Jahrhundert niedergeschriebenen Notiz des Cartulars von Neuburg, « primo possedimus a Frederico imp. in nemore et terra arabili bene ad tres mansos et eo amplius, ac illud nobis contulit pro jure quod habuimus tunc temporis apud Suvelnheim ac in Sacra Silva a Reinoldo comite, qui in testamento nobis delegaverat *in foresto* cum aliis bonis *tertiam arborem*. Sed imperator cum esset prudens et potens atque diversa predia propter inclitam ejus prolem in unum aggregaret istud tantillum predium nobis dedit pro immenso jure, quia non andebamus contradicere ac idcirco opportebat nos istud acceptare. » (Als. dipl. I, 261.)

Infolge dieses Tausches war nunmehr Kaiser Friedrich Alleineigentümer des Forstes geworden, und er wie alle seine

[1] Den Hof Lubach verkaufte das Kloster 1378 mit Zehent, Zwing und Bann an das Kloster Walburg, in dessen Besitz sich das an den Forst anstossende « Münchsholz », jetzt nur noch teilweise Wald, noch beim Grenzberitte von 1544 befand.

Nachfolger aus dem Stamme der Hohenstaufen versäumten keine Gelegenheit, um zu betonen, dass derselbe ihr volles Eigentum, «fundum proprium» ist, und dass sie ihn «heriditario jure» besitzen.

Als alleiniger Eigentümer räumte Barbarossa 1156 dem Kloster Neuburg ähnliche Rechte ein, wie sie Heinrich V. 1106 der Abtei Walburg verliehen hatte. Nur schloss er vom Weiderecht die Schafe aus, beschränkte alle Berechtigungen auf den Bedarf und machte die Bauholzabgaben von der Anweisung durch seine Beamten abhängig.

«Concessimus etiam predicto loco et in perpetuum donavimus», heisst es in der Urkunde von 1158, in welcher er diese Rechte bestätigt und andere einschränkt, «ut animalia *eorum* utantur pascuis in sacra sylva, *ovibus tantum exceptis, ligna vero ad omnium officinarum suarum ignem* faciendum similiter eis concessimus ad aedificationem autem domorum ligna *nonnisi ex consignatione et permissione ministri nostri* accipiant.» (Als. dipl. I, 246.)

Diese Beschränkungen gewinnen forstgeschichtlich dadurch an Bedeutung, dass Kaiser Friedrich an sich das Kloster Neuburg mehr begünstigte als Walburg, dessen Berechtigungstitel, wie wir gesehen haben, diese Einschränkungen nicht enthält. Es scheint daraus hervorzugehen, dass ihre Notwendigkeit in der Zeit zwischen der Einräumung beider Berechtigungen, also zwischen 1106 und 1156 oder 1158 erkannt wurde.

Der Gewährung der Forstberechtigungen an das Kloster Neuburg folgte 6 Jahre später, im Jahre 1164, eine weitere für die nach der Verleihungsurkunde zwischen 1105, dem Jahre der Belehnung Friedrichs des Einäugigen, und 1125, dem Todesjahr Kaiser Heinrichs V., wenn nicht erst gegründete, so doch mit Stadtrechten versehene Stadt Hagenau.

«Nostra eciam liberalitate», lautet der auf den Forst bezügliche Satz der Urkunde, «nemus *adjacens* usui illic inhabitantium hac racione permittimus Ligna usui sue necessaria in aedificando vel eciam comburendo quisque componat, foenum quantum sibi necessarium fuerit, ibidem colligat, hoc tamen intermittendum, *ne quercui vel fago* nisi *ad usum aedificiorum* manum aliquis imponat, porcos vel quecunque animalia praeter oues ad pascendum libere compellat, salva mercede pastoris», oder wie in es einer uralten Uebersetzung heisst: «Von vnszer Miltekeit der Walt der bey der Stadt lit, han wir gelassen ze sture sind den lüten die da wohnent, also dasz ir jeglicher Holz dinne gewinne, das er zu nothdurfft bedarf zu buwen und zu burnen, Howe also viel alsz sie bedurffent, sullen sie da sammen, doch soll mann das lassen, dasz jeman sien handt Iht lege an ein Eüch oder ein Buch, es seye denne zu buwenne, Schwein undt ander ir viehe alles one schoff sullen sie frielich weiten vntzigen des hirten lones.» (Stadtarchiv, Freiheiten.)

In dieser Urkunde sind die gleichen Beschränkungen enthalten wie bei derjenigen für Neuburg; beim Brennholz ist das Verbot der Nutzung von Eichen und Buchen hinzugefügt. Nur fehlt die Forderung der Anweisung des Bauholzes durch die Förster.

Da aber, wie wir sehen werden, das Bauholz, soweit die Forstordnungen zurückgehen, von den Hagenauern bei den Forstmeistern immer geheischt werden musste, so ist wohl anzunehmen, dass die ausdrückliche Einsetzung dieser Beschränkung in die Rechtstitel nur deshalb unterblieb, weil sie schon damals für selbstverständlich galt. Die ganze Art, wie sich das Rechtsverhältnis der Stadt zum Forste gegen Schluss der Periode gestaltet hat, widerspricht der Annahme, dass die Stadt sich jemals ein einmal innegehabtes Forstrecht habe beschränken lassen.

Das damalige Hagenau lag mit seinem ganzen Banne auf der rechten Seite des linken Moderarmes, die kaiserliche Burg speziell auf der von den beiden Moderarmen gebildeten Insel. Was auf dem linken Ufer des linken Moderarmes lag, war fundum proprium des Kaisers, und wie aus dem «nemus adjacens» des Stiftungsbriefes von 1164 und dem «foresta ipsi civitati adjacente» des später zu erwähnenden Bestätigungsbriefes König Richards von 1257 hervorgeht, in der Hauptsache noch zum Forste gehöriger Wald.

Auf diesem fundum proprium gründete Barbarossa 1189 das Nikolausspital, und diesem Spital bestätigte 1207 König Philipp, dass ihm sein Vater Barbarossa in einer im Spital selbst ausgestellten Urkunde u. A. « totam illam plebem quae est citra aquam quae dicitur Modra » geschenkt habe. Auf dem linken Moderufer scheinen sich demnach seit Gründung der Stadt Leibeigene angesiedelt zu haben, die, auf dem Grund und Boden des Kaisers sitzend, ihm nicht nur zehnt-, sondern auch als Leibeigene dienstpflichtig waren.

König Heinrich VI. zog ihre Wohnsitze unter dem Namen Königsau in die Befestigung der Stadt. « In nova civitate Kunigesowe quae in fundo nostro proprio constructa dinoscitur », heisst es in einer 1235 vom Könige ausgestellten Urkunde, in welcher er das Pfarrrecht in derselben dem Nikolausspital verlieh.

In derselben Urkunde übertrug er dem Spital auch « augiam nostram in Buzenheim,[1] que prope novam civitatem sita videtur ..... ut ipsi ea in hiis quae culta et inculta videntur ..... libere utantur ». (Batt I, 184.)

Eine weitere Veräusserung von Teilen des fundum proprium zu Lehen an die Bürgerschaft von Hagenau aus dem Jahre 1251 durch König Konrad IV. wird von Batt (I, S. 197) erwähnt, ihr Umfang aber nicht angegeben.

Die Schenkungen der folgenden Periode scheinen aber zu beweisen, dass zur Hohenstaufenzeit bei Hagenau auf dem linken Moderufer nur solche Teile aus dem Forstgrunde veräussert wurden, welche längst in der Stadt selbst aufgegangen sind.

Der eigentliche Feldbann und was an zerstreuten Höfen und an Wald auf dieser Seite der Moder gelegen ist, gehörte beim Tode König Konrads noch rechtlich zum Forste, wenn

---

[1] Unter dieser in der Nähe der Königsau gelegenen « augia » in Buzenheim ist wohl das Gelände zu verstehen, welches sich östlich an die Königsau anschloss und die Lücke zwischen derselben und dem unteren Teile der Altstadt ausfüllte.

auch in jenen unruhigen Zeiten manche unbefugte Eingriffe der Stadt und der Bürger in die Substanz des fundum proprium unbemerkt und ungeahndet geblieben sein mögen.

Die rechtsgültig stattgehabten Veräusserungen von Teilen des Forstes sind mit anderen Worten unter der Herrschaft der Hohenstaufen in der Gegend von Hagenau von sehr geringem Umfange gewesen. Sie beschränkten sich auf die zur Vergrösserung der Stadt selbst erforderlichen Flächen. Sonst haben seit der Thronbesteigung Barbarossas während dieser Periode nur zwei Veräusserungen stattgehabt, und beide sind von sehr geringem Umfange.

Die erste betrifft zwei Sümpfe, die grosse und kleine Hundeslau bei Suffelnheim, welche längst in den Bann dieser Gemeinde aufgegangen sind, die zweite die kaum 10 ha grosse, im Forste inclavierte sog. Salzmatt bei Mertzweiler, « paludem quamdam que Saltzbrouch vocatur infra terminum nemoris nostri » (Als. dipl. I, 331), welche Kaiser Friedrich II. 1216 dem Kloster Neuburg schenkte, und welche bereits 1699 wieder zum Forste gehörte, ohne dass über die Art des Rückerwerbs in den Urkunden Aufschreibungen vorhanden wären. Die Salzmatt ist die einzige Enclave im Forst, welcher in den Urkunden aus jener Zeit Erwähnung gethan wird. Die beiden Hundeslowe wurden 1215 demselben Kloster gegen einen Erbzins von jährlich zwei Solidi verkauft. Verkäufer war dagegen nicht der Eigentümer des Forstes, sondern die Forstmeister (forestarii) Wolvelin und Erlewin, zu deren — wenn ich mich so ausdrücken darf — Dienstland sie gehörten. « Noverint », heisst es in dem Briefe des Abtes Albero von Neuburg von 1215 (Als. dipl. I, 330) « igitur omnes in hoc consinio consistentes quod in Sacra Silva juxta grangiam nostram Suvilheim site sunt duo paludes, que Hundeslouwe major et Hundeslouwa minor vocantur et *ad jus saltuariorum* pertinere dicuntur. Nos igitur ... easdem paludes ... a forestariis Wolvelino et Erlewino heriditario jure nobis successoribusque nostris in perpetuum aequivimus, ea sane ratione, quatenus prefatis silvatois ipsorumque successoribus cunctis de jam predictis paludibus et quibusdam aliis agris ... singulis annis in ascensione Domini duos solidos Argintenensis monete persolvamus.»

Forststrafrechtliche Bestimmungen sind aus der Hohenstaufenzeit nicht auf uns gekommen. Alle Wahrscheinlichkeit spricht aber dafür, dass die schon in einer der ältesten forstlichen Verordnungen, die uns erhalten sind, derjenigen von 1365, erwähnte « alte besserung des richs », d. h. die später zu Gunsten des Reiches erhobene herkömmliche Strafe für Forstvergehen, wenn sie nicht noch älter ist, aus der Zeit der Hohenstaufen stammte. Ihre nächsten Nachfolger haben sich schwerlich damit befasst, derartige Bestimmungen zu erlassen.

Diese « alte Besserung des Reichs » betrug nach der Forstordnung von 1435 für unbefugtes Fällen von Eichen « von jedem Stock ein Pfund Strassburger Pfennige ». Es ist aber in der Einleitung zu dieser Forstordnung ausdrücklich gesagt, dass « In all disen vor und nachgeenden Dingen dem Reich sein alt besserung behalten und unverdingt sein sol ».

Es scheint demnach, dass diese Forstordnung wenigstens teilweise nur die Einschärfung und Verschärfung aus der Hohenstaufenzeit übernommener Gebote und Verbote bezweckte.

Eigentümer des Forstes waren seit Barbarossas Zeiten bis zur Wahl Wilhelms von Holland (1247) unbestritten die deutschen Könige als Inhaber des Familiengutes der Staufer. Von da hatte ihn zeitweise dieser Gegenkönig Friedrichs II. und Konrads IV. in Besitz. Aber erst nach Konrads Tode (1254) wurde der Forst mit allem staufischen Familiengute Reichsgut.

Als Forstbeamte fungierten zur Hohenstaufenzeit forestarii, in der Urkunde über die Hundeslowe auch saltuarii und silvatici genannt, und zwar, wie es scheint, deren gleichzeitig je zwei. Wenigstens figurieren in der Urkunde über die Hundeslowe von 1216 die beiden forestarii Wolvelin und Erlewin als Verkäufer und in derjenigen über die Salzmatt (1215) die forestarii Drutmanus und Erlewinus als Zeugen.

Diese forestarii scheinen hohe Beamte gewesen zu sein. In dem Schenkungsbriefe über die Salzmatt sind Fürsten ihre Mitzeugen; ausserdem ist der forestarius Wolvelinus wohl identisch mit dem cellerarius Wölfelinus des Jahres 1213 und dem scultetus Wolfelinus der Jahre 1215, 1227 und 1232, einem Mann, der unter Heinrich VI. zu so hohem Ansehen gelangte, dass ihn der Chronist einfach « praefectus Alsatiae » nennt.

War Wolvelinus wie anzunehmen 1216 ausser forestarius auch scultetus (Schultheiss), so datiert die später auf landvögtischer Seite stets geübte Gewohnheit, das Forstmeisteramt im Nebenamt durch andere höhere Beamte verwalten zu lassen, schon aus dieser Zeit. Die in den Forstordnungen der nächsten Periode anerkannten, sonst unerklärlichen Ansprüche der Hagenauer Schultheisse auf die Würzlinge im Forste würden so ihre natürliche Erklärung finden. Das Forstmeisteramt wäre dann zur Hohenstaufenzeit ein Zubehör des Schultheissenamtes gewesen.

Allem Anscheine nach war dieses Amt damals in Hagenau nicht Erblehen bestimmter Familien. Der Wechsel der Namen von 1215 bis 1216 und das Versprechen König Konrads an einen « hierosolymae magister » vom Jahre 1245, dessen Schwiegersohn Ditmar « ad officium forestarii promoturum fore », spricht für diese Annahme.

Als Gehalt bezogen die forestarii wie es scheint nur Naturalreichnisse, die Nutzung der zum Forstmeisterrecht gehörigen Ländereien und Teile der abgegebenen Hölzer, vielleicht auch Anweisgelder. Die Ländereien durften sie, wie aus der Urkunde von 1215 hervorgeht, gegen Erbzins verkaufen.

Den niederen Forstdienst, insbesondere den Forstschutz besorgten, wie aus einer später zu erwähnenden Urkunde von 1296 (Als. dipl. II, 65) hervorzugehen scheint, die Diener (famuli) der forestarii, oder wie es dort heisst, der officiati forestarii. König Adolph verbietet durch dieselbe « officiatis forestariis et eorum famulis » die Abtei Königsbrück an der Ausübung damals neu eingeräumter Forstrechte zu hindern.

Ausser den forestariis wird in jener Zeit und zwar in einer Urkunde Kaiser Friedrichs II. aus dem Jahre 1219 « quidam *venator* noster cognomento Elba » als Inhaber mehrerer Güter in Hagenau erwähnt, die dem Kloster Neuburg geschenkt wurden. Ob dieser Jäger auch Forstbeamter war, ist nicht zu ermitteln. Er wird in der Urkunde erst hinter einem « servus noster» Namens Heinrich Rex genannt und ist deshalb wohl nur eine Art Leibjäger gewesen.

Ueber die Art der Bewirtschaftung des Forstes zu jener Zeit fehlt jeder urkundliche Nachweis, ebenso über die Art der Bestockung. Ausdrücklich genannt sind in den Urkunden aus jener Zeit nur Eichen und Buchen und zwar als Holzarten, welche die Hagenauer nicht zur Deckung ihres Brennholzbedarfs benutzen durften. Es unterliegt aber wohl keinem Zweifel, dass der Forst damals schon alle Holzarten enthielt, welche in den Urkunden der nächstfolgenden Periode namentlich erwähnt werden.

ZWEITER ABSCHNITT.

Vom Tode Konrads IV. bis zur zweiten Verpfändung an die Pfälzer (1254 bis 1408).

Hatte König Konrad schon bei Lebzeiten sein angestammtes Herzogtum nicht zu behaupten vermocht, so sprachen seine Nachfolger seinem Sohne Konradin alle Ansprüche nicht nur auf das Herzogtum Schwaben, sondern auch auf das dort gelegene staufische Familiengut ab. In einem von Hagenau datierten Briefe von 1262 erklärte König Richard, das Herzogtum sei längst dem Reiche einverleibt.

In der That schaltete derselbe bereits 1257 in dem Herzogtum überhaupt und in dem heiligen Forste insbesondere als alleiniger Herr. In der Charte von 1257 bestätigte er der Stadt als Dank für ihre Unterwerfung « jus in foresta ipsi civitati adjacente ac palude, quod *Reit* vulgariter nuncupatur, prout eis a predictis predecessoribus nostris *indulta* fuisse noscuntur similiter indulgentes». (St.-A. AA 100.)

Aber erst nach Konradins Tode wurde der Forst offiziell zum Reichsgute. In der oben erwähnten Urkunde König Adolphs von 1296 gestattete derselbe der Aebtissin und dem Konvent zu « Königsbrucken im Heiligenforst » « ex benignitate regia », « ut pecora sua parva et magna seu pecudes specialiter porci sui *silvam Heiligenforst nostram et imperii* intrare debeant et nutriri valeant de pascuis et glandibus silve ejusdem. Et quod eadem abbatissa et conventus in dicta silva Heiligenforst ligna sine contradictione qualibet secare possint et educere pro suis necessariis edificiis et quotidianis ignibus opportuna. » (Als. dipl. II, 65.)

Ebenso heisst es in einer für die ganze Zukunft des Forstes hochwichtigen Urkunde Kaiser Albrechts von 1304 : « bona *imperii* non diminuere sed augere disponentes mandamus, ut nullus hominum *nemus nostrum et imperii* dictum Heiligenforst deinceps vastare vel evellere radicitus aut novalia aliqua facere audeat aliqualiter vel presumat, sed volumus ut de pertinenciis et juribus ipsius nemoris apud antiquiores homines circa metas nemoris residentes diligens inquisicio habeatur, et ea que per inquisicionem habitam inventa fuerint dicto nemori pertinere, sive sint culta vel inculta, nemori predicto attineant et inantea non colantur, sed pro augmento nemoris foveantur. » (St.-A. A 100.)

Auch sein Nachfolger Heinrich VII. der Luxemburger verfügte noch ganz selbständig über den Forst. Er verlieh 1310 dem Kloster Biblisheim das Recht, ausser seinem eigenen Vieh alljährlich 80 Schweine « in foresta nostra, quae dicitur der heilige forst » zur Weide zu treiben und zum Brennholz geeignete Hölzer zu fällen « et nihilominus arbores et ligna, quibus ad edificanda et reparanda sua edificia indiguerint », zu hauen und zu nehmen, « quantum de utrisque necesse habuerint », und ebenso dem Kloster Walburg das Recht auf Eintrieb von 120 Schweinen. Im gleichen Jahre verpfändete er den Forst auf 4 Jahre an den Landvogt im Elsass, Grafen Gottfried v. Leiningen.

Aber schon zwei Monate nach seinem Tode beginnen die

Versuche der Stadt, sich in das Miteigentum des Forstes zu setzen, bezw. sich den Besitz der in den Jahren des Verfalls des Reiches usurpierten Rechte zu sichern. Sie liess sich am 27. Oktober 1313 von den provisorischen Landvögten und Pflegern Johann von Lichtenberg Vater und Sohn einen Revers ausstellen, in welchem die letzteren u. A. erklären :

« 6. wir sullent ihn auch lassen das Schürrieth zu iren allmeinde; doch soll ein schultheiss darin meigen und howe nemen zu siner notdurft, alse die scheffen ziemlich und mügelich dunket.

7. wir sullent in auch lassen den dritteil an den eckern uf dem teile des waldes der da heisset des künigs wald und och des riches amtlüte bisher genutzet hant, zu der stette notdurft.

8. wir sullent ouch nit gestatten dass von unsere wegen oder der bürger oder jemands anders, jeman den wald howe schedelich oder da ine iage, es sie dann dasz wir und der rat von Hagenau gemeinlich sie übereinkommen und es erlöbent, wanne wir sullent wald und wild heigen.» (Mones Zeitschrift, Bd. VIII, L. II, 170.)

Sie liess sich bald darauf — im Jahre 1315 — von Friedrich dem Schönen, den sie, wie sie an die Stadt Constanz schrieb, anerkannt hatte, « weil er das feld behub », die Mastnutzung auf zwei Jahre abtreten und wusste der Urkunde eine solche Fassung zu geben, dass dieselbe ihr implicite ein Anrecht auf einen Teil des Forstes zugestand. « Ut edulio in sacra foresta », heisst es in derselben, « *in parte nos contingenti* per dictum biennium perfruantur» (Stadtcartular), als ob es damals einen Teil des Forstes gegeben hätte, der den Kaiser nichts anging, und als 1337 Kaiser Ludwig der Bayer, hart bedrängt, . dem Pfalzgrafen Rudolf für « etwi vil geltz » die « Ekker vnd di aycheln vf vnszm vnd dez Riches wald vnd forst ze hagenaw vnd di nutz und gilt die von den selben aycheln geuallen mügen» verpfändet hatte, da gebietet er den Hagenauern « vestichlichen bei unsern hulden daz ir in den vorgenanten walt und fforst ze hagenow von vnsern vnd des Riches w e g e n b e h ü t e n d v n d h e i e n d vnd vns das pflegend, als ir bishar getan habend, vnd och nicht gestattend daz vns ieman dheinen schaden daran tu mit hawen noch mit brennen, dann als es von alters bis herckomen ist das wollen wir mit nichten emberen». (St.-A. AA 100.)

In den 24 Jahren, die seit dem Tode Heinrichs VII. verflossen waren, hatte also die Stadt unter kluger Ausnutzung der Zeitverhältnisse es durchgesetzt, dass zwei deutsche Könige der eine ihr Recht auf die Mithut, der andere auf das Eigentum an einem Teile des Waldes anerkannte, und sich ausserdem von den Landvögten einen urkundlichen Beweis verschafft, dass sie 1313 das Schürrieth — das Reit —, an welchem ihr König Richard 1257 nur ein jus zuerkannt hatte, als Almende und das Recht auf den dritten Teil der Mast im Forste in thatsächlichem Besitz hatte. Sie hatte endlich das Versprechen der Landvögte, niemand ohne ihre Zustimmung das Hauen und Jagen im Forste zu gestatten.

In den Kämpfen der Zwischenzeit hatte sich die Stadt zeitweise noch grössere Rechte angemasst; sie hatte sogar des Kaisers Forstbeamte abgesetzt; denn 1322 musste ihr Ludwig der Bayer befehlen, sie solle «Ludwig den Ungerer wieder nemen zu dem forstamt daz er vor gehabt hat». (St.-A. DD 43.)

Hagenau war eben eine mächtige Stadt geworden, die sich so wenig als die Fürsten um die Reichsgewalt kümmerte. Sie war Inhaberin des Gerichtsstabes über die zuerst 45, dann 40 Reichsdörfer geworden, welche die Pflege Hagenau bildeten, und hatte in den zur Landvogtei gehörigen Städten einen mächtigen Rückhalt, wenn sie auch erst 1354 mit ihnen den Bund der 10 Städte schloss, der in der elsässischen Geschichte eine so grosse Rolle spielt. Jedenfalls war sie in der Lage, sich von den Kaisern ihre Freundschaft bezahlen zu lassen.

Der Nachfolger Ludwigs, Karl IV., war der Mann, wie sie ihn gebrauchte. Kaum war er als Kaiser anerkannt, als er auch schon nach Hagenau kam und der Stadt im Dezember 1347 eine Urkunde ausstellte, in der es heisst: «von erst hant wir ihn die Gnade getan, dass wir wellent, dass der wald den man nennt den **heil. Forst, nie mer sol geschieden werden von der Stadt Hagenau»**, und weiter: «Und dass gnade um gnade wird geton, so hant wir unsern egenanten bürgern zu Hagenau gegeben und derselben Stadt imerme, **das Feld und die Weide**, der man spricht **das Stöcky**,[1] da Sigelman unser burgman, das vierteil davon hat, also dass unsere vorgenannten bürger ire drieteil desselben Feldes sullent nutzen und bruchen wie es in füget imerme.» (St.-A., Freiheiten.)

Zwei Jahre später, am Uffartstag 1349, tritt er der Stadt einen weiteren namhaften Teil des Waldes — zwischen der Stadt und der jetzigen Waldgrenze — ab und gestattete ihr die Rodung eines Teiles desselben sowie der Almende und Weide, deren Besitz ihr die Herren v. Lichtenberg erst 36 Jahre früher bestätigt hatten. «Darum so geben wir In von vnserer königlichen gnade das Mittelstücke, das da lieget an der burger walde vnd sich ziehet an die hattern weg vnd vbertzwerchs rüret einsit an der burger walde vnd andersit unsz an den Biberbach[2] und darzu vollen gewalt und macht. dass sie usz demselben müttelstücke und usz der almende und viehweide[3] die zu der statt zu Hagenau gehörent, eckern machen mügen vnd dieselben zinshafftig machen vnd anderr Inn Ire statt gemeynen nutz keren und wenden als In das allernützlichst ist; alles in solcher Bescheydenheit, dasz sie von der gnade

---

[1] In diesem «Stöcky» oder wie es in der Bestätigungsurkunde Kaiser Karls V. von 1521 heisst, in dem «Riet und Gestöcke, so man jetzt nennt das Schierriet» unterhalb der Stadt Hagenau gelegen, ist, wie aus dem weiteren Wortlaute derselben hervorgeht, der heutige, in den Stürmen des 17. Jahrhunderts wieder zu Wald gewordene «Burgbann» mit inbegriffen. Mindestens der hochgelegene Teil desselben gehörte früher zum Forste. Wann Sigelmann mit dem Vierteil desselben belehnt wurde, ist urkundlich nicht erwiesen.

[2] Der der Stadt überlassene Teil reichte also bis zum Biber- oder Halbmühlbach. Er schloss demnach den späteren Bürgerwald in sich.

[3] D. h. das Stück jetzigen Feldes westlich der Wörther Strasse, das eigentlich Wald wohl durch fortgesetzten Vieheintrieb zur Weide geworden war.

wegen die wir In tun mit diesem brief nit gryfen sullent über den Brunbach der da vor dem walde aberünnet.» (B.-A. C 87.)

In dem gleichen Jahre gestattete Kaiser Karl seinem Schwager, dem Pfalzgrafen Rudolf, das Schultheissenamt zu Hagenau mit dem Forst und Wildbann und den Klöstern und aller Zugehörung von dem Herzog Friedrich von Teckhe, auf den das Pfand wohl inzwischen übergegangen war, um 1400, die Landvogtei im Elsass dagegen von Johann von Vinstingen um 600 Mark[1] lötigen Silbers einzulösen und seinerseits als Pfand zu behalten (Als. dipl. II, 193). Als Pfandinhaber bestätigte Pfalzgraf Rudolf 1352 namens des Kaisers die Abmachungen der Stadt mit dem Unterlandvogte Hugo von Hohenberg über das Mittelstück und «dass der Wald bei der Stadt bleiben solle». (St.-A. AA 208.)

Dass mit diesen Abmachungen und Bestätigungen der im Stadtarchiv (DD 57) aufbewahrte und offenbar nicht eingelöste Schuldschein des Pfalzgrafen Rudolf über 200 ℔ und die Quittung des v. Hohenberg über 700 «Gulden von Florenz, die sie uns schuldig waren von des miteln Stückes wegen des heiligen fforstes» (St.-A. DD 43), beide aus 1352, in ursächlichem Zusammenhang stehen, ist wohl kaum zweifelhaft.

Fünf Jahre der Regierung Karls IV. hatten daher hingereicht, um der Stadt, bezw. ihren Bürgern die Anerkennung des vollen Alleineigentums über diejenigen Teile des heutigen Stadtbannes und des früher dazu gehörigen Bannes von Schirrein und Schirrhofen, welche, 400 bis 500 ha gross, zwischen dem linken Ufer (oder dem linksseitigen Hochufer) der Moder und der heutigen Forstgrenze liegen, ausserdem die Bestätigung der Zugehörigkeit des Forstes zur Stadt und endlich den Bürgerwald zu verschaffen, in welchen wir sie später im Alleinbesitz des Mastrechts sehen.

Von dem früher zum Forste sowie zu dem sonstigen Familiengute der Hohenstaufen gehörigen Teile des Bannes von

---

[1] Dieser Unterschied zwischen der Beleihung der Landvogtei einerseits und des Schultheissenamts mit Forst und Wildbann anderseits ist für den Wert des letzteren charakteristisch.

Hagenau hat demgemäss die Stadt zur Vergrösserung ihres Feldbannes erhalten:
1) das eigentliche Schürriet als Almende 1313;
2) den Burgbannwald und die ihn umgebenden Höfe, soweit sie nicht zu dem Lehen Sigelmanns, d. h. zum Stangenhof gehörten, unter dem Namen Stöcky 1347;
3) den westlich anstossenden Teil westlich bis zur Wörther Strasse und nördlich bis zum Brumbach als zu rodenden Teil des Mittelstücks und von da bis zur Moder als zu rodende Almende und Viehweide [1] 1349.

Als Nordgrenze des Bannes von Hagenau längs des Mittelstücks war der Brumbach bezeichnet. Thatsächlich hat er ihn stellenweise um einen Kilometer überschritten — zu welcher Zeit, ist nicht nachgewiesen.

Der übrige Teil der Urkunde von 1349 ist zu französischer Zeit, wenn auch ohne Erfolg, benutzt worden, um aus derselben den Beweis zu liefern, dass die Stadt damals den nördlich des Brumbachs gelegenen Teil des Mittelstücks zu vollem Eigentum erhalten habe.

Da ihr aber nach der Forstordnung von 1435 in diesem Teile des Waldes nur das ausschliessliche Recht der Mastnutzung zustand, so ist wohl anzunehmen, dass ihr damals Karl IV. auch nur dieses Recht verliehen und auf diese Weise den Eckerich, dessen dritten Teil sie nach dem Reverse von 1313 zu nutzen befugt war, in natura nach der Fläche theilte. Gerade die Zeit von 1349 bis 1435 mit ihren schwachen Kaisern war nicht dazu angethan, ein einmal erobertes Recht für die Stadt verloren gehen zu lassen. Vielmehr machte dieselbe, nachdem ihr einmal die Untrennbarkeit des Forstes von der Stadt zugestanden war, von derselben den weitgehendsten Gebrauch.

[1] Wie dieses Stück zur Almende der Stadt geworden ist, ist nicht nachgewiesen. Wahrscheinlich war es durch den ständigen Vieheintrieb, der kein Holz mehr aufkommen liess, thatsächlich zur Viehweide geworden und von der Stadt wie früher das Schürriet stillschweigend in Besitz genommen worden, so dass Karl IV. 1349 dort nur einen thatsächlich bestehenden Zustand bestätigte.

Die Bürger schalteten wie Eigentümer im Walde, so zwar dass der Kaiser 1351 gezwungen war, der Stadt zu verbieten, die Herren von Lichtenberg und ihre Dörfer[1] in dem Genusse ihrer Forstrechte zu stören, die, wie aus einer Urkunde von 1449 hervorgeht, ihnen vom Reiche verpfändet waren[2] (Batt II, 384). 1352 musste er den Pfalzgrafen zum Richter über die Frevel der städtischen Bürger setzen, die den Wald wohl um 1000 ₰ heller geschädiget und die gepfändeten Frevler gewaltsam befreit hatten (St.-A. AA 104).

Das hinderte den Kaiser aber nicht, in dem gleichen Jahre dem Landvogt, dem Schultheissen und der Stadt — «ernstlich gemeinlich vnd besundern» zu gebieten, «daz ir den vorgenanten wald forbaz mer heyen huten besetzen und beschirmen sullent, also daz vns dem Reiche vnd der vorgenanten stat zu hagenow hernachmals dheyn schade geschehe noch verhowen werde wen zu notdurft als zytlich vnd bescheydentlich ist in dheynem wys» (St.-A. AA 24 und 100). Die Stadt wird also zur Mithut geradezu aufgefordert und ihr Interesse an der Erhaltung desselben in einer Linie mit demjenigen von Kaiser und Reich angeführt. Trotzdem wird der Forst in der gleichen Urkunde immer noch, wie früher, als «vnser vnd des Reichs walt» bezeichnet.

In einem Schreiben von 1354 teilte der Kaiser der Stadt mit, «dass wir von dem hochgebornen Ruprechten dem aelteren, unserm lieben fürsten vnd schwoger den forst zu Hagenau gelöset haben um zehn tausend gulden, dafür er ihm zu pfande stunde, und haben ihm dieselben zehntausend gulden geschlagen uf ander sin pfant» (St.-A., Freiheitenbuch), und 1385 giebt er «dem Burgermeister, dem Rate vnd den Burgern gemeinlich der Statt ze Hagenowe» «follegemacht vnd gewalt» «von uns und des richs wegen» denen zu wehren, die den Wald dadurch

---

[1] «Merzwilre, Schweighuse, Dochendorf, Niedermatern, Ubroche, Bitzhofen, Griesbach, Forschheim, Espach, Minversheim und Hittendorf.»

[2] Nach einer Notiz in den späteren Prozessakten datiert die Verpfändung aus dem Jahre 1322. Die Rechte bestanden aus dem Rechte auf Zaunreisig, auf Leseholz und Waldweide.

verheeren, dass sie aus Eichenholz Fässer machen (St.-A., Freiheiten). Auch in diesem Briefe ist der Forst als «unser und des richs wald» bezeichnet.

Als Miteigentum scheint aber Karl IV. selbst das Recht der Stadt auf die Mithut nicht aufgefasst zu haben. Wenigstens dehnte er noch 1362 ohne Zustimmung der Stadt oder doch ohne dieselbe zu konstatieren, die Holz- und Weideberechtigungen, welche die Familie von der Weitenmühle als Burgmänner von Hagenau im Forste besass, auf andere von ihnen ausserhalb des Bannes von Hagenau zu erwerbende Güter aus (Bezirks-Archiv E 275 Nr. 3), ebenso verlieh er 1372 dem Herrn von Fleckenstein gleichfalls «zu besserung seines burglehens» für alle Zeiten das Recht, «In vnnserm vnd des Rychs walde, den man nennet hagenauwer forst allezley wild klein und grosz wie es genant were zu jagen und zu fangen und zu Irer vesten gesezzen vnd ander redlicher notturfft zymmerholz vnd brenholtz» zu hauen und wegzuführen, und verbietet dem Landvogte, dem Meister und Rate der Stadt und «den forstmeystern der egenanten welde», sie daran zu hindern (B.-A. C 87).

Ja, er trat sogar zwei Jahre nachdem er der Stadt die «Gnade gethan», dass der Forst nicht von der Stadt geschieden werden solle, und 10 Tage nachdem er ihr das Mittelstück geschenkt hatte, einen sehr bedeutenden Teil des Forstes, den 506 ha grossen sogenannten Königsbrücker Wald, an das mehrerwähnte Kloster Königsbrück zu vollem Eigentum ab. «Nous leur avons donné et donnons», heisst es in einer im Bezirksarchiv Strassburg aufbewahrten Uebersetzung aus dem 17. Jahrhundert, «par nostre puissance Royalle et grace particulière le Canton et district de bois nomme la Hart, et la Blaisse, autrement Dinguelach, ainsy qu'il se continent et aboutit sur les jeunes chesnes d'un costé, et entre les ruisseau dit Kolbach, près les hautes ausnes, situé chez le d^t couvent, donnons et livrons *en propre* aux d^t Religieuses et au Monastere de Königsbrück de nostre propre mouvement et *du consentiment de l'Empire*, la d^t Hart et la Blaisse autrement dite Dinguelach, et voulons qu'elles la possedent et en jouissent a perpetuité sans aucuns empechement et opposition quelconque comme de leur droit et bien propres ... et leur donnons plein pouvoir et puissance de se servir et disposer de la d^t Hart et Blaisse comme de leurs biens propres et libres selon leur bon plaisir.»

Die betreffende Urkunde ist vom Vorabend des Palmsonntags 1349 datiert, während die obenerwähnte Schenkungsurkunde über das Mittelstück am «uffartstag» desselben Jahres ausgestellt ist. Ob beide in Zusammenhang mit einander stehen, ist nicht festgestellt. Auffallend ist es jedoch, dass der Kaiser in der Urkunde für Königsbrück wohl die Zustimmung des Reichs, nicht aber die der Stadt erwähnt, ein Beweis, dass er die letztere nicht als Miteigentümerin betrachtet hat.

Viel weniger zahlreich als aus der Zeit Karls IV. sind die auf den Forst bezüglichen Urkunden aus der Zeit des Königs Wenzel (1378 bis 1400). Eine derselben von 1384 (St.-A. DD 58) verleiht dem Hans Cantzler und seinen Erben bis auf Widerruf das Recht des Eintriebs von 200 Schweinen «vf vnserm vnd des Reichs vorste», die zweite von 1394 (St.-A. AA 36) widerruft alle Rechte und Privilegien der Stadt, weil sie den kaiserlichen Hof Speicherhof in Hagenau angegriffen und ausgeraubt und den Landvogt und andere kaiserliche Diener gefangen gesetzt hatten, und die dritte von 1395 (St.-A. AA 38) setzt sie wieder in diese Rechte ein.

Von seinem Nachfolger Ruprecht von der Pfalz (1400 bis 1410) sind gar keine Urkunden erhalten, welche sich auf den heiligen Forst beziehen. Wir wissen nur, dass er denselben 1408 mit der Landvogtei im Elsass seinem ältesten Sohne Ludwig dem Bärtigen gegen eine jährliche an das Reich zu zahlende Abgabe auf Lebenszeit abgetreten hat.

Die mit dieser Abtretung abschliessende Epoche in der Geschichte des Forstes kennzeichnet sich durch umfangreiche Veräusserungen von Teilen desselben an die Stadt Hagenau und die Abtei Königsbrück, durch bedeutende Ausdehnung der Rechte der Stadt an dem verbleibenden Reste des Forstes und durch Einräumung einer Reihe bis dahin nicht bestandener Forstberechtigungen Dritter teilweise als Pfand für Einlösung bestehender Verpflichtungen.

Rodungen von Teilen des Forstes ohne Ermächtigung sind aus dieser Periode nicht nachgewiesen. Fanden solche trotz des Verbotes Kaiser Albrechts von 1304 statt, so kann das nur bei Hagenau geschehen sein. Die Uebergriffe sind dann durch die Briefe Karls IV. von 1347 bis 1352 sanktioniert worden.

In diese Zeit fällt auch der Erlass der ersten uns überlieferten gesetzlichen Bestimmungen[1] über die Art der Ausnutzung des Forstes. Sie sind Gelegenheitsverbote, insofern sie nur gerade eingerissenen Missbräuchen zu steuern bestimmt sind.

Die älteste derselben ist aus dem Jahre 1361 und verbietet die Benutzung des Holzes aus dem Forste, und zwar, wie aus der Verordnung von 1365 hervorgeht, lediglich des Eichenholzes zu Sparren, Latten und Fassholz und das Abhauen grüner Eichenstangen. Die zweite Verordnung von 1365 fügt diesen Verboten das Verbot des «Stümmelns» von grünen Eichen und des Hauens von «Birken Reifen» und der Abgabe von Holz «in das Land», d. h. ausserhalb der Reichspflege, sowie das Gebot hinzu, dass die Förster bei jeder Erneuerung des Rates zu vereidigen sind. 1380 wird das Verbot, Grünholz zu hauen, auf Eichen und Birken überhaupt sowie auf Buchen ausgedehnt und der Verkauf von Holz aus dem Forste sowie — offenbar um das absichtliche Abbrennen des Waldes zur Verbesserung der Weide zu verhüten, vielleicht auch um die Wiederbesamung zu erleichtern — der Eintrieb von Schafen in den drei einem Brande folgenden Jahren auf die Brandfläche verboten.

1385 wurde ein Teil des Forstes von der Nutzung stehenden Holzes überhaupt ausgeschlossen, auch das Hauen von Holz auf Brandflächen ohne Erlaubnis und jeder Schafeintrieb sowie

---

[1] Ich habe diese Forstordnungen sowie alle folgenden in den Supplementheften zur Allgemeinen Forst- und Jagdzeitung in ihrem vollen Wortlaute veröffentlicht.

das Spalten stärkerer Eichen verboten, der Schweineeintrieb auf die abgestockten Bezirke beschränkt, das Verbot des Holzverkaufs aber nur für diejenigen aufrecht erhalten, die « hundert Pfund Werth » haben, und den Bauholzempfängern die Verpflichtung auferlegt, das empfangene Holz binnen Jahresfrist zu verbauen.

Drei Jahre später wird endlich das Abhauen stehender Bäume (mit Ausnahme des Taubholzes) ohne Erlaubnis und der Verkauf von Berechtigungs- und Gabholz ganz verboten.

All diese Bestimmungen sind in Verträgen enthalten, welche zwischen dem Landvogt oder dem Schultheisse einerseits und Meister und Rat der Stadt anderseits abgeschlossen worden sind und gelten sollten, bis sie die Vertragsschliessenden abschaffen würden. Die Stadt hat also damals thatsächlich bereits Hoheitsrechte über den Wald ausgeübt. Es ist ein Ausfluss dieses Hoheitsrechtes, wenn sie im Walde eigene Förster hält, was vom Jahre 1365 an nachgewiesen ist. « Und sullent die förster », heisst es in der Verordnung von 1365, « s i s i n d v n s z s s c h u l t h e n k n e h t e o d e r v n s e r k n e h t e sworen ignote. » Sie bezieht ausserdem — ob als Mitbesitzerin oder als Inhaberin des Gerichtsstabs, ist zweifelhaft — auch einen Teil derjenigen « Besserungen », welche über die im vorigen Kapitel erwähnte « alte Besserung des Reichs » hinaus bezahlt wurden. Der Anteil des Rates und des Schultheissen besteht durchweg aus je einem Drittel der Zusatzstrafe, das dritte Drittel erhalten die « muren », d. h. die zur Unterhaltung der Stadtmauern dienende Kasse, also wiederum die Stadt. Da nun diese Zusatzstrafe in dem einzigen Falle, in welchem der Betrag der alten Besserung des Reiches angegeben ist, das $1\frac{1}{2}$ fache dieser Besserung betrug, so bezog die Stadt $2/5$, der Schultheiss und das Reich $3/5$ der ausgesprochenen Gesamtstrafe für Vergehen, für welche schon durch Reichsgesetze Strafen bestimmt waren, und $2/3$ derselben bei Vergehen, für welche ältere Strafbestimmungen nicht bestanden.

Von den Besserungen bezogen die « Rüger », d. h. die anzeigenden Förster einen bestimmten Teil und in den Fällen, in denen darüber Bestimmung getroffen ist, von jeder Anzeige 2 Schillinge.

Die Strafen waren für die damalige Zeit ausserordentlich hoch. So mussten für das Fällen einer grünen Eichenstange 5 ℔ oder 100 Schillinge bezahlt werden. Da nun selbst die 1421 geprägten Schillinge noch 3,25 g Silber enthielten, so betrug diese Strafe mindestens 325 g Silber, aus welchen wir rund 62 M. schlagen.

Zwei eigentümliche Bestimmungen enthalten diese Verordnungen, einerseits die Ausweisung unzahlfähiger Forstfrevler: «Und wer die pfennige nicht het der sol vszsweren den Burgban ze rümende In ahtagen vnd nieme wieder ze komende er habe das gelt dene vorgeben» (FO. v. 1365), und der bei dem Frevel beteiligten Knechte: «Ist es ouch das der des das pfert vnd der karrich ist, ein kneht het, Der ime semmelich büsswürdig holtz howet, der selb kneht sol och zu der ersten penen verbrochen han x β ₰ vnd sol die stat ein halp jor rümen» (FO. v. 1365), und dann die Bestrafung derjenigen, welche ein gutes Wort für einen Forstfrevler einlegen: «Es sol auch nieman vnszn Herrn den Landtfogt oder den Rat für komen bitten Der dis gebot überfert, wer das dete der sol also vil bessern also der bessert für den er gebetten hat.» (FO. v. 1385.)

Wurden Unberechtigte im Forste bei der Schweinehut betroffen, so mussten sie Urfehde schwören. In einer solchen Urfehde von 1369 heisst es, man solle den Schwörenden im Wiederbetretungsfalle «stellen vf ein leiter also man einen meyneydigen Bösewicht vor Rehte stellen sol», und Landvogt und Rat sollen «vom ihme rihten, also von einem Ehter, der in des gerihtes Ohte zu hagenow ist».

Die Angaben der Förster geben vollen Beweis: «was die förster rigent, das beschehen sie Das man in das gloube sol» (FO. v. 1385). Sie durften aber nur ausserhalb der Stadt pfänden und keinen Karren halten (FO. v. 1365). Die Afterschläge, soweit sie zu Bauholz tauglich waren, waren ihr Eigentum. Ausserdem hatten nicht nur Meister und Rat, sondern auch die den engeren Rat bildenden, anfangs aus bestimmten Geschlechtern zu wählenden Schöffen und die aus der Bürgerschaft und den Zünften zu wählenden « Vierundzwanziger » das Recht und die Pflicht, Forstfrevel zu rügen. Auch ihre Anzeigen hatten vollen Glauben (FO. v. 1385).

Neben diesen Förstern fungierten, als deren Vorgesetzte, wie aus der oben erwähnten Urkunde von 1372 hervorgeht, wenigstens kaiserliche Forstmeister — die forestarii der früheren Zeit —, ob auch städtische, ist urkundlich nicht festzustellen. Aller Wahrscheinlichkeit nach unterstanden die städtischen Förster, wie später, einem oder mehreren Mitgliedern des Rats, den « Waldmeistern ».

Ueber die Art der Bewirtschaftung des Forstes in jener Zeit sind Aufschreibungen nicht erhalten. Aus den Forstordnungen geht aber hervor, dass damals im Hagenauer Forste die Konsumenten ihren Holzbedarf unmittelbar deckten, indem sie sich das benötigte Bauholz und das Buchen-, Eichen- und Birkenbrennholz von den Förstern anweisen liessen. Das stehende Holz der übrigen Holzarten war bis 1385, dasjenige des Taubholzes, zu welchem im Forste auch die Hainbuche gehörte, auch später vogelfrei: «das nieman keinrehandeleye stende holtz in dem forste howen sol ... vszgenommen alte dürre stöcke, Erlin, hagebächin, Dörnen, Zinneholtz, Doupholz et cet.» (FO. v. 1385). Dasselbe konnte ohne Anweisung gefällt und abgefahren werden.

Diese letztere Erlaubnis hatten aber ausser den Inhabern eigentlicher Forstberechtigungen, also der Stadt Hagenau, der Klöster Walburg, Neuburg, Biblisheim und Königsbrück sowie der Lichtenbergischen und einiger anderer später zu erwähnender Dörfer, wenn überhaupt, nur die Reichsdörfer, die zur Pflege Hagenau gehörten. Jedenfalls durfte, wenigstens von 1365 an, Holz an andere Personen als Berechtigte und Bewohner der Stadt und der Reichsdörfer überhaupt nicht abgegeben werden.

Stehende grüne Eichenstangen durften ausser zu Mühlwerken nirgends, Buchen und Birken von 1385 an in den Hagenau zunächst gelegenen Teilen des Waldes nicht gefällt werden. Für Buchen und Birken war von 1380 an ein bestimmtes Mass vorgeschrieben, über oder unter (oder über und unter) dem das Abhauen verboten war.[1]

Die Ausnutzung des Waldes war also insoferne eine plänterweise, als alle gesunden Eichen und die stärkeren Buchen und Birken bis zum Absterben wo sie sich fanden stehen blieben, während die übrigen Holzarten, wenigstens soweit sie zu Brennholz oder zu Zäunen benutzt wurden, ganz nach Belieben der Holzbedürftigen, also in der Hauptsache da zum Hiebe kamen, wo sie der Empfänger am leichtesten holen oder wo er sich am schnellsten eine Wagenladung hauen konnte.

Zusammenhängende Schläge können demnach nur zufällig und nur da, wo Eichen, Buchen und Birken nur in geringer Zahl vorhanden waren, und nur in der Nähe der Ortschaften gemacht worden sein. Die Hauptmasse des Waldes bestand aus Eichen-, Buchen- und Birkenaltholz, unterbrochen durch grössere und kleinere Blössen und Lücken, welche durch Absterben einzelner Stämme dieser Holzarten oder durch Abtrieb von Gruppen von Hainbuchen, Kiefern, Erlen entstanden waren, und die sich, je nach den Boden- und Beschattungsverhältnissen mehr oder weniger prompt, auf sehr graswüchsigen Böden die grössten natürlich zuletzt besamten.

Die Wiederbesamung war ganz der Natur überlassen; von Pflanzungen und Saaten im Forste ist in jener Zeit ebensowenig wie von anderen Kulturen die Rede. Selbst auf grösseren Blössen entstanden daher nur ganz ausnahmsweise annähernd gleichalterige Jungwüchse.

Die Einteilung des Waldes in Schläge war bei dieser Wirtschaft zwecklos, ebensowenig konnte unter diesen Umständen an einen Schutz von Einzelflächen gegen das Weidevieh gedacht werden. Man suchte, und auch das erst von 1385

---

[1] «Aber ein Jeglich mag wol hawen zwo büchin oder vier bircken uff einen karrich oder ahte bircken oder vier büchen vff einen Wagen» (FO. v. 1380). 1385 wurde dieses Mass für beide Holzarten auf fünf Stangen auf einen Karren, zehn auf einen Wagen herabgesetzt.

an, durch zeitweisen summarischen Ausschluss grosser zusammenhängender Flächen — bis zu einem Drittel des ganzen Forstes — von der Weidenutzung und von der Nutzung der Buchen und Birken sonst erlaubter Dimensionen das Aufkommen vorhandener Jungwüchse und durch das summarische Verbot des Eintriebs ungemästeter Schweine in den Nacheckerich [1] das Aufkommen neuer zu ermöglichen. Bei der grossen Menge der in den eigentlichen Eckerich eingeschlagenen Schweine — bei voller Mast bis 10,000 Stück — fanden wenigstens die zufällig übriggebliebenen Eicheln und Bucheln ein gutes Keimbett.

Ob bei dem Verbote, stehende Eichen sowie stärkere Buchen zu hauen, mehr die Rücksicht auf die Erhaltung mastgebender Baumindividuen oder diejenige auf die Wiederbesamung massgebend war, ist schwer zu sagen. Spätere gelegentliche Bemerkungen sprechen für das erstere, die Schonung alter Birken für das letztere.

An Holzarten werden in dieser Periode als im Forste vorhanden neben Eichen und Buchen namentlich aufgeführt als zu schonende Hauptholzart die Birke, ferner als Tauhholz die Erle und Hainbuche sowie Dornen und «Zinneholz». Die Kiefer wird nicht namentlich erwähnt, war aber ohne Zweifel schon vorhanden; denn sie musste nach der Forstordnung von 1425 als Bauholz angenommen werden und war durch dieselbe gegen Beschädigungen durch Aushauen von Kienholz, das sich bekanntlich erst in höherem Alter bildet, gesetzlich geschützt. Sie ist überhaupt in Hagenau seit unvordenklicher Zeit einheimisch; denn ihre Stöcke werden dort unter meterhohen Torfschichten gefunden, die mit 1 bis 150 m hohen Sandschichten überdeckt sind. [2]

[1] Der eigentliche Eckerich schloss im Hagenauer Forst nach einer Untersuchung vom Jahre 1621 am Dreikönigstage, 6. Januar, der Schweineeintrieb nach diesem Tage hiess Nacheckerich.

[2] Um so auffallender ist es, dass sie in dem benachbarten Bienwald in der Pfalz hundert Jahre später wenn überhaupt so selten vorkam, dass die Leute nach der Waldordnung von 1466 Buchen und nach der von 1509 Schwarzwaldtannen im Innern der Bauten verwenden mussten.

Aus dieser Periode stammen auch die ersten Nachrichten über im Forste vorhandene Wege und Strassen. In dem Vertrage von 1385 sind also erwähnt die « morszburner strasse » und der « Sweighuserweg ». Die erstere ist ohne Zweifel die heutige Wörther Strasse, die letztere wahrscheinlich die jetzige zwischen Gräben liegende « Hohwartstrasse ». An Forstorten sind in diesem Vertrage genannt die « Swinow », an der Grenze der Gemarkungen Sufflenheim und Schirrhofen gelegen, der « furchbachleger », der « Rossschenkel », das « Höchstetterleger » und das in die « Waldmoter » mündende « Höchstetterbechel ». Von all diesen Namen hat sich nur der der Schweinau und der des Höchstetterlegers erhalten, und selbst diese sind nur noch wenigen bekannt. Das Höchstetterbächel führt heute keinen Namen mehr, während die Waldmoder nur noch unter dem Namen Zinsel bekannt ist.

DRITTER ABSCHNITT.

Der Forst unter den Kurfürsten der Pfalz als Oberlandvögten im Elsass (1408 bis 1504).

Wie im vorigen Abschnitt bemerkt, hatte König Ruprecht die Landvogtei im Elsass 1408 an seinen Sohn Ludwig den Bärtigen auf Lebenszeit abgetreten. Diese Abtretung wurde unter Ruprechts Nachfolger, dem Kaiser Sigmund,[1] zu einer Verpfändung. 1418 teilte dieser Kaiser der Stadt mit, dass er die Landvogtei mit allen ihren Einkünften dem inzwischen zum Kurfürsten gewordenen Pfalzgrafen Ludwig für 25,000 rheinische

---

[1] In allen mir zu Gesicht gekommenen Urkunden des Hagenauer Stadtarchivs nennt sich der Kaiser Sigmund und nicht Sigismund.

Gulden bis zur Wiedereinlösung verpfändet habe; die Pfandsumme erhöhte sich 1423 auf 50,000 Gulden. Diese Summe blieb während des ganzen 15. Jahrhunderts unausgelöst, so dass, abgesehen von kurzen Perioden, während welcher der Kaiser mit den Kurfürsten in Fehde lag, in diesem Jahrhundert die letzteren gewissermassen erbliche Landvögte waren.

Sie regierten das Elsass von Heidelberg aus und liessen sich in Hagenau, obwohl sie dort seit 1386 erbliche Inhaber der Burgvogtei waren, durch Unterlandvögte und diese wieder theilweise durch Schultheissen vertreten.

Die erste auf den Forst bezügliche Urkunde aus dieser Zeit ist aus dem Jahre 1420; sie enthält die Aufforderung des Kaisers Sigmund an den Landvogt, die Herren von Fleckenstein nicht in dem Genusse ihres Jagdrechts im Forste zu stören (B.-A. C 87). Die zweite von 1424 (St.-A. DD 18 und B.-A. C 87) ist die erste vollständige Waldordnung für den Forst. Sie ist zwischen dem Unterlandvogt Peyer von Boppart und dem Schultheissen Burghart von Mülnheim einerseits und Meister und Rat der Stadt Hagenau anderseits vereinbart und enthält ausser einer Wiederholung der im vorigen Kapitel erwähnten noch eine Reihe neuer Vorschriften.

Zu den wichtigsten derselben gehört die Bestimmung, dass die Förster an Bürger nur « alte böme ligende oder stonde | Die zu snydende sint oder fürlelins» «semelichs vnschedelichs», an die Bewohner der Reichsdörfer aber nur «fürlelinholtz vnd kein anders» anweisen dürfen, «vszgenommen zu swelle vnd pfoste mag man in geben von altem eichen holtze das zu snydende ist».

Zu Fronholz, d. h. zu Brennholz, welches die zu Fronden verpflichteten Bauern für den Landvogt und seine Beamten hauen und anfahren mussten, durften nur «alte böme, spisse vnd büchins vnd bürckins vnd doupholtz vnd sollichs vnschedelichs» genommen werden. Der Verkauf des Fronholzes wurde untersagt. Die Froner durften für ihren Gebrauch ebensolches Holz — Gegenholz oder Nachholz — hauen wie für den Landvogt. Zu Brennholz durften die Bürger ohne Anweisung «vnschedeliche böme vnd dürre holtz vnd doupholtz» hauen, erhielten aber wie früher auf Anweisung auch Buchen und Birken. Die Burgmannen[1] und Schöffen waren von der Verpflichtung, um das Holz zu bitten, entbunden. Zu dem Verbote, Reifstecken und Fassholz aus Holz, das aus dem Forst kam, zu machen, kam das Verbot, «vff dem forste» Rebstecken, Brettstecken, Planken herzustellen. Damit war, wie es scheint, nur die Verarbeitung des Holzes im Walde, nicht aber die Verwendung von Hagenauer Holz zu diesen Zwecken verboten. Es geht das einerseits aus dem Verbote, im Forste eine Säge zu gebrauchen, und anderseits aus der Bestimmung hervor, dass Lohrinde nur «von sege blöckern vnd den höltzern die zu vieren sind» gewonnen werden darf. Das Abhauen von jungen eichen «Reiteln, Hebel und Wecken» wurde mit 1 ß[2] für den Stock bestraft. Bauholz musste zwei Monate nach der Anweisung gehauen und bei Strafe der Einziehung zu Gunsten der Stadt binnen Jahresfrist verbaut werden. Die frühere eidliche Verpflichtung zu letzterem kam in Wegfall. Dagegen wurde neuerdings geboten, dass «Niemand kein hack[3] vff dem forste vfhauwe vnd deszselben holtzes enweg füren soll» sowie dass «Niemand dem andern sin gegeben vnd abgehowen holtz nemen sol». Letzteres Vergehen scheint demnach damals in Hagenau nicht als gemeiner Diebstahl angesehen worden zu sein; die Strafe betrug nur 1 ß für das Fuder.

Diese Forstordnung hat das Eigentümliche, dass ihre Gültigkeit von vornherein auf fünf Jahre beschränkt war, offenbar weil damals schon die Absicht vorlag, baldmöglichst die ganze Materie zu kodifizieren.

Diese Kodifizierung kam noch unter demselben Kurfürsten,

[1] D. h. die adeligen Inhaber von Burglehen.

[2] Die nach der Münzordnung von 1421 geprägten Schillinge enthielten 3,25 g. Silber. 1 ß = 20 ($) Schillinge hatte danach in heutiger Währung 12,40 M., 1 Schilling 0,62 und 1 Pfennig ($) = $^1/_{12}$ β = 0,05 M Silberwert. Die Strafe war also eine sehr hohe.

[3] Was darunter zu verstehen ist, ergiebt sich aus der Forstordnung von 1435.

Ludwig dem Bärtigen, und zwar, wie aus der Bestätigungsurkunde Kaiser Sigmunds von 1436 (St.-A., Freiheitenbuch) hervorgeht, zu der Zeit, in welcher der Pfalzgraf Stephan Unterlandvogt war, also zwischen den Jahren 1428 und 1436, wahrscheinlich 1435 zu stande. Der Kurfürst hebt in einem Briefe von 1435, ohne die Waldordnung selbst zu erwähnen, die wichtigsten Bestimmungen derselben hervor, die nämlich, dass «eyn landvogt vnd die Stadt von Hagenauwe den wald genant der heilige forst **samentlichen** behuten besetzen vnd beschirmen sollen. in solicher masz das eyn Landvogt zwene forstere vnd die Stadt von Hagenauwe auch zwene forstere vnd iglicher teile den sinen lonen sollen vnd sol darezu der landvogt eynen dritten forstere vnd die stad hagenauwe auch einen dritten forstere han vnd sol des Landvogts dritter forster bi vnd mit den hagenauwe zween forstern sin vnd mit ine vmbgeen vnd sehen wie sie den wald huten und was sie tun» und umgekehrt. Weiter **«sol der landvogt keine holtze hinweggeben oder verkeuffen oder furen lassen one meistere vnd Rats von Hagenauwe inre wissen vnd willen»** und umgekehrt. Zu allen anderen Abgaben als an die Stadt und den Landvogt sollte beiderseitige Zustimmung erforderlich sein. «Auch sol man keine gerüte wisen oder Eckere me vsz dem Walde machen vnd was sollichs gemacht ist, das sol abesin vnd sol man es widder lassen wald werden.» Die alten Rechte der Stadt und die alten Besserungen des Reiches werden vorbehalten (St.-A. DD 19, 1).

Dieser Brief und der Erlass der Waldordnung ist, wie es scheint, die Antwort des Landvogts auf die Beschwerden, welche die Stadt durch eine Abordnung in Heidelberg hatte vorbringen lassen.

Die Instruktion, welche die Abgesandten mitnahmen, ist im Stadtarchive (DD 18, 1) aufbewahrt. Sie ist nicht datiert, zeigt aber durch die Erwähnung eines von dem Pfalzgrafen Stephan «vff montag vor sant Mathistag nehst vergangen» gegebenen Versprechens, dass sie unmittelbar vor Erlass der Forstordnungen gegeben ist. Sie enthält interessante Aufschlüsse über die damaligen Zustände. Zuerst, heisst es darin, solle man dem Landvogt sagen, «wie schedeliche der wald abgange. vnd wie man Inne verkouffe beide den vnszn In der stat ouch In das lant. In das Rich vnd vssewendig wer sin begert». Seit Weihnachten seien 750 ganze und 34 Fuder gespaltene junge Stangen als Fronholz durch ein einziges Thor in die Stadt geführt worden. «Item man sage ouch das man wol alter vn- schedelich böme gnug funde Die einre XX oder XXX karrich foul holtz gebe vnd nutzberer zu füre werent als das Junge.» Auch werde viel mehr Holz als Fronholz eingefahren, «dann sie zu hofe fürent». Trotz des gegenteiligen Versprechens des Herzogs Stephan habe man «by den CXXX fuder holtzes gehowen vnd hinweg gen marle» (Marlenheim) «gefurt vnd seyent ouch solich fuder In solicher masz gewesen, als das etteliche arme lütte vmb Ir pferde vnd geschirre kum- men sint». Nach Mertzweiler solle auch Holz im Werte von 14 ß gekommen sein. Man habe dorthin auch die Lieferung von 20,000 Flachziegeln verdingt und für jedes Tausend ein Fuder Holz versprochen, jetzt lasse man diese auch «für das houbtgut holtz howe». Den Wald «ge so schedelich ab als das derglich nime geschehen oder gehoret ist vnd als das es mengelich beredet vnd beclaget. Bitte man dorvff sine gnade, vns by vnszn alte freiheite vnd harkumen vnd auch vnsze nuwen friheiten zu hanthaben vnd zu schirme. Das wollent wir vmb sine gnade verschulden, das wir hoffent, er zu dancke haben sulle, dan wir nemet solicher friheiten vnd herkumen nochzugehnde Doch dem Riche vnd eime Lantfongte vnschede- liche an sinen alten alten besserungen. Dann wir nit anders har inne meinet als des Richs eins Lantfongts vnd der stat Hagenou langwerenden merglichen nutz vnd fromen.» Es sei des Landvogts eigener Nutzen, wenn der Wald auch von der Stadt behütet werde. Es sei auch nötig, «das ein förster swure als des Richs Büttele zu hagenow». Auch solle man sagen, «wie wir zuwilen knechte vff den walt geschickt hebent, ob sie Jemand findent Den Wald In egerürt massen schedigen. Das sie das bereden vnd vns das fürbringen dan sie sollent niemant bessern oder darumb geweltigen.» Auch das «gerüte» solle man nicht vergessen.

Aus dieser Instruktion scheint hervorzugehen, dass bis dahin die Stadt keine eigentlichen eigens dazu bestellte Förster hielt, sondern nur ihre sonstigen Bediensteten gelegentlich Forstschutz machen liess, ferner dass damals die landvögtischen Beamten sich wenig um die Verbote, Holz in das Land zu geben und Eichenstangen zu hauen, kümmerten, und endlich dass damals noch eine Menge Eichen allerschwersten Kalibers vorhanden waren, Stämme, die 20 bis 30 einspännige Wagen, also bei schlechtestem Zustande der Wege immerhin 40 bis 60 Raummeter Holz gaben, dass dagegen das Jungholz in gefahrdrohender Weise zu fehlen anfing.

Was den Landvogt zu sofortigem Eingehen auf die Vorschläge der Stadt veranlasst hat, ist nicht mehr zu ermitteln. Möglich dass der Passus in der Instruktion, «auch solle man sagen, wie Nickelmann deszhalb Inne vnd ouch vns getrowen hat, als ihr wol wissent vnd nennet doch Nickelman nit mit namen» damit in Zusammenhang steht, möglich auch dass die Stadt den Kaiser Sigmund für die Sache gewonnen hatte.

Derselbe hatte schon vorher (1434) die Schenkungen Karls IV. bestätigt und anerkannt, dsss der letztere der Stadt «zu Irme Walde genant der Burger waldt[1] ein **stücke waldes** genannt das Mittelstücke gegeben hat» und die Stadt kraft kaiserlicher Macht befugt, «das sie mitsampt eyme lantuogte den egenanten Walt fürbas mer ewiclich heigen, behüten, besetzen, schirmen und **handhaben** sollen» (St.-A. DD 10). Wohl auf seinen Befehl hatte Unterlandvogt Pfalzgraf Stephan bereits bei der Uebernahme seines Amtes 1429 geschworen, die Stadt bei ihren Rechten, «besonders bi der hüte des heiligen Forstes vnd dass kein schaf daruf gehen soll» zu belassen (St.-A., Freiheiten).

In dem Briefe von 1436, in welchem dieser Kaiser die Forstordnungen bestätigt, erkennt er, wie früher Karl IV.,

---

[1] Der heutige Burgbannwald, das Stöcky von 1347.

weiter an, dass der Forst mit seinen Zugehörungen « zu derselben Stadt Hagenauwe gehoren vnd nymer dauon gescheiden werden sol », und bedroht die Verletzung des durch die Forstordnungen geschaffenen Besitzstands mit einer an die Stadt zu zahlenden Strafe von 100 Mark lötigen Goldes. Aufrecht erhalten werden in diesem Briefe die Rechte der Klöster Walburg, Neuburg und Königsbrück auf Holz nach Bedarf, derer v. d. Witenmühle auf Brennholz für ihr Burglehen. Bauholz haben dieselben zu heischen.

Die Forstordnung selbst wiederholt und präzisiert diese Bestimmungen und enthält ausserdem eine Reihe anderer, auch für die Rechtsverhältnisse des Waldes wichtiger Vorschriften. Wenn es beispielsweise dort heisst : « will aber Jemans buchens oder birckens hauwen der sol es h e i s c h e[1] d e m e s v o n e i n s l a n t v o g t w e g e n e m p f o h l e n i s t und sol man es ine geben ein solich zitt vnd v m b e i n s o l i c h s i e n g e l t s, als das von hallter her gewessen ist. Das ist nemlich ein monatt donoch vff ein absagen vnd zwen β ₰ i n d i e k ü c h e n », so ist das ein Beweis, dass diese beiden Holzarten von alters her dem Landvogt, bezw. dem Kaiser allein vorbehalten waren, wie wenigstens die Buche neben der Eiche im Stiftungsbriefe Barbarossas von 1164 von dem Brennholzrechte der Hagenauer ausgeschlossen ist, und dass die Bürger bei ihm, wenn nicht das Holz selbst, doch die Erlaubnis es zu hauen erkaufen mussten. Das dafür bezahlte « Küchengeld », das ausschliesslich dem Landvogt gehörte, war, da es unabhängig von der Menge des abgegebenen Holzes in gleichbleibendem Betrage entrichtet

---

[1] Dass dieses Heischen als eine Bitte aufgefasst wurde, die auch abgeschlagen werden konnte, geht daraus hervor, dass 1492 die Stadt dem Junker Nagel von Königsbach die Abgabe von Eichenbauholz verweigerte, obwohl er Burgmann von Hagenau war und die Runenburg, für welche das Holz verlangt wurde, auf dem Banne von Hagenau liegt. Batt, dem wir diese Notiz entnehmen, nimmt an, dass die Verweigerung erfolgte, weil die Runenburg nicht zum Burglehen gehörte, sondern Privatgut war. Es ist wahrscheinlicher, dass die Stadt annahm, dass für den Bau geringwertigere Hölzer, z. B. Kiefern genügten.

werden musste, ursprünglich wohl nur eine Rekognitionsgebühr, bestimmt, die Freiwilligkeit der Abgabe zu beweisen, wurde aber im Laufe der Zeit zu einem fixierten Gegenreichnisse für eine Zwangsleistung des ehemaligen alleinigen Waldbesitzers. In ganz analoger Weise zahlen die Bürger nach einer jedenfalls jüngeren Beilage[1] zu der Forstordnung « Ordennung frevel vnd Rügen vff dem Walthuss » auch für Bauholz Küchengeld, obwohl sie nach der Forstordnung von 1435 ausser dem 1164 von der Brennholzberechtigung ausgeschlossenen Eichenholz auch Kiefernholz nehmen mussten. In den Fällen, in welchen Küchengeld bezahlt wird, erhalten die Förster ausserdem « Weisgeld ».

Die « Besserungen » für Frevel von Buchen und Birken standen nach dieser Beilage dem Landvogt allein zu, von solchen für Eichenholz bezog er $3/5$, die Stadt $2/5$, vom Taubholz « als hagebuchen widen Erlen und derglichen » der Landvogt $1/3$, die Stadt $2/3$. Die Strafgelder für Uebertretung der Bestimmungen über das Anzünden von Feuer, Räumen der Bäche u. s. w. wurden hälftig geteilt.

Die Forstgerichtssitzungen wurden alle Sonntage auf dem « Waldhus », wie aus einer Urkunde aus 1697 hervorgeht, « einem Saale des Rathauses », abgehalten; dasselbe bestand aus drei « Waldmeistern », von denen einer von der Herrschaft, zwei von der Stadt gestellt wurden.[2] Bei Anwesenheit von zweien

---

[1] In dieser nicht datierten Beilage, die wie die Waldordnung selbst nur in einer etwa aus 1580 stammenden Abschrift vorhanden ist, durften die Hagenauer « von Sant Martinstag bis vff Eckardy on einsag der Herrschaft » Buchen und Birkenholz hauen gegen eine Abgabe an die « holtz ferster knechte » von 2 β pro Karren oder 4 β pro Wagen « heisst dergelt ». Das Holen dieser Holzarten ausser dieser Zeit war strafbar.

[2] Aus dieser Art der Besetzung hat die Stadt später wiederholt den Beweis ableiten wollen, dass sie grössere Rechte am Forste habe als der Kaiser und der Landvogt. Es unterliegt aber wohl keinem Zweifel, dass dieselbe weniger mit dem Eigentumsverhältnisse am Walde als damit zusammenhing, dass die Stadt Inhaberin des Gerichtsstabes war und ihr Rat als Stadt- und Landgericht, als letzteres für die ganze Reichspflege Hagenau fungierte.

konnten rechtskräftige Urteile gefällt werden. Die Urteile waren
appellabel, die zweite und letzte Instanz war Meister und (Stadt-)
Rat zu Hagenau in seiner Eigenschaft als Landgericht für die
Reichspflege. Der Landvogt war verpflichtet, dafür zu sorgen,
dass nicht in der Stadt und der Reichspflege Hagenau wohnende
Frevler sich auf dem Waldhause stellten. Auf dem Waldhause
wurden auch die Gesuche um Holzabgaben entgegengenommen
und beschieden.

Von nicht geringerer Wichtigkeit für die damaligen Rechtsverhältnisse des Forstes sind die beiden anderen Beilagen dieser
Waldordnung. « Was gerechtigkeit min gnedigster her pfaltz-
grave Curfurst der als Innhaber der Landvogtey vff dem
Hagenower forst Hatt » und « Was ein bevelch haber so auff
dem Wald hausz von wegen der Herrschaft sietz macht hatt
gehebt an holtz vff dem forst hinweg zu geben on Intzag der
von hagenow ».

In der ersten ist gesagt, dass in den Waldorten Oberwald,
Strutt und Niederwald — nach der Grenzbeschreibung von
1544 nicht ganz ³/₅ des ganzen Forstes — der Landvogt allein
die Eckernutzung hatte, so dass in Mastjahren von Bartolomäi
(24. August) bis 12 Tage nach Weihnachten die Hagenauer
dort weder Schweine noch sonstiges Vieh eintreiben durften.
Umgekehrt sollte der Rest des Waldes, d. h. der nicht gerodete
Teil des « Mittelstücks » von 1349, der später der « Burgerwald »
genannt wird, « gehoren der Stadt Hagenauw zu mit aller
niessung ». [1]

Im Niederwald und in der Struth hatte der Landvogt ausser-
dem das Recht, einigen Bauern von Ober- und Niederbetschdorf,
Rittershofen, Schwabweiler, Reimersweiler « vnd andern dorffer »
den Eintrieb von Pferden gegen eine Abgabe von Hafer und
Hühnern zu gestatten. Ebenso haben die Dörfer Dürrenbach,
Gunstett und Surburg, die auf Abgabe von Dürr- und Faul-

---

[1] Dass hier unter « aller Niessung » nur die Eckernutzung und
die Weide, nicht aber die Holznutzung gemeint ist, geht aus dem
Folgenden deutlich hervor.

holz und von Zaunreisig (letzteres gegen Heischen) berechtigt waren, Hühner und Hafer zu liefern.

Nach der zweiten darf der herrschaftliche Forstmeister « one Intzag » der Hagenauer den Fronern Kiefernleiterstangen und den Sufflenheimer « Schüsseldrehern », wenn sie in die Landvogtei Geschirr abliefern, Erlenholz abgeben.

In der Forstordnung selbst sind die früheren Vorschriften über die Einschränkung der Nutzung namentlich von jungem Eichenholz wiederholt und zum grossen Teile bedeutend verschärft. Zu Brennholz dürfen nur « vnschedelich baum ligende oder stonde die do durre sint vnd keine eicheln mehr geben mögen vnd vnder vierzehen schue lang sint vnd nitt gutt zu verbauwen also das man nit diellen oder Dierre darosz machen kann » genommen werden; junge dürre (Eichen-) Stangen über 20 und Windbrüche über 28 Fuss Länge ungeheischen zu hauen, ist verboten; die Ziegler dürfen das ihnen angewiesene Holz nicht schälen, sondern müssen es samt der Rinde verbrennen; das Klopfen und Biegen junger Eichen wird mit derselben Strafe belegt wie das Abhauen. Die Bauholzabgaben sind genau nach dem Bedarf zu bemessen, die Empfänger müssen auch Afterschläge annehmen und die Förster haben darauf zu achten, dass die Afterschläge, die sie verkaufen, auch verbaut werden.

Auch Kiefernstämme und Stangen müssen, mit Ausnahme der Maien, geheischen werden, das Abhauen von Kienholz von stehenden Bäumen ist verboten. Selbst Haselreifstangen dürfen nur in beschränktem Masse geholt werden. Die Vorschrift, dass man « keinen hag oder gefelle vff dem forst vff hawen » soll, wird unter Erhöhung der Strafe von 1 ß für jeden Fall auf 5 ß erneuert. Da in einem anderen Absatze derselben Waldordnung vorgeschrieben ist, « das man kein gerüt, acker, matten oder blössen niht vff dem Forst machen oder zu thun gestatten sol », und dieses Vergehen mit der gleichen Strafe bedroht ist, so ist unter dem hack der Waldordnung von 1424 sowie unter « hag » und « Gefelle » derjenigen von 1435 ohne Zweifel das zu verstehen, was man heutzutage einen Schlag nennt, d. h. die Nutzung grösserer Holzmassen auf zusammenhängender Fläche, möglicherweise auch ein Kahlschlag.

Endlich enthält die Forstordnung noch Aufschreibungen über die Rechte des Schultheissen auf die «Würtzlinge», der Sufflenheimer auf zu Bauholz untaugliche kieferne Afterschläge und der Bewohner von Gunstett, Dürrenbach und Surburg auf Dürrholz und faule Windbrüche, die zum Verbauen untauglich sind, sowie auf Taubholzzaunreis. Letzteres musste zwischen Michaeli (29. September) und Mariä Verkündigung (25. März) gehauen und durfte im Walde weder geschnitten noch gespalten werden. Die Verwendung zu etwas Anderem als zu Zäunen war verboten, und diese Zäune mussten stehen bleiben, so lange sie hielten.

Durch die Waldordnung des Pfalzgrafen Stephan[1] ist demnach für den Forst eine feste Rechtsnorm geschaffen worden, welche in der Hauptsache bis lange nach dem westfälischen Frieden in Kraft blieb.

Sie regelt die Teilung der Geldstrafen zwischen Staat und Stadt und die Rechte der letzteren in Bezug auf die Holznutzung. Nur über die Hauptfrage, die des Eigentums, spricht sie sich nicht aus. Der Forst wird zwar nicht mehr, wie in der vorigen Periode, als «unser und des Reiches Wald» bezeichnet; es ist aber auch nirgends gesagt, dass der Stadt das eigentliche Miteigentumsrecht eingeräumt ist, und auch nichts darüber, ob und wie der Erlös aus nach auswärts verkauftem Holz geteilt werden soll. Da aber jeder Teil das Recht hatte, wenn es ihm der andere erlaubte, Holz zu verkaufen, so lässt sich wohl annehmen, dass jeder den Erlös aus dem verkauften Holze selbst einzog und dafür sorgte, dass der andere nicht mehr als er selbst verkaufte. Von irgend fühlbarem Umfange können aber diese Verkäufe in Zeiten des Friedens zwischen

---

[1] Wir werden sie im weiteren Verlaufe unserer Untersuchung als die Waldordnung von 1435 oder als die Waldordnung kurzweg bezeichnen.

Landvogt und Stadt nicht gewesen sein, da ausserhalb der Reichspflege Holz überhaupt nicht abgegeben werden durfte, da ferner die Herstellung von Fass- und Rebpfahlbolz aus Holz, das aus dem Forste stammte, verboten war, und da endlich die Bewohner der Reichsdörfer[1] ihr Bauholz gegen Bezahlung des Küchengeldes im Forste zu beziehen berechtigt waren und ihren Brennholzbedarf teils aus dem «Gegenholz» bei Leistung von Fronfuhren, teils aus ihren Gemeindewaldungen decken konnten.

Immerhin enthielt die Forstordnung gerade über die Besitzverhältnisse allerhand Unklarheiten, von denen jeder Teil bei passender Gelegenheit Nutzen zu ziehen suchte. So musste schon ein Jahr nach dem Tode Ludwigs des Bärtigen (1437) Kaiser Sigmund auf Beschwerde der Hagenauer dessen Sohne Ludwig IV. dem Sanftmütigen befehlen, die Stadt bei ihren Rechten zu lassen (St.-A. DD 12, 1).

Um sich gegen ähnliche Uebergriffe des Landvogts zu sichern, beeilte sich die Stadt, sich ihre Rechte am Forste 1438 von Kaiser Albrecht II. gleich nach seinem Regierungsantritte (St.-A. DD 13, 1) und 1442 von dessen Nachfolger Friedrich III. bestätigen zu lassen. Letzterer fügte der Aufzählung der von Kaiser Sigmund verliehenen Rechte folgendes hinzu : « auch setzen vnd. wellen wir vmb des heiligen Reichs vnd des vorgenanten Vorstes nutze vnd frumen willen daz n y e m a n t er sey geistlich oder weltlich d h e i n s w e i n a u f d e m s e l b e n v o r s t e w e y d e n s o l a n d e r s d a n n i n d e r t z e i t s o e c k e r d a r a u f i s t vnd man dasselb Ecker besleht alsdann so mag man dasselb Ecker

---

[1] Nach Batt (I, 227) B a t z e n d o r f mit Wintershausen, Höchstett, Gebolsheim (?), Berstheim, Niederschäffolsheim, Bernsheim (?), Wahlenheim, Kriegsheim, Rottelsheim, W i n g e r s h e i m mit Bilsheim (?), Mittelschäffolsheim, Rumersheim (?); M o r s c h w e i l e r mit Grassendorf, Ringeldorf, B o s s e n d o r f mit Lixhausen, Scherlenheim, K i n d w e i l e r mit Walk, Bitschhofen, M o m m e n h e i m mit Mutzenhausen, E s c h b a c h mit Hegeney, F o r s t h e i m, Ettendorf, Hüttendorf, Ueberach, S u r b u r g, Gunstett, Sufflenheim, Kittolsheim und D a n g o l s h e i m; die durchschossen gedruckten Dörfer waren Sitze der Schultheissen.

geprauchen vnd ettzen als das herkomen ist vmb daz die eycheln so nach der Eckertzeit über verbleiben bekymen vnd ze wachsende komen mogen vnd von den sweynen nicht underpracht werden vnd daz auch niemand vszwendig der stat Hagnawe dheinerley holtz auf demselben vorste hawen vnd nemen sol an eins landuogts vnd meister vnd rats zu hagenaw sammethaft erlauben vnd willen vngeuerlich » (St.-A. DD 14, 1).

Gleichzeitig suchte aber die Stadt aus eigener Machtvollkommenheit die Forstberechtigungen Dritter möglichst einzuschränken. So beschwerten sich 1438 die Herren von Lichtenberg beim Rate, dass derselbe ihre Unterthanen der oben genannten 11 Dörfer an der Ausübung ihrer Forstrechte hindere. Der Rat erwiderte, er habe einige Leute von Dauendorf gefangen gesetzt, weil sie statt Taubholz « schädlich Holz» gehauen und Rebpfähle daraus gemacht hätten. Die Herren möchten dafür sorgen, dass, was die Leute zur Notdurft nötig hätten, geheischt, und dass die geschuldeten Besserungen bezahlt würden (St.-A. 28, 1 bis 6).

Aber bereits 1448 klagten die Herren von Lichtenberg von neuem über die Vorenthaltung der Rechtsbezüge ihrer Unterthanen der 11 Dörfer durch die Stadt. Die letzteren wollten ihnen deshalb die «zinsen und gülten» nicht mehr geben, die sie ihnen als Gegenleistung für die Forstrechte schuldeten. Sie selbst hätten «Forstreht vff dem forste zu Hagenauw von Riche zu Pfande» und hätten jenen Gemeinden Gerechtigkeit gegeben, die Rechte «vff dem vorste zu niessen» (St.-A. DD 48, 12).

Der Rat gab die Antwort, ohne den Landvogt könne er nichts dagegen machen. Darauf erwiderte 1449 Ludwig von Lichtenberg, die Stadt allein hindere die Ausübung dieser Forstrechte und halte seine Unterthanen gefangen; gebe die Stadt nicht nach, so fordere er sie vor den Landvogt oder einen beliebigen anderen Schiedsrichter, deren er eine ganze Reihe namentlich vorschlägt, oder «vor dem eyne den ir wollen es sy fürste, graue, herre oder knecht». Schlage sie das ab, so müsse er das als «gewalt und mutwillen» auffassen und sich danach richten. Seinem Schaffner verweigerte die Stadt den Nachweis der Forstrechte der 11 Dörfer, weil sie denselben ohne den Landvogt nicht liefern dürfe. Sie sei aber bereit, die Sache vor den letzteren zu bringen.

Die Lichtenberger luden darauf die Stadt wegen Besitzstörung vor den Kaiser; die Stadt erwirkte aber ein Urteil desselben von 1451 (St.-A. DD 23), nach welchem der Landvogt mit vorzuladen sei und die Sache vor Meister und Rat der Stadt Strassburg verwiesen wird. Das Endurteil des Kaisers von 1455 wies die Lichtenberger kostenfällig mit der Klage ab, weil sie im Termin nicht erschienen seien (St.-A. DD 28).

Nach langen Verhandlungen kam schliesslich 1464 vor dem Unterlandvogte Johann Wildgrafen zu Daun ein Vergleich zwischen der Stadt und den Lichtenbergern zu stande, nach welchem die armen Leute der 11 Dörfer das Taubholz, das sie zur Verzäunung ihrer Dörfer und besamten Waldäcker an den Wegen und Heerstrassen nötig haben, auf Heischen erhalten sollen mit Ausnahme von Eichen, Buchen, Birken und Apfelbaum. Das Holz muss zwischen Michaeli (29. September) und Mariä Verkündigung (25. März) gehauen und darf weder verkauft noch zu Rebstecken verarbeitet werden. Ausserdem dürfen sie im ganzen Jahre «dürr liegend Reis ausser Eichen» zum Brennen holen. Nach gestohlenem Bauholz sollen die Förster suchen und die Frevler pfänden dürfen.[1]

Gleichzeitig scheint die Stadt aber auch in die Rechte des Landvogts selber eingegriffen zu haben; denn 1449 beschwerte sich der Unterlandvogt Wildgraf Johann von Daun mündlich bei der Stadt, dass sie ihm mit Gewalt die Waldnutzungen, insbesondere die Weide entwerte, so dass ihm «eine grosse

---

[1] Dieser Vertrag war in der Hauptsache eine Bestätigung des alten Rechtszustandes. Im Jahre 1449 bescheinigte Johann Troiser, der damals bischöflicher Küchenmeister in Surburg, früher aber 40 Jahre lang landvögtischer Zinsmeister war, dass die lichtenbergischen Bauern das Zaunreis heischen mussten und stets gestraft wurden, wenn sie es ungeheischt holten. Auch die Weide stehe ihnen nicht von Rechts wegen, sondern nur von «gununge wegen» zu. Er erklärte sich bereit, die Wahrheit dieser Aussage zu beschwören.

summen habern mynder dan alle sinen vordern worden were»,
und ginge doch die Weide und das Gras, das doch «gar vil
und lang» sei, ohne Not verloren.

Der Stettmeister Jakob von Bersheim erwiderte ihm namens
des Rates, die Stadt habe den Wald zu behüten, was sie thue,
geschehe «umb Nutz und Notdurfft des Walds wegen»; der
Wald sei «gare sere und vast abgangen», dadurch dass man
«die Weide verkaufft und mit pferden und kühen die jungen
bömelin abgeetzet» und «anderes darinne fürgenommen und
gethan hätte, denn herkommen wäre». Man habe gesehen,
wo das Vieh gewesen sei und «alle junge bömelin abgebissen
und kröppelin» seien.

Ausserdem habe die Stadt die Landvögte nach einander
gebeten, neue Rodungen im Walde zu verhindern. Da «man
sich lützel daran kehrte», lasse jetzt der Rat zur Zeit des Heu-
machens die Viehherden der Gemeinden auf das gerodete Gelände treiben, um so die Leute zu zwingen, dasselbe wieder
zu Wald werden zu lassen. Ferner seien dem Herzog Stephan
als Fronholz junge grüne Stangen zugeführt worden; er habe
versprochen das abzustellen und zu sorgen, dass man «zu
hofe slegelaxse mahte und die alten unfruchtbar und ligende
Böme zu fronholtz füre».

So habe es die Stadt immer gehalten. Der Unterlandvogt
möge sich einmal die Sache mit einigen vom Rate besehen
und dabei auch «allerley brest von den fürlin böme und
blössen, die man wol besetzen mohte» ansehen (St.-A.
DD 21).

Ueber den weiteren Verlauf dieses Streites fehlt der
urkundliche Nachweis. Wahrscheinlich haben sich beide Parteien
an den Kaiser gewandt, der dann 1450 jede nicht verbriefte
Weide und damit auch die Verpachtung des Weiderechts durch
den Landvogt verbot. «Ist uns fürkomen», heisst es dort, «wie
der wald durch etliche weidgänge und das vieh so daruf
gehalten wurt und sunderlich durch die hüter mit brennen
und in ander wegen merglich beschediget und gewüstet worden
sie» . . . . . «darum gebieten wir einem jeglichen der jetzt

zu ziten unser und des richs lantfogt im Elsass ist, und darzu den vorgen. bürgermeister und rat der statt zu Hagenau und all iren nachkommen, dass sie samt und sunder hinfüro alle und jegliche zeitliche und alle andere weidgänge und sachen die nit von alter redlicher verschriebener und versiegelter gerechtigkeit versehn sin, sollen abtun und die niemals gestatten zu tunden, mit den gebotten und ziemlicher pene so darzu notdürftig sein werden, damit solch vorgen. schaden an demselben wald fürkommen fürbasser und verhindert werde und dann auch in allen andern unbilichen und unnützen beschädigungen allzeit heigen, behüten, besetzen» (St.-A. DD 60, 1).

Diese Verordnung richtete sich offenbar gegen den späteren Kurfürsten Friedrich I. den Siegreichen — den bösen Fritz —, der nach dem Tode seines Bruders Ludwig IV. für dessen Sohn Philipp die Regierung des Kurfürstentums und die Verwaltung der Landvogtei übernommen hatte, aber anfangs vom Kaiser nicht anerkannt wurde, weil er damals schon bestrebt war, die Kurwürde an sich zu bringen. Nur der Landvogt «verkaufte die Weide» an Unberechtigte, die Stadt übte ihr Weiderecht selbst aus.

Ebenso gegen den inzwischen anerkannten Landvogt und auf Andringen der Stadt erlassen ist das Verbot des Kaisers von 1451, einen Förster anzustellen, «er swer dann vorhin einen aid zu got vnd den hailigen, das er wider das heilige Reich seinen lantuogt in Ellsasz vnd die statt Hagenaw vnd die Iren niemer me ratten hellfen non tun wölle in keinem weg» (St.-A. DD 15, 1).

Auch unter dieses Kurfürsten mächtiger Regierung fuhr die Stadt fort, auf eigene Faust Uebergriffen von Dritten mit Gewalt entgegenzutreten. Die zahlreichen zeitweise zum Kriege und zur Absetzung des Kurfürsten als Landvogt führenden Streitigkeiten desselben mit dem Kaiser liessen der Stadt dazu freie Hand.

So pfändete sie 1451 dem Stifte zu Surburg, welches zu den Reichsdörfern gehörte, 3 Knechte und 2 Pferde und hielt sie gefangen, weil eie « frefelich vnd vngeheischen holtz vnd riss gehogen hettent ». Bischof Ruprecht-von Strassburg forderte die Stadt auf, die Knechte zu entlassen, und liess einen Brief verlesen, worin Kaiser Friedrich III. den Mönchen des Stifts « Ire freiheit vnd harkomen » bestätigt. Der Bischof behauptete, dieselben beständen darin, dass man dem Stifte den Wald und die Weide ausser Eckerichszeiten nicht verbieten dürfe, und dass sie « zu iren höfen vnd gebuwe holtz zu ire notturfft howen mögen ». Die Stadt verweigerte die Anerkennung dieser Rechte bis zur Vorzeigung der Rechtstitel sowie die Herausgabe der Knechte, und der Kaiser verbot dem Bischofe, sich in den Streit zu mischen (St.-A. DD 21).

Siebzehn Jahre später, von 1468 an, sehen wir die Stadt abermals mit den Herren von Lichtenberg im Streite, dieses Mal wegen allerhand Berechtigungen, welche dieselben für ihre Dörfer Schwabweiler, Reimersweiler, Küblendorf, Ober- und Niederbetschdorf im Hattgau sowie Oberhofen in Anspruch nahmen; nämlich das Recht, Taubholz nach Bedarf zu hauen, ferner wenn sie Fronholz führten, für sich je ein Fuder Gegenholz zu holen, und das Recht, von den Förstern Afterschläge [1] und von den Zinsmeistern die Weide zu kaufen.

Die Stadt, heisst es in der Beschwerde Ludwigs von Lichtenberg vom Jahre 1468 (St.-A. DD 28, 43) u. A., wolle jedem Ackersmann statt seines vollen Bedarfs nur zwei, den « Bürdeträgern » nur ein Fuder Taubholz zukommen lassen, sie pfände die Leute aus dem Hattgau, welche die Weide vom Landvogt gekauft hätten. Ausserdem halte sie ihm verschiedene

---

[1] Das Verbot, Afterschläge an die Hattgaudörfer zu verkaufen, ist übrigens nicht von der Stadt allein ausgegangen. Vielmehr wurde 1459 durch gemeinsame Verfügung des Unterlandvogtes und des Zinsmeisters einerseits und des Meisters und Rats den sechs Förstern hugennest, tollinger, hopen, armselen, baumhensel und brünlin mitgeteilt, dass der Verkauf der Afterschläge nach Reimersweiler gegen die Waldordnung verstosse. Durch die gemeinsame Verordnung von 1448 war allgemein das Verbot, Holz anderswohin als in die Stadt Hagenau und die Reichsdörfer zu verkaufen, ausdrücklich auf die Afterschläge ausgedehnt worden (St.-A. DD 20).

Leute gefangen, die Reisig und Hecken auf ihrem Eigentum und nicht im Walde gehauen hätten. [1]

Der Kurfürst, vor den die Sache gebracht wurde, sprach seine Ansicht dahin aus, dass man den genannten Dörfern so viel Holz geben solle, als man ihnen bisher gegeben habe und als man den Reichsdörfern gebe, und dass sich dieselben mit der Weide genügen lassen sollen, die ihnen bisher «gegünet» war, die Hattgaudörfer nämlich, da wo der Landvogt die Eckernutzung habe, Oberhofen «bis an die Pfäde»[2] (St.-A. DD 28).

Die Sache kam, abgesehen von einem Urteile von 1471 (St.-A. DD 28, 46), welches die Lichtenberger zum Beweise darüber, dass sie nur die Stadt, nicht aber der Landvogt in ihrem Besitze gestört habe, wie es scheint, nicht zum Austrage, wohl deshalb, weil, wie wir sehen werden, der mächtig gewordene Kurfürst jetzt nicht mehr wie früher durch Kriege in seinen Erblanden von der Verwaltung der Landvogtei abgehalten und den Hagenauern um so weniger freie Hand zu lassen geneigt war, als sie in seinen Streitigkeiten mit dem Kaiser zuletzt, während des Mainzer Bischofstreits, auf Seite des letzteren gestanden und den Grafen Ludwig von Veldentz als Landvogt anerkannt hatten.

Noch 1457 hatte er, durch seine eigenen Angelegenheiten abgehalten, es ruhig geschehen lassen, dass sein Unterlandvogt Peter von Dalheim die mannigfachen Klagen des ehemaligen Schult-

---

[1] Unter letzteren befand sich auch ein 1466 gefangen gesetzter Mann aus Mertzweiler, von dem später nicht mehr die Rede ist, obwohl die Stadt schon 1466 die Loslassung desselben verweigerte, weil der Frevel im Walde und nicht auf seinem Eigentume stattgefunden habe. Möglich, dass es sich hier um einen sog. Einfang, d. h. um eine Rodefläche handelte, den die Stadt als Zubehör des Forstes reklamierte. Die Ausdehnung des Mertzweilerer Bannes auf das linke Zinselufer würde demnach in diese Zeit fallen.

[2] Den genauen Verlauf der «Pfäde» oder der «Pfadewege», wie sie in anderen Urkunden heissen, habe ich nicht feststellen können. Sie lagen in der Hauptsache in der Richtung der Wege, welche von Schirrein nach Oberbetschdorf führen. Sie lagen etwas östlich der Westgrenze des Niederwaldes.

heissen Heinz von Falkenstein gegen die Stadt wegen eigenmächtiger Eingriffe derselben in seine Rechte abwies. Unter den Klagepunkten befinden sich mehrere, welche sich auf den Forst beziehen. So beschwert sich Heinz, « wie er etliche matten im forst gelegen **kouft** habe, darin etlich holtz gestanden sy und also er an die von Hagenau begert habe Imme an dem ende zu marken,[1] haben sie In um ufslag in der sache gebeten und do enbinnen die von Bazendorf uf sin matten durch ire förster wisen lassen sin holtz abzuhowen, und fordert desshalb wandel vnd kerung nach herkomen forstrechts und darzu dy markunge noch hüt bi tage zu tun », und dann « Er habe in der ziten er ein Schultheis zu Hagenau gewest, ein knecht gehabt, den er gedinget habe, Im holz us dem forst zu führen und doch nit anders denn nach innehalt der Ordnung des waldes und es also ein schultheiss zu tun habe. So nun von andern schedelich holtz imme forst gehowen worden sige, so si alzit sin knecht darine fürgeben als obe er solichs getan hette. Darnach uf ein zit haben si demselben sinem knecht einen karch mit holz genommen, den uf ir Rathhus gestellt, so lang bis es verfulet und ime sine pferde verdorben sind. »
. . . . « Ueber das habent sie den knecht gedrungen zu sweren eine summe gelts zu geben, und als er die nit geben habe, so haben sie in in gefängniss geleit und getrongen einen brief zu versiegeln inhaltens als ob er eins diepstals bekant haben solle und dass er darum statt und burgbann versweren musste. »
In dem ersteren Punkte erfolgte Abweisung der Klage aus formellen Gründen, in dem zweiten deshalb, weil der Knecht in dem Briefe den Diebstahl bekenne und freiwillig um Gnade gebeten habe, « und auch darzu der **zinsmeister** gestat, dass er als min gnedigsten **Herrn Waldmeister** dabi gewest sy, als der knecht mit holzhowen widder des Waldes Ordnung gefrevelt habe und nit anders dan nach herkomen desshalb gestraft sy » (Batt II, 223 u. ff.).

[1] Demnach war die Vermarkung der Enclaven im Forste bereits 1457 in Gebrauch.

Der Landvogt, dem doch die Hut des Waldes gemeinschaftlich mit der Stadt anvertraut war, hatte es also ruhig und ohne Einsprache geschehen lassen, dass die Stadt allein dieses Amtes wartete und gegen seine Beamten Gewalt anwandte.

Von 1468 an wollte er sich dieses Beiseitelassen seiner Person nicht mehr gefallen lassen. Ein von ihm an die Stadt gerichteter Brief aus diesem Jahre (St.-A. AA 208, 1) enthält eine ganze Reihe von Beschwerden, so in Bezug auf den Forst die Klage, die Stadt habe, ohne ihn zu fragen, den lichtenbergischen Dörfern ihre Berechtigungen zuerst abgeschlagen und dann wenigstens teilweise wieder verkümmert; sie habe den Reichsdörfern die Ausübung ihrer Rechte im Forste und ihm den Verkauf der Weide in dem Teile, in welchem ihm die Mastnutzung allein zustehe, erschwert; sie habe weiter die von Sufflenheim mit Gewalt verhindert, ihre Forstrechte auszuüben, habe ohne ihn Forstordnungen erlassen[1] und die « Frevel und Besserungen » von Buchen- und Birkenholz unterschlagen, die doch ihm gehörten, « nachdem das selbe holtz vns allein zustet ».

Später, nachdem er 1470 wegen seiner Parteinahme gegen den Kaiser in dem Mainzer Bischofstreit vom Kaiser als Landvogt abgesetzt und die Stadt 1471 den neuen Landvogt Ludwig den Schwarzen von Pfalz-Zweibrücken anerkannt hatte, der jedoch bereits 1472 auf die Landvogtei wieder verzichtete, scheint er seinerseits aggressiv vorgegangen zu sein. Denn 1472 befiehlt der Kaiser allen Fürsten, ihm gegen den Kurfürsten zu helfen, der denen von Hagenau « teglichen mercklich beswerung zufüg vnd sy des waldes genant den heiligen forst so zu der genant Stadt Hagenaw gehoret, ze entweren vnd davon zu bringen vnderstee » (St.-A. DD 29, 1). Nach der Beschwerde der Stadt liess der Kurfürst den Leuten, die aus dem Walde kamen, die Kärche zerhauen und sie nach Lützelstein bringen (St.-A. DD 29, 4). Selbst nach dem Friedensschluss scheint Friedrich mit seinen Eingriffen in die Rechte der Stadt nicht

---

[1] Eine von der Stadt allein erlassene Forstordnung aus jener Zeit ist in den Archiven nicht aufzufinden.

nachgelassen zu haben; denn in dem gleichen Jahre musste ihm Kaiser Friedrich « bei den pönen in dem vierjährigen Frieden nächsthin zu Regensburg beschlossen » befehlen, den Hagenauern « keinerlei Irrung, Verhinderung vnd Eintrag zu tun » (St.-A., Freiheiten).

Kurfürst Friedrich starb 1476, ohne vom Kaiser wieder in die Landvogtei eingesetzt zu sein. Dagegen wählte ihn die Stadt 1476, kurz vor seinem Tode, zum Schirmherrn, als welcher er sich für sich und seinen Nachfolger eidlich verpflichtete, in jeder Hinsicht, namentlich auch in Bezug auf den Forst, den alten Zustand wieder herzustellen.

Auch sein Nachfolger Philipp der Aufrichtige wurde anfangs vom Kaiser nicht als Landvogt anerkannt, fungierte aber auf Grund des mit seinem Vater abgeschlossenen Vertrages als Schirmherr der Stadt und erhielt erst 1486 die Landvogtei. Um den heiligen Forst scheint er sich persönlich wenig gekümmert zu haben; die einzige von ihm selbst herrührende Urkunde aus seiner Zeit, die sich auf den Forst bezieht, ist eine Aufforderung vom Jahre 1479 an seinen Zinsmeister, der Stadt zu verstehen zu geben, dass sie die Wilderei verbieten solle. (B.-A. C 87).

Auf einige zu seiner Zeit erlassene Verordnungen für den Forst werden wir später zurückkommen.

Pfalzgraf Philipp kam 1504 wegen des (zweiten) pfälzischen Krieges in Reichsacht und wurde der Landvogtei verlustig erklärt. Von da an kam das Elsass und damit der Forst unter österreichische Verwaltung und verblieb unter derselben, abgesehen von zwei im nächsten Kapitel zu besprechenden Unterbrechungen, bis zum westfälischen Frieden.

Die pfälzische Periode charakterisiert sich durch die Festlegung der Rechtsansprüche aller Beteiligten an dem Walde. Der Rechtszustand, wie er sich im Laufe der vorhergehenden Perioden thatsächlich entwickelt hatte, wurde durch die Forstordnung von 1435 verbrieft, und was dort zu verbriefen vergessen war, wenigstens teilweise durch spätere Verträge festgelegt.

Das letztere geschah insbesondere auch in Bezug auf die auf dem Forste lastenden Berechtigungen für die 11 lichtenbergischen Dörfer durch den bereits erwähnten Vergleich von 1464. Ebenso wurde 1468 eine eingehende Untersuchung über die speziellen Rechte der zur Reichspflege gehörigen Gemeinde Gunstett angestellt. Es wurden dabei zwei geborene Gunstetter, die in Hochfelden wohnten, als Zeugen vernommen. « So hant die zwei geseit ... Es soll auch ein Meyer der Herrn von Surburg[1] in dem heuet us der Herrn von Surburg fronmatten zu Gunstett dem zinsmeister geben zween enger heues ; darum so hat der Meyer recht alle jar zu nemen ein Baum, als gut er finden mag in dem forst... Auch so hat die **gemein zu Gunstett** recht in dem Forst **daubholz zu hauen, vszgenommen die vier höltzer.**[2] Fällt ein ast ab dem baume, den mag ein arm mann, wöller dazu kömmet, ushauen vnd heim führen... Will auch ein arm mann bauen zu Gunstett, so sollen im die bürger von Hagenau und **ein Zinsmeister** anstatt obgedachter, geben holtz genug us dem Forst... Will einer holz hauen und will einige wægen, so ferfandt mer zu recht: die wil der arm man bandet, so ruft er dem Förster, die wil er ladet, so beuttet er und wan er fart, mag er mit den hindern rädern kommen da die vordern räder gestanden sint, so ist er niemant nüt darum schuldig ... Darnach so ferfandt man zu recht dass die von Gunstett handt den weidgang vor sich zu gebrauchen in dem Forst von dem 12. tag der heil. drei König bis St. Bartolome,[3] also weit man den gereichen mag ghen Kochheim in die furt. Dan mag der hirt trenken und ist der Hagenauer hirt vor do an dem bach, so soll derselbe hirt den hirten von Gunstett lassen trenken. Darnach so mag Hagenauer hürt da bleiben also lang er will ...

[1] Der Reichshof und das Schultheissenamt zu Surburg gehörten damals zum Hagenauer Burglehen der Herren von Fleckenstein (Batt II, 695 u. ff.).

[2] Wohl dieselben, die auch die 11 lichtenbergischen Dörfer nicht hauen durften, nämlich Eichen, Buchen, Birken und Apfelbaum.

[3] 6. Januar bis 24. August.

und darumb so empfahet ein zinsmeister 8 ₰ strassb. wehr. zu laubgelt und der schreiber zu vertrinken 4 pfennig ...»
(St.-A. AA 149.) [1]

Ob diese Rechte anerkannt wurden, ist aus den Archiven nicht ersichtlich. Es findet sich aber auch nirgends ein Nachweis, dass sie jemals wirklich ausgeübt wurden.

Die namentlich im zweiten Drittel der österreichischen Periode chronischen Angriffe des Landvogts auf die von der Stadt in Anspruch genommenen Rechte waren in der pfälzischen Periode auf die kurze Zeit beschränkt, während welcher die Stadt sich auf die Seite der Feinde des Kurfürsten gestellt hatte. Die Kurfürsten persönlich lebten in der Regel mit der Stadt im besten Einvernehmen und waren bestrebt, Differenzen, welche sich nicht selten durch Uebertretung der Waldordnung durch ihre Beamten — Verkauf von Holz «auf das Land», stillschweigende Gestattung von Rodungen und dergleichen — ergaben, auf gütlichem Wege auszugleichen.

So liess zur Zeit Philipps des Aufrichtigen Unterlandvogt Jakob von Fleckenstein auf Befehl des Kurfürsten 1495 den Hagenauer Bürger Claus zum Knopf, den die herrschaftlichen Förster wegen Wilddieberei gefangen gesetzt hatten, dem Rate zuliebe frei und verzichtete für das Schloss Bischweiler auf das Beholzigungsrecht, obwohl es sich, seit es zur Pfalzgrafschaft gehöre, im Forste beholzigt habe (St.-A. DD 30, 4). Die Beschwerde der Reichsdörfer im Uffrieth, die seine eigene Familie seit 1372 vom Reiche zu Lehen hatte, über Verletzung ihrer Rechte durch die Stadt brachte er allerdings vor den Kaiser, mischte sich aber später nicht mehr in den Streit der Hagenauer mit den übrigen Reichsdörfern, insbesondere mit den Sufflenheimern über deren Holz- und Weiderechte.

Auf der anderen Seite zeigte sich die Stadt den Kurfürsten gefällig, beispielsweise in Bezug auf den Wald, indem sie ihnen, «obwohl der Waldordnung zuwider», das Fällen von Stämmen im Forste für ihre Bauten ausserhalb der Reichspflege, so

---

[1] Abgedruckt bei Batt I, S. 87.

1482 das Fällen von 3 Eichen für das Schloss in Seltz, 1499 das Fällen von 50 « thannen »[1] für seinen Bau in Neuenburg gestattete. Im gleichen Jahre hatte der Zinsmeister 300 Eichen und früher 700 zur Verhegung abgehauen. Die Stadt begnügte sich aber, demselben mitzuteilen, es lohne sich nicht zu verhegen, « des wildgejägts sei nicht der arbeit werth » (B.-A. C 87).

In Zeiten allerdings, in welchen sie den Landvogt anderweitig beschäftigt wusste, suchte sie ihre Rechte im Forste nach Möglichkeit auszudehnen. So strenge sie Dritten und den Beamten des Landvogts gegenüber auf der Einhaltung der Waldordnung bestand, so wenig kümmerte sie sich bei sich bietender Gelegenheit um dieselbe. So verpachtete sie 1455 die Mastnutzung in ihrem Teile mit der ausdrücklichen Bedingung, dass der Pächter seine Schweine bis Georgi (23. April) einschlagen dürfe, obwohl Kaiser Friedrich III. 1442 den Eintrieb von Schweinen ausserhalb der Eckerzeit verboten hatte und der Schluss derselben in der Waldordnung auf den 12. Tag nach Weihnachten festgesetzt ist (St.-A. DD 61).

Ebenso waren die wiederholten Angriffe der Stadt gegen die Rechte der Sufflenheimer offene Verstösse gegen die Waldordnung, in der diese Rechte anerkannt sind.

Die Ausnützung des Waldes war in der pfälzischen Periode dieselbe wie in der vorhergehenden; das Holz wurde allgemein nur zur Selbstwerbung abgegeben; nur war der Kreis der Holzarten und Holzsortimente, welche ohne Anweisung durch die Förster von den dazu Berechtigten gehauen werden durften, dadurch eingeschränkt, dass auch die Kiefer unter Schutz gestellt und die frühere Ermächtigung, Buchen und Birken bestimmter Dimensionen ungeheischen zu hauen, in Wegfall gekommen war. Darauf, dass zu Brennholz nur « unschädlich Holz » genommen wurde, dass mit dem Bauholzrecht kein Missbrauch geschah, und dass « in das Land » kein Holz ver-

---

[1] Unter « thannen » sind hier keineswegs Weiss- oder Rottannen (Fichten) zu verstehen. Thannen war in der Pfalz der Kollektivname für Nadelholz und ist in diesem Sinne in der kurpfälzischen Waldordnung von 1580 wiederholt gebraucht.

kauft wurde, wurde namentlich seitens der Stadt strenge geachtet. Die letztere wusste es, wie wir gesehen haben, durchzusetzen, dass von 1450 an auch die Weide von niemand ausser von Berechtigten ausgeübt, also auch an Nichtberechtigte nicht verpachtet werden durfte.

Auch zu Bauzwecken durften von stehenden grünen Stämmen ausser Kiefern nur unschädliche Stämme, « die zu snydende sind », angewiesen werden. Wenigstens in Bezug auf das Eichenholz war demnach die Ausnützung eine plänterweise, und dass sie auch in Bezug auf die übrigen Holzarten eine solche bleibe, dafür sorgten die neuen Forstordnungen, welche es bei hoher Strafe verboten, ein « hag », « hack » oder « gefelle » im Walde zu machen. Nur bei der Kiefer mögen gegen Ende der Periode dadurch förmliche Schläge entstanden sein, dass, wie wir sehen werden, auf einer Fläche mit ausgesprochenem Kiefernboden zeitweise die Fällung von Kiefernbrennholz in der Meinung freigegeben wurde, dass dadurch die Eiche begünstigt werde.

Trotzdem und trotz des nur in seltenen Ausnahmsfällen überschrittenen Verbots, Holz « in das Land » zu geben, mehren sich die Klagen über den Rückgang des Waldes. Bei der Kleinheit des Bezirks, zu dessen Versorgung mit Holz der damals noch fast 14,000 ha grosse Forst reserviert war, und dem Umstande, dass fast alle in diesem Bezirke gelegenen Ortschaften eigene Gemeindewaldungen besassen, ist nicht anzunehmen, dass dieser Rückgang durch eine an sich übermässige Holznutzung veranlasst war. Derselbe war vielmehr die Folge der mangelnden Obsorge für Wiederbesamung der leergewordenen Teilflächen sowie häufiger Ueberschwemmungen längs der Bäche und fortschreitender Versumpfung im Innern des Forstes, ferner diejenige einer schrankenlos und im Uebermass ausgeübten Rindvieh- und Pferdeweide, welche die Laubholzjungwüchse nicht aufkommen liess, und endlich, wie aus der Verordnung von 1450 und einer weiteren aus 1490 hervorgeht, die Folge häufiger Waldbrände, welche nicht selten von den Hirten absichtlich gelegt und durch das massenhaft umherliegende dürre Reisig besonders gefährlich gemacht wurden.

Wird doch noch 1518 darüber geklagt, « das nemlich heymsch vnd frömbde, Imme eichen vnnd furlenholtz, die förder vnd mittelschrot heimzufüren vffgeladen vnd die este vnd schwanken im Walde dauon ligennde gelossen. Der ein grosse sum vnd zal ist vnnd zu besorgenn, wo füre darin keme, dem wald ein mercklicher schaden zugefügt würde, ouch das füre mit swerer müge vnnd arbeit nsszüdilgen vnd zu löschen were » (St.-A. DD 21, 2).

Die 1502 erlassene Bestimmung (St.-A. DD 44, 3), die Kiefern « swancken » künftig den Klöstern anstatt des Buchen- und Birkenreisigs zu geben, hatte sich demnach als unwirksam erwiesen; ebenso das in derselben Verordnung enthaltene Gebot, beim Hauen von Kiefern Brennholz bei Strafe von 1 g für das Fuder «den ganzen stammen mit den afterschlagene vssgescheiden die gantz cleinen este, gar aufzuhowen vnd heimzufüren».

Die Waldbrände waren damals so häufig, dass 1490 das Feueranmachen im ganzen Walde Sommer wie Winter jedermann verboten werden musste. Motiviert war dieses Verbot damit, «Das der Walt in vergangen Joren vnd besonder disen ver- schynnen Sommer von solichen füren die do gemacht worden sint, angangen vnd swerlich vnd schedelich gebrant vnd das man das wider zu löschen vnd zu themen merglichen kosten gehebt, vnd obe man nit sorglichen vnd ernstlichen vil lüte dozu geschicket, die das füre gelöschet, ouch gehütet hant, biss das füre aller dinge vergangen war» (St.-A. DD 20, 6).

In die pfälzische Periode fallen auch die ersten Anfänge künstlicher Verbesserungen im Walde. In « der von Hage- nauwe Ratslahung vonn des fürlin holtz wegen » von 1478 (St.-A. DD 20) wird der bereits 1449 gemachte Vorschlag wiederholt, «das man auch an etlichen blossen junge eichböm vnd ouch eichel liesse setzen vnd versüchen liesse, wie sich solichs halten wolt». In der gleichen Urkunde ist auch zum erstenmale vorgeschlagen, dass man zur Verbesserung der Bestockung Kiefernholz nur da anweisen solle, « do es vnder den eichböme oder nahe deby stünde, dovon die eichböm an Irme wahssen verhindert werden, soferre die andere an dem niderfallen den eichbömen keinen schaden tun möhten»; ferner solle man «den wald ouch eigentlichen besehen wo das wasser vszliesse vnd schaden dete, vnd sich dess ouch vereinen, wo das an etlichen orten am nützlichsten zu graben wäre», «etlicher meinung ist och das man von der Brunnbach an die sufflen-heimer strasse abe zur rehte hande alle» (ob nur die Kiefern oder alles Holz, ist nicht gesagt) «abhowen solte».

Ob die vorgeschlagenen Eichensaaten und Pflanzungen damals schon zur Ausführung kamen, ist urkundlich nicht nachzuweisen; dagegen wurde in Bezug auf die Kiefern noch in demselben Jahre eine Verordnung erlassen, welche den Hagenauer Bürgern auf vier Jahre in dem südlichen Teile der jetzigen Oberförsterei Hagenau-Ost und auf dem jetzigen Artillerieschiessplatze und zwar in einem etwa 200 ha grossen Teile der Fläche, da wo nach der ratslahung alle abgehauen werden sollten, das Abhauen von Kiefern, welche nur zu Brennholz, nicht aber zu Sparren und Gerüststangen tauglich sind, ganz freigiebt. Die Verordnung gebietet aber weiter: «Ouch so sollent sie solichs holtz vff dem grunde also nohe sie das vngeferlich haben mögen abhouwen vnd was sie also abhauwen das zu spalten ist, Das sullent sie spalten vnd mit den ersten die armes vnd darüber gross sint vffhouwen vnd hinwegfüren one geverde. Werel es aber das ein boum so kröpffecht vnd von esten esten oder so vnslacht wer, das der deshalben nit wol abgehowen vnd gespalten werden möhte do mag ein Jegelich die este dauon houwen und denselben boum stimmeln des vff howen vnd hinweg füren aber vngeferlich» (St.-A. DD 20, 2). Die Grenzen dieses «hagk», in dem die Hagenauer ungeheischen Kiefernbrennholz hauen durften, wurden 1502 so weit hinausgerückt, dass derselbe mindestens 1000 ha umfasste. Es ist somit damals ein allerdings nur auf die Kiefer — die Weichhölzer mit Ausnahme der Birke und die Hainbuchen waren damals als Taubholz ohnehin vogelfrei und haben deshalb kaum grossen Schaden gemacht — gerichteter förmlicher Reinigungshieb ausgeführt und dabei den gefährdeten

Eichen selbst durch Entästen der vorwüchsigen Kiefern zu helfen versucht worden.

Freilich befand man sich im Irrtum in Bezug auf die Ursache des Kümmerns der Eiche in dem freigegebenen «hag» oder «slag». Der Boden ist dort fast allenthalben reiner Sand und selbst bei dem grössten Humusgehalt für die Eiche kaum geeignet.

Aber auch mit den Entwässerungen durch stauende Nässe leidender Bestandsteile wurde damals der Anfang gemacht. Im Stadtarchiv (DD 43, 13) ist ein Vertrag des Zinsmeisters mit zehn Arbeitern aus dem Jahre 1492[1] aufbewahrt, durch welchen sie sich verpflichten, fünf — nach den angegebenen Anfangs- und Endpunkten — mehrere Kilometer lange Gräben anzulegen. Dieselben erhielten 3 Fuss Tiefe, die grösseren 4, die «Slitzgräben» 4, bezw. 3 Fuss untere und 6, bezw. 5 Fuss obere Weite, also eine grosse Tiefe, aber zu steile Böschungen mit nur 33 % Anzug. Der Aushub musste 1 Fuss vom Grabenrande entfernt niedergelegt werden. Die Arbeit sollte in einem Zuge vollendet werden. Der Lohn betrug 3 Pfennig für die «Tonne»; die Stadt zahlte denselben in «ihrem» Teile des Waldes, der Landvogt in dem seinigen. Das anfallende Holz hatten die Arbeiter auf ihre Kosten zu fällen; es gehörte der Stadt.

Interessant ist an diesem Vertrag die Bezahlung der Arbeit im Accord, namentlich aber auch der Nachweis, dass der Wald nicht nur in Bezug auf die Mastnutzung, sondern in diesem Fall auch in Bezug auf die Bezahlung der Kosten in natura geteilt war. Offenbar nahm man an, dass die Entwässerung vorzugsweise demjenigen Teile zu gute komme, dem die Mastnutzung zustand. Dass die Stadt das Holz bekam, ist rechtlich kaum von Bedeutung. Für den Landvogt hatte es keinen Wert, da er seinen Bedarf unbeschränkt durch Fronbauern hauen und anfahren lassen konnte.

[1] Schon früher müssen übrigens im Forste Gräben angelegt worden sein, denn einer der neuen mündete in den noch vorhandenen offenbar künstlichen «Eichelgraben», ein anderer in den Hinzgraben; dieselben mögen zwischen 1478 und 1492 angelegt sein.

Für die Geschichte des Holzabsatzes ist der Umstand interessant, dass von 1468 ab der Schultheiss sein Recht auf die Würzlinge für zuerst 9 und später 12 rheinische Gulden an die Stadt verkaufte. Vorbehalten waren in dem Vertrage von 1498 (St.-A. DD 44, 1) die Rechte der Hafner von Sufflenheim auf alle nicht von Hagenauern gezeichneten Würzlinge, ausgenommen die von Eichen, an welchen die Rinde noch nicht abgefallen war. Sufflenheim zahlte dem Schultheissen dafür 28 bis 30 Gulden jährlich.

Die Mastnutzung hat die Stadt in dem Bürgerwalde wiederholt verpachtet, so 1455 um 160 ℔ und 70 Schweine,[1] 1469 um 100 ℔. Im Jahre 1483 setzte die Stadt das Eckergeld auf 3$\frac{1}{3}$ Schillinge für jedes Schwein fest, «weil grosser voller Ecker» sei.

Dauernde Rodungen von einigermassen ausgedehnten Teilen des Forstes haben in der pfälzischen Periode sicher nicht stattgehabt. Die Forstordnungen von 1424 und 1435 verbieten eigenmächtige Rodungen, und es ist keine Urkunde auf uns gekommen, welche der Stadt oder irgend jemand sonst die Ermächtigung erteilt, aus Teilen des Forstes Aecker oder Wiesen zu machen. Wo es dennoch geschah, da war es, wie wir gesehen haben, die Stadt, welche die Rodungen mit Gewalt zu verhindern wusste, indem sie ihr Vieh auf das Neuland trieb, die Vermarkung desselben verweigerte und das darauf stehende Holz, ohne Rücksicht darauf, wie der Betreffende zu dem Besitze desselben gekommen, veräusserte.

Da die Stadt nach Aussage der beiden Gunstetter ihr Vieh im Nordosten des Forstes so weit in den Wald eintrieb, dass

---

[1] Bedingungen: Der Pächter durfte seine Schweine bis Georgi (23. April) austreiben (also auch in den Nacheckerich!); die Stadt durfte ihr Vieh in die Teile, in denen «kein namhaft Ecker» ist, eintreiben, nachdem die Schweine dort 14 Tage eingeschlagen waren, «affter St. Andreas» (30. November) konnte die Stadt ihr Vieh eintreiben, wo sie will; das Pachtgeld war auch im Kriegsfall zu zahlen und das Holz zu Pferchen war zu heischen (St.-A. DD 61). Die Schweine blieben demnach über Nacht im Forste, und zwar in Pferchen.

ihre Hirten mit denen des in der Luftlinie über 10 km entfernten Dorfes Gunstett und zwar, wie aus anderen Stellen jener Urkunde hervorgeht, an einer von beiden Orten mindestens 9 km entfernten Fuhrt über den Halbmühlbach zusammentrafen, so muss dieser Schutz wenigstens in den Teilen mit guter Weide sehr weit gereicht haben. Höchstens in dem von der Stadt durch einen breiten Streifen sehr wenig graswüchsigen Bodens getrennten Nordwesten des Forstes, in dem der Landvogt die Eckernutzung hatte und die 11 lichtenbergischen Dörfer das Weiderecht vorzugsweise ausübten, in welchen also die Stadt ihr Rindvieh, wenn überhaupt, nur höchst selten eintrieb, mögen damals auf dem linken Zinselufer bei Mertzweiler sowie bei Eschbach einzelne Rodungen unbemerkt ausgeführt worden sein. Der auf Forstboden gelegene Teil des Schürhofs, der hochgelegene Teil des heutigen Schirrhofen, der 1454 in einem von Friedrich III. ausgestellten Lehensbriefe zum erstenmal als Lehen derer von Eschenau erwähnt wird, ist wahrscheinlich schon früher mit stillschweigender Zustimmung der Stadt gerodet worden.

Ob der Forst damals schon mit Steinen vermarkt war, ist mit Sicherheit nicht nachzuweisen. Da jedoch, wie wir sehen werden, die Berechtigungsgrenze der Sufflenheimer bereits 1517 « vndersteint » war und im Jahre 1544 einerseits von alten umliegenden Steinen an der Eigentumsgrenze die Rede ist, anderseits aber noch einzelne Grenzstrecken nicht versteint, andere mit « Zielebäumen » vermarkt waren, so ist anzunehmen, dass man damals nur besonders gefährdete oder solche Grenzen versteinte, bei welchen es der Angrenzer verlangt hatte. Hatte ja doch nach dem Urteile von 1457 Heinz von Falkenstein die Vermarkung seiner im Forste gekauften Wiesen verlangt.

Die Verwaltung leiteten, wie bereits erwähnt, drei « Waldmeister » oder « Waldherren ». Als solche funktionierten, wie aus dem Urteile gegen Heinz von Falkenstein erhellt, seitens des Landvogts der jeweilige herrschaftliche Zinsmeister, seitens der Stadt zwei dazu gewählte Mitglieder des Rats, in welchen seit 1379 im Notfalle auch andere als Mitglieder derjenigen Geschlechter gewählt werden konnten, «uss den sie vorher erkoren worden», und zwar wie später meist Altstettmeister und Altmarschalle.

Förster waren im ganzen sechs vorhanden, von denen, wie gesagt, jeder Teil drei ernannte und besoldete. Von ihren Namen sind uns nur die weiter oben angeführten und aus 1483 der des Hug Claus erhalten. Sie erhielten ausser der Besoldung, über deren Höhe indessen keine Aufschreibung erhalten ist, von jeder Abgabe von Holz, welches geheischt werden musste, «Weisgeld» und zwei Schillinge für jede Rüge. Sie durften ausserdem immer noch die Afterschläge, aber nach dem Vertrage von 1448 (St.-A. DD 20) nur soweit sie «XIIII schühe lang vnd güt zu verbuwen vnd gehogen sint», und nur «In die statt vnd die Richs dorffere vnd niergent anderswo verkouffen».

Von Forstorten werden im 15. Jahrhundert in den Urkunden vor allem der «ober Wald», «die struth» und der «nider Waldtt» als Orte, in denen der Landvogt die Mastnutzung allein hat, genannt. Von diesen Namen hat sich nur noch der des Ober- und Niederwaldes in der alten Form erhalten, aber ohne dass sich letzterer auf eine bestimmte Waldfläche bezöge. Aus der Grenzbeschreibung von 1544 erhellt, dass damals der ganze westlich der Strasse Hagenau-Morsbronn-Wörth gelegene Teil der jetzigen Oberförsterei Hagenau-West, fast 3050 ha gross, den Namen Oberwald führte, der jetzt offiziell nur noch für den nordwestlich der Strasse Mertzweiler-Pfaffenhofen gelegenen, 153 ha grossen Teil dieser Fläche gebraucht wird. Unter Struth verstand man den zwischen Halbmühlbach und Sauer gelegenen Teil des Forstes. Er umfasste rund 1640 ha, darunter die Forstorte Ober- und Unterstritten der Oberförsterei Hagenau-West, in welchen Namen das alte Struth unschwer zu erkennen ist.

Der Verlauf der Grenze zwischen dem Niederwalde und dem Teile der Stadt ist nicht mehr genau festzustellen. Die vier Steine, welche von den beim Grenzberitte von 1544 vorgefundenen 12 Stück noch vorhanden sind, stehen in annähernd gerader, die Strasse Schirrheim-Oberbetschdorf auf halbem Wege kreuzender Linie von Südsüdwest nach Nordnordost. Der östlich derselben gelegene Niederwald mag 3650 bis 3700 ha umfasst haben, so dass der Teil des Landvogts im ganzen 8340 bis 8390, der der Stadt rund 6360 bis 6420 ha enthielt.

Sonst werden in jener Zeit als Forstorte genannt im Jahre 1478 und 1502 « Hennickens Rott » und « Rossboumvelt »,[1] sowie Schwarzburnen, letztere drei möglicherweise ausserhalb des Waldes zwischen der Einmündung der Sufflenheimer Strasse in den Forst und Kaltenhausen gelegen, ferner Tüttelrein oder als Synonym Düttelrein, Tuttellach, wahrscheinlich die heutige Blümelslach und Schirrein, der jetzt noch diesen Namen führt und das Dörfchen gleichen Namens in sich begriff; ferner 1492 und 1502 der Schwarzbruch, die Schürlach, der Eichelgraben und das Einsiedel, die bis heute diese Namen behalten haben, und von heute nicht mehr unter diesen Namen bekannten Orten das « Einyssbühel », wahrscheinlich der heutige Hohwarthbuckel, die Growerbelach, die Lüteye und der Hinsgraben, deren Lage nicht mehr festzustellen ist. Von Strassen und Wegen werden in diesem Jahrhundert zum erstenmale 1478 die Sufflenheimer Strasse und 1492 die Surburger Strasse genannt.

Das Jagdrecht stand, wie aus der eingangs erwähnten Urkunde von 1420 hervorgeht, im Anfang der pfälzischen Periode immer noch den Herren von Fleckenstein als Zubehör ihres Burglehens zu. Später scheinen es aber die Landvögte für sich erworben zu haben, wenigstens ist in dem Briefe des Pfalzgrafen von 1479, in welchem er die Stadt zur Abstellung der Wilderei auffordert, keine Rede mehr von dem Rechte der Fleckensteiner, ebensowenig in den Urkunden der österreichischen Periode.

In welcher Weise die Jagd im Hagenauer Forst während dieser Periode ausgeübt wurde, ist aus den Archiven nicht ersichtlich.

---

[1] D. h. das der Familie der Edlen von Rossboum (Rosenbaum) gehörige Feld bei dem Kestlerhof (der alten Runenburg).

VIERTER ABSCHNITT.

Vierte—österreichische—Periode (1504 bis 1648).

Nach der Aechtung des Pfalzgrafen Philipp hatte Kaiser Maximilian I. selbst die Landvogtei übernommen. Eine seiner ersten Massnahmen war die Ueberlassung des Mast- und Weiderechts im ganzen Forst, auch da wo der Landvogt die Eckernutzung bisher allein hatte, an die Stadt auf 7 Jahre vom Jahre 1504 an (St.-A. DD 16, 1). Im Jahre 1507 schärfte er allen Angrenzern die Einhaltung der Waldordnung ein; wer von ihnen sich durch dieselbe verletzt fühle, möge klagen; bis zur Entscheidung habe jeder, bei Vermeidung einer Strafe von 10 Mark lötigen Goldes, daran zu halten (B.-A. C 87).

In seinem Auftrage schlichtete sein Unterlandvogt Kaspar von Mörsberg 1508 den Streit der Stadt mit der Gemeinde Sufflenheim durch einen Vertrag (St.-A. DD 30, 5), welcher derselben das Recht zuerkennt, «alles ligende vorlin holtz das dur vnd nit gut zuuerbuen ist ... zu lrer notdurfft vffzuhauen vnd dorzu alles Daupholtz dur Ris so do lit als Erllen widern hagenbuchen vnd derglichen vszgeschieden eichens. dorzu mogen sie die forlen afterschlag vff hauwen was vnder vierzehen schuven ist. Was aber derselben vber vierzehn schu lang sin vnd darzu wintbruch sollen sie kauffen. Die hafner von sufelnheim mogen auch dass der forlen holz so stot vnd nit gut zuuerbuen ist Zu ir notdurft hauen doch vf absagen Eins lantuogts von wegen der herrschaft vnd eins rats zu hagenaw. Zum andern von wegen des weidgangs den solen die von sufelnheim haben bis an die pfed vnd ob vngeverlich des veh vber die mercker w i e e s v n d e r s t e i n t vber schwanckt oder vberging sollen sie deszhalben vngeferlich mit pfenden gehalten werden.»

Auf seinen ausdrücklichen Befehl wurde noch 1517 (St.-A. DD 211) eine Verordnung erlassen, welche verordnet, «einen gezirck oder platz In dem vorst forzunemen vnd in solchem Platz oder gezirck drew oder vier Jar lanng kein Viech darein zu slahen, vnd zutreiben, damit die jungen keymen erwachsen vnd das Vieh nachmallen den Jungen keymen vnd Paumen nit schaden bringen mög. Vnd das fur vnd fur allwegen ein solcher gezirck furgenomen werde bis zu Ennde des gantzen vorsts.» Dieselbe verlangt ferner, dass die Zäune nicht alljährlich erneuert, sondern « steen beleiben so lange sie wern», weil durch den Aushieb des Zaunreises «der vorst vast geleyterd wirdet vnd sich das Wildprat dest weniger vnnderhalten mag». Ausserdem sollen «alle bech vnd wasser, so durch den vorst geen aufgethan vnd geraumbt werden. dann die vast verfallen mit allten paumen vnd verwachsen mit stauden. dardurch sich das wasser anschwillt vnd die fruchtpern paum aus solher Ursach abnemen vnd verderben. Vnd was in der von hagenaw gezirck ist das dieselben solh auftun vnd Raumen selbs tun. Und was im Reich auch des von Eschnauw[1] vnd annder ist, das solhs durch den zinsmeister verordnet werde.» Ferner solle allen, die sich im Forste beholzigen, «bei hoher pene geboten vnd bevolhen werde, das sy all afterstag. Paw vnd Brennholtz fürter auffhawen vnd machen, damit des wald nit also mit afterslagen veselt werde. als bisher beschehen ist, dardurch nit pranndt des vorsts beschehen mögen. Item die Mulen vf der Sawr, allzeit dermassen zu bewaren, das das wasser nit auslauffe» (B.-A. 21, 1).

Mit Rücksicht auf die Feuersgefahr verbot der Unterlandvogt mit der Stadt gemeinsam am 11. Juni 1518, dass bis Martini desselben Jahres «niemans, es seyent äpte, clöster, burglüt, Schöffen, Burger der statt oder spittals karchknecht vnd sünst alle andere Inn vnd vsserthalb der stat, dhein stonde holtz, es sie eichen furlen Büchen Birckens vnd derglich stönde holtz, wie das namen hat gantz keinerlei üssgestalt grüne oder

---

[1] Die von Eschenau grenzten mit dem Schürhof an den Wald und hatten einen Teil der Matten längs des Fallgrabens im Riet zu Lehen, welcher einige Wasserläufe des Forstes aufnimmt.

dürre zuuerbrennen nit abhowen noch füren, Sonder allein das dürr ligend holtz als mit namen die furlen swancken die alten ligende eichboum vnd derglichen vffmachenn vnd haruss füren sollent». Auch zu «gegenn vnd fronholtz, so zu hofe oder sůnst gebenn vnd gefürt wird», dürfe bei Strafe von 3 ß für jeden Fall kein anderes Holz genommen werden. Die Würzlinge dürfe nur der nehmen, der sie gekauft habe (St.-A. DD 21, 2).

Kaiser Maximilian starb 1519; sein Nachfolger Karl V. zahlte gleich nach seinem Regierungsantritte dem Kurfürsten Ludwig V. dem Friedfertigen von der Pfalz das Lösegeld für die Landvogtei mit 80,000 rhein. Gulden, trat sie demselben aber bereits 1530 im Vereine mit seinem Bruder, dem Erzherzoge Ferdinand, den er 1521 zum Landvogte ernannt hatte, unter der Bedingung wieder ab, dass sie nach Ludwigs Tode zurückgekauft werden dürfe.

Er verschrieb 1521 der Stadt endgültig «gerechtigkeit und oberkeit des Riets und gestöcke so man jetzt nennt das Schierrieth . . . das sie dann als iren Burgbann solichermasz bis an diese zeit genossen gepraucht und herbracht, als wir das von inen glaublich unterwieset sint» (Batt I, 277).

Sonst sind aus der Zeit Karls V. nur vier auf den Forst bezügliche Urkunden erhalten. Die eine enthält den Befehl des Kaisers an Landvogt, Meister und Rat aus dem Jahre 1521, das Holz für das Schloss, das er in Hochfelden bauen will, im Forste hauen zu lassen und niemand zu gestatten, sie daran zu hindern (B.-A. C 87). Da Hochfelden nicht zur Reichspflege gehörte, war dieser Befehl der Waldordnung zuwider. Trotzdem wagte die Stadt nicht zu widersprechen, woraus später der Landvogt Kapital zu schlagen suchte.

Die zweite Urkunde ist ein Protokoll über die Bereitung des vorher abgestellten Sauerbachs durch die drei Waldmeister und vier Förster aus dem Jahre 1523 (St.-A., Statutenbuch, S. 201 u. ff.). Bei diesem Beritte werden folgende für die damaligen Rechtsverhältnisse wichtigen Vorschriften als herkömmliche konstaliert: Wenn der Bach abgeschlagen wird, erhält die Gemeinde Gunstett[1] «einen oder zween vnschedelich alt baum durch die förster daz sie die bach abschlagen vnd behalten mögen». «Item die bach soll an allen orten von einem staden bisz zum andern vierzehen schuch weit vnd sieben schuch tief sein.» «Item wer Matten an diszer bach hette, die einen staden vf ihrem aygenthumb geben, vnd dargegen staden forst ist, so soll vnd musz der deszen die matten sein, die beeden seiten vndt forstsstaden raumen vnd aufheben, vnd auch was bruche vnd schlit in forst gehen vermachen vnd versorgen, dasz das wasser nit in Waldt breche, vnd mit namen was ausgeraumbt würdt, da sol man den grundt vf den forststaden ziehen, damit das wasser desto minder in forstt lauffen vnd schaden tun mögen.» «Item das Wetterholtz bey Surburg, so Juncker Heinrich von Fleckenstein dem freyherrn zustäht, ligt auch vf diser bach, hat einen staden gegen den forst ire Strut, da lasset der freyherr seinen staden durch die seinen machen, den Forst staden musz der Schultheiss von Eschbach, mit denjenigen, so in sein Berich gehören machen, von wegen der Herrschaft, dan gibt man Inen zuuerzeren Ein fuder oder zwey bürckens oder von denen düren Spitzingen vnschedelichen aichen holtz ein baum oder zween.» Den Eichgraben hat der herrschaftliche Waldmeister nach diesem Protokoll mit denen von Sufflenheim geräumt, dazu hat die Herrschaft Wein und Brot hinausgeführt und der Gemeinde gegeben «vnd hab ich mit den förstern vnd Buettlen verzeret beim Schultheissen 2 ß 7 β β dasz hat der Zinsmeister zahlt».

Die dritte Urkunde ist eine Aufforderung des Erzherzogs Ferdinand an seinen Forstmeister Wolf Wilhelm von Andlau vom Jahre 1525, das Wildern der Hagenauer abzustellen; die vierte eine Verordnung des Unterlandvogts v. Mörsperg, welche in des Kaisers «Oberkait» das Schiessen von Hasen und

[1] Bei Gunstett teilt sich die Sauer in zwei Arme, die Sauer, die weiter unten den Forst nördlich begrenzt, und den Halbmühlbach, welch letzterer durch den Forst fliesst und im 13. Jahrhundert antiqua Sura hiess und wahrscheinlich das alte Bett der Sauer ist.

Hühnern mit Büchse und Armbrust sowie das Fangen derselben bei 3 ℔ Strafe und Konfiskation des Jagdgeräthes verbietet (B.-A. C 87).

Weit zahlreicher sind die Urkunden aus der Zeit des dritten pfälzischen Interregnums, welches von 1530 bis 1556 währte, in welchem Jahre Kaiser Ferdinand I. die Landvogtei von dem Pfalzgrafen Ottheinrich endgültig zurückkaufte.

Eine der ersten auf den Forst bezüglichen Amtshandlungen des Kurfürsten Ludwig V. war die Ernennung des Sebastian Bozheim, eines sehr energischen Mannes, zum «Obersten Aufseher der försler». Kaum ernannt, verlangt derselbe mit Rücksicht auf eingerissene Missbräuche, insbesondere auch in Bezug auf die Ausübung der Jagd, eine Instruktion. Er beantragte dabei unter anderem, dass man wieder jemand «Ins Einsiedelhusz Im Hagenower Forst gelegen setz», der auf das Schiessen achten und ihm sofort Anzeige machen solle; auch solle man ernstliche Streifen machen, damit die Wilderer «ernst spüren» (B.-A. C 87).

Die verlangte Instruktion wurde ihm 1531 zu teil; sie bestimmte, dass die städtischen Förster und Amtsknechte auf sein Verlangen mit ihm den Wald zu bereiten und ihm im Jagdschutze und in der Pflege des Wildes zu helfen, und wenn sie Wildschützen in anderen Gebieten antreffen, der Obrigkeit derselben Anzeige zu erstatten haben. Gefangene Wildschützen sind nach Hochfelden «zu gefenknuss und verwarnung» zu bringen. Die Schultheissen der umliegenden Dörfer haben ihnen hilfreiche Hand zu leisten. Der (Unter-) Landvogt solle die Förster in ihrem Dienste unterstützen und dem Bozheim mit Rat und That beistehen.

« Item es soll nitt gestattet werden Im forst Rechen, hassen oder derglichen zu jagen oder fohen mit Hunden oder garnen, auch nitt hůner, aber aussertrhalb vmb den forsit da es biszhar komen hassen vnd hůner zu hetzen vnd fohen, auch im forste Jung fögell auzuheben oder mit dem kürzen oder derglichen fegell Weidwerck das dem Hochwild onschuwlich vnd onschedlich Ist zümlicher massen zubrüchen, gestatten, doch dar In dem kein geuerd gebrucht werden, Als eb einer ein stück Wilds für ein Vogell fing»... «Unser lantuogt soll auch by vnzern Vnderthonen vmb den forst gesessen verschaffen, so sy darhin farren die hund anheymsch zu lassen damit das wiltpreth nitt geschicht oder beschediget werd». Bastian und die Förster «sollen macht haben, die Atz in Clöstern vnd Dörffern ziemlichen zu brüchen» (St.-A. DD 55, 1). Ausserdem erneuerte der Unterlandvogt Schenk Georg von Erbach das oben erwähnte Verbot des Schiessens von Hasen und Hühnern.

In einem Berichte aus demselben Jahre zeigt Bozheim an, die Hagenauer Schöffen nähmen das Recht in Anspruch, auf dem Feldbanne der Reichsdörfer zu jagen. Zur früheren pfälzischen Zeit und zur Zeit des Forstmeisters Andlauer habe der Landvogt den Schöffen hie und da einen Hasen oder ein Huhn zu schiessen erlaubt, ohne solche spezielle Erlaubnis sei ihnen aber diese Jagd verboten gewesen.

Im Verlaufe einer darüber angestellten Untersuchung wurden verschiedene Zeugen verhört, u. a. der frühere Unterlandvogt von Fleckenstein, welcher aussagt, die Hasen- und Hühnerjagd im Forste sei ganz abgestellt worden, seit nach Abgang der Ritterschaft Bürger zu Schöffen gewählt werden konnten. «Im Reiche», d. h. auf dem Banne der Reichsdörfer, hätten die vom Adel und die Schöffen von jeher gejagt. Andere Zeugen sagen aus, die Jagd im Reiche sei den Schöffen auf Ansuchen gestattet worden, während die Förster übereinstimmend erklärten, seit sie im Dienste seien, hätten sie Auftrag gehabt, in diesen Bännen jagende Schöffen zu pfänden. Diese letztere Streitfrage wurde 1533 durch Vertrag dahin entschieden, dass in Bezug auf das kleine Weidwerk alles beim Alten bleiben solle, d. h. dass das Recht der Schöffen, «im Reiche» Hasen und Hühner zu jagen, anerkannt wurde (B.-A. C 87).

Endlich verabredete der Kurfürst 1532 mit dem Markgrafen von Baden die Bestrafung ihrer Unterthanen, wenn sie im benachbarten Gebiete beim Wildern betroffen wurden[1] (B.-A. C 87).

---

[1] 1548 lieferte der Markgraf auf Grund dieser Verabredung zwei Hagenauer Bürger aus, welche im Forste gewildert hatten.

Die Jagd, mit welcher sich die Urkunden der früheren Perioden, abgesehen von der Belehnung der Fleckensteiner mit dem Jagdrechte im Jahre 1372 bis 1479, so gut wie gar nicht beschäftigten, und die insbesondere bei den Streitigkeiten zwischen Landvogt und Stadt bis dahin so gut wie keine Rolle gespielt hatte, war offenbar inzwischen für den Kurfürsten zum geschätztesten Teile seines Rechtes am Forste geworden. Er legte auf dieselbe einen so hohen Wert, dass er jeden Eingriff in seine Rechte auf das härteste strafte. Berichtete doch der, wie aus späteren Urkunden hervorgeht, von der Stadt angestellte « Gegenschreiber », d. h. der Protokollführer auf dem Waldhause, gelegentlich einer Untersuchung über die Grenzen der Gerichtsbarkeit zwischen Landvogt und Stadt im Jahre 1531 oder 1537, Jagdfrevel bestrafe der Landvogt und der Forstmeister allein, ohne die Stadt; Bozheim habe kürzlich einen Wilddieb nach Hochfelden führen und ihm dort die Augen ausstechen lassen, ohne dass sich die Stadt hineingemischt habe (B.-A. C 87).

Die Ausübung des Jagd- und Forstschutzes scheint damals allerdings mit Schwierigkeiten verknüpft gewesen zu sein. Denn in der nicht datierten Antwort Bozheims namens des Landvogts auf den Ratschlag der Stadt, « wie der forst zum Aufgang zu befürdernn », wahrscheinlich aus dem Jahre 1533, verlangte derselbe, die Stadt solle ihren Bürgern verbieten, mit der Büchse in den Forst zu gehen und ihre Hunde laufen zu lassen; kürzlich habe ein Hagenauer mit einer « lang burstbüchsen » einen herrschaftlichen Förster bedroht, der einen hanauischen Unterthan beim Abhauen eines Stamms im Frevel betroffen habe.

In diesem leider, wie es scheint, nicht erhaltenen Ratschlage hatte die Stadt die Revision der Waldordnung und einige vorübergehende Verordnungen beantragt, auf welche der Landvogt teilweise einging, so insbesondere auch auf den Vorschlag, dass der Forst auf 8 Jahre « für eichen Holz geschlossen, das liegend Holz bis dahin aufgemacht und der Wald gesäubert » werde. Er machte nur den Vorbehalt, dass, wenn der Landvogt Fronholz gebrauche, den Frönern «stehend forlen Holz angewiesen werde». Weiter erklärt Bozheim, seinem Herrn sei «das berathschlagt pflanzen nit zuwider, das aber ein besonder haüslin oder hütten zur verhuettung des vszgezaichneten Pflanzplazz Ime vorste erbauwet vnd ein vfseher darein gesetzt werden sollt, bedencken Ire gnaden von vnnöten vnd rathsamer sein, Das ein Rath durch den besitzer Des bruderhausz an reichshouerstrass, Desgleichen der besitzer des einsidelhausz an Betzdorfferstrasse so Ire gnaden one das widerrumb vffzurichten beuelhen[1] sollich vffsehung gegen einen geringen ergetzlichkeit eingebunden vnd beuolhen werde vff ordnung vnd massz man sich wol vergleichen mocht».

Ferner schlägt Bozheim namens des Landvogts vor: «Das den Fuohrleuten ein gesetzter lone taxirt werde, vnd als dieselben fuorleut im prauch haben, Das sie die guten lanngen eichen bawhöltzer Kurz abschrotten, Damit sie desto leichter zu fuoren, dass hiemit Inn dieser Declaration vnd gebesserter ordnung vfzulegenn, das sie schuldig sein sollen, Die schwanken so gut zu uerbawen den bawleuten auch heimzufüren, vnnd nit so schedlich für brennholtz mit den afterschlagen[2] wie

---

[1] Wie es scheint, bestand damals die jetzt zur Fahrt nach Reichshofen benutzte Bitscher Strasse noch nicht. Man fuhr auf der jetzigen Wörther, der früheren Morsbrunner oder Eschbacher Strasse, an der das Bruderhaus lag, über Morsbrunn-Eberbach oder Eschbach-Forstheim nach Reichshofen.

Wann diese beiden mitten im Forste gelegenen Häuser entstanden sind, ist urkundlich nicht nachzuweisen. Das Bruderhaus, dessen Aecker die Stadt, wie aus einer Urkunde von 1578 hervorgeht, später hatte pflügen und einzäunen lassen, kam schliesslich in Privatbesitz und wurde erst 1848 angekauft. Das Einsiedelhaus an der Betzdorfer Strasse, wahrscheinlich das am Eberbach gelegene Watzlerhäusel der Grenzbeschreibung von 1544, das der Kurfürst wieder aufrichten wollte, ist spurlos verschwunden. Um 1533 gehörten beide zum Waldeigentum; unter «Besitzer» ist, wie aus obigem erhellt, nur der jeweilige Inhaber zu verstehen.

[2] Hier werden also «Schwanken» und «Afterschläge» in Gegensatz gebracht; man scheint damals in Hagenau unter ersterem den dünneren Teil des eigentlichen Schaftes bis zur Krone, unter letzteren den äussersten Gipfel und die Aeste verstanden zu haben.

bisher geschehen zuuerhawen. Nachdem auch die ort der eckernieszung Im wald der herrschaft vnd der statt vnderschiedlich gesöndert vnnd aber bitz anher vff der herrschaft orthen gar vil mehr bawholtz, Dann vff der statt thail gefellt worden, welches meinen gnedigen herren Landtuogt lennger zugedulden mit nichten wil gepuren, vnd verordnen desshalb . . . . . das fürohin Bawholtz vff beederthail orthen gleich gehauwen, das auch zween förster, einer der herrschaft, der annder vonn der Statt Das bawholtz solcher gestalt zu weisen vnnd dabey bitz dasselbig gehauwen zuuerharren schuldig sein sollen verordnet werden.»

In Bezug auf einen weiteren Vorschlag findet der Landvogt es unbillig, dass der Landmann, der Eichen nur zu Schwellen bekomme, 6 ₰ für eine Eiche und 3 ₰ für eine Kiefer bezahle, während die Bürger und andere Berechtigte nur 4 ₰ für eine Eiche und nichts für Kiefern entrichten sollen. Werde gleiches Mass für alle gesetzt, so sei er mit dem Vorschlag der Stadt, die, wie es scheint, die Erhöhung des «Weisgeldes» gegen Einziehung des Rechtes der Förster, die Afterschläge zu verkaufen, vorgeschlagen hatte, einverstanden. Auf letzteren Vorschlag scheint sich auch das sonst einverständliche Verlangen des Landvogts zu beziehen, dass, wenn die Leute das Holz nicht mehr bei den Förstern kaufen dürften, es ihnen auf dem Waldhause verkauft werden solle. Das liegende Holz solle auf dem Waldhause geheischt werden, das Fronholz nicht. Mit einer ganzen Reihe von mit Nummern bezeichneten Vorschlägen erklärte sich der Landvogt einverstanden, ohne dass aus der Urkunde ersichtlich wäre, auf was sie sich beziehen. Aus zwei Vorbehalten des Landvogts, dass «das büchin holtz nit für taubholtz geacht, sondern vermög . . . der Waldordnung vorbeheltlich der burgkleut und schöffen herkommen verpoten werde», und dass dasselbe gekauft werden müsse, scheint hervorzugehen, dass die Stadt die völlige Freigabe der Fällung von Taubholz und Brennholz für die Bürger verlangt hatte.

Schliesslich verlangte er aber ausser dem eben erwähnten

Verbote des Tragens von Büchsen im Forste, dass der herrschaftliche Waldmeister mit den städtischen (bei Bauholzanforderungen) die Gebäude besichtige, und dass derselbe zu den Forststrafsitzungen auf dem Waldhause bestellt werde, damit die Strafen nicht zu hart ausfallen.

Aus dieser im Bezirksarchiv (C 87) aufbewahrten Urkunde scheint hervorzugehen, dass im Laufe der Zeit der herrschaftliche Waldmeister immer mehr auf die Seite geschoben worden war und schliesslich zu den Sitzungen auf dem Waldhause gar nicht mehr eingeladen wurde, und dass die beiden städtischen Waldmeister sowohl die Forstgerichtsbarkeit wie die Verbescheidung der Gesuche über Holzabgabe allein ausübten, und endlich dass sie die Abwesenheit des landvögtischen Vertreters benutzten, um die Hauptlast der Abgabe insbesondere von masttragenden Eichen auf den Teil des Forstes abzuschieben, in welchem der Landvogt die Eckernutzung, die mit der Weide immer noch die Haupteinnahme des Waldbesitzers lieferte, allein auszuüben berechtigt war.

Sie hatte ausserdem, wie aus einem nicht datierten Berichte Bozheims aus jener Zeit (B.-A. C 87) erhellt, um den Forst Grenzsteine setzen lassen, welche nur das Stadtwappen und nicht auch den Reichsadler trugen, während doch, « wie männiglich bekannt, die hohe und forstliche Oberkheit der Röm. Kais. Majestät vnd dem h. Reiche vnd von Irer Majestät vnd des Reichs wegen einem jeden Oberlandvogt alleinig zuständig». Als Beweis für letztere Aufstellung führt Bozheim auf, dass « alle freuel . . .[1] wasser grundt und Boden Zinsz ein Oberlandtvogt des H. Reichs wegen einnimbt und einnehmen soll».

Ueberhaupt ist in jener Zeit die Stadt in vielen den Forst berührenden Fragen selbständiger aufgetreten, als sich mit den bestehenden Rechtsverhältnissen vereinbaren liess. Sie zog sich fast gleich-

---

[1] Das hier fehlende Wort ist in der Urkunde unleserlich. Wenn dasselbe nicht eine Einschränkung der Wortes freuel enthält, ist diese Behauptung Bozheims unbegründet; denn die Strafen für Holzfrevel wurden damals nach dem bereits erwähnten Berichte des Gegenschreibers nach den Vorschriften der Waldordnung geteilt.

zeitig seitens der Herren von Fleckenstein in Bezug auf die Berechtigungen der Dörfer im Uffriete, die dieselben vom Reiche zu Lehen hatten, und in Bezug auf ihre eigenen Holzrechte als Burgmänner von Hagenau, sowie seitens der Gemeinde Surburg bezüglich ihrer Weiderechte Besitzstörungsklagen beim Reichskammergerichte in Speier zu. Aus der ersten ging sie als Siegerin hervor, weil die Fleckenstein'schen Dörfer «one Ansuchen und der Waldförster Weisung» Holz gehauen hatten, die zweite erledigte sich durch Vergleich, die dritte durch Verurteilung der Stadt zu einer Entschädigung von 180 rhein. Gulden.

In dem Vergleiche mit den Herren von Fleckenstein von 1538 wird denselben das Recht zugesprochen, für den Bedarf ihrer Besitzungen in der Stadt wöchentlich 24 Fuder, im Jahre also 1020, und wenn man auch 15 Wochen für die Wintermonate abrechnet, 740 Fuder, d. h. mindestens 1500 Raummeter zu beziehen. «Das holz, bau und brennholz für ihren hof als burgsessen sol man heischen, die stadt wird es sogleich anweisen lassen und sie dürfen es durch ire bauren oder unterthanen[1] in die statt oder in ihr haus führen lassen; und ausserhalb der statt und des burgbans sol nit begert und nit erlaubt werden. In 8 tag sollen sie nit mehr dann 24 fuder brennholz, aber in 8 tag wieder, nach notdurft heischen» (Batt II, 704); in dem Urteil zu Gunsten Surburgs von 1541 (St.-A. DD 63, 2) wurde erkannt, dass die Stadt die von Surburg zu Unrecht durch Pfänden in dem Besitz der Weide «von dem Dorfe Surburg bitz an den Eberbach und davon weiter bisz an den pfadweg und insonderheit von dem Bezirk des Waldes das Schwarzbruch genant», d. h. in der Osthälfte der Struth und dem nordöstlichen Drittel des Burgerwaldes gestört habe.

Von 1535 an war ausserdem beim Kammergericht eine Besitzstörungsklage der Surburger gegen die Stadt wegen ihrer

---

[1] Wie aus späteren Urkunden hervorzugehen scheint, hatte die Stadt verlangt, dass sie das Holz durch Hagenauer Bürger gegen Bezahlung des Fuhrlohnes einführen lassen.

Holzrechte anhängig, aber 1546 ebensowenig entschieden wie weitere Klagen der Gemeinden Sufflenheim, Gunstett und Dürrenbach, über deren Objekt die Urkunden keinen Aufschluss geben.

In all diesen Prozessen war nur die Stadt allein ohne den Oberlandvogt verklagt, und man betrachtete den letzteren für so wenig beteiligt, dass ihn der Schultheiss Jakob von Fleckenstein im Namen der Klagenden bitten konnte, sich beim Reichskammergerichte für rasche Entscheidung zu verwenden (B.-A. C 87). Ob aus den Besitzstörungsklagen Eigentumsklagen entstanden, und wie die letzterwähnten Klagen entschieden wurden, ist aus den Urkunden nicht ersichtlich.

Mit den Sufflenheimern schloss die Stadt 1556 (St.-A., Statutenbuch) vor dem Unterlandvogt einen Vertrag ab, welcher das früher den dortigen Hafnern allein eingeräumte Recht auf nur zu Brennholz taugliche Kiefernafterschläge auf die ganze Gemeinde ausdehnt und der Gemeinde das Recht zuspricht, das Recht des Stuterhofs, den sie 1439 vom Pfalzgrafen gekauft hatte, auf Zaunreis, aber nur für den Bedarf dieses Hofes, weiter auszuüben.

Ueberhaupt scheinen die Kurfürsten nach dem ersten Anlaufe sich mit Ausnahme der Jagd wenig mehr um den Forst bekümmert zu haben. Allem Anscheine nach ist nach dem Abgange Bozheims, der als Mithandelnder in keiner nach 1532 datierenden Urkunde mehr erwähnt wird, das Waldmeisteramt wieder von dem Zinsmeister mit verwaltet worden. Dieser aber war zu beschäftigt, um in Waldsachen Konflikte mit der Stadt zu suchen.

Nur zwei Beschwerden der Stadt gegen landvögtische Beamte aus jener Zeit liegen vor. Die eine von 1542 beschwert sich beim Landvogt, dass der Zinsmeister Schmeltzer drei armen Leuten Hasen abgenommen habe, die sie im Banne von Hagenau gehetzt hatten, und dass von ihm ohne Zuziehung der Waldmeister eine Eiche zu einem Stege an die Gemeinde Sufflenheim abgegeben worden sei; die andere von 1543 wendet sich gegen zwei herrschaftliche Förster, die, vom Rate verurteilt, an das Reichskammergericht appelliert hätten, was gegen die Privilegien der Stadt verstosse. Der Landvogt erwiderte, die Stadt solle diese Privilegien in Speier geltend machen.

Dagegen kümmerte sich der Landvogt wenig darum, dass die Stadt durch ihre Beamten wichtige Verwaltungsgeschäfte allein wahrnehmen liess. So beteiligte sich keiner seiner Beamten an dem Grenzberitte von 1544, an welchem seitens der Stadt der Stettmeister Reinboldt, der Altstettmeister Ritter, die Schöffen : Altmarschalk Brischlach und Ratsfreund Melcher Sessoltzheim mit Hatern, Hans Wanger, Bartel von Dürrenbach und Vix Jeger, den 4 Förstern teilnahmen (St.-A. DD 44, 11).

Der Rat allein verwies 1543 dem Ackermeister Ulrichs das Ueberpflügen in Forstland längs der städtischen Allmende (St.-A. DD 30, 4), und er allein erlaubte 1545 den Surburgern, 15 Fuder Kiefernholz zur Reparatur ihrer Heerstrasse zu hauen « nicht von Rechts, sondern des gemeines nutzes wegen », verlangte aber, dass die Gemeinde die Strasse zwischen Gräben legen solle, um die seit 1509 regelmässig wiederkehrenden Holzabgaben unnötig zu machen (St.-A. DD 45, 3).

Der Landvogt beschränkte sich darauf, seine Beamten zu ernennen und durch sie seine Gefälle eintreiben und die ihm zustehenden Nutzungen ausüben zu lassen. Das letztere geschah bezüglich der Weide- und Eckernutzung unter den Pfälzern durch Versteigerung. So hatte 1545 Surburg die Mastnutzung in der Struth um 800 β « und Zubehör » gesteigert, musste aber um Nachlass bitten, weil es das Geld nicht ganz aufbringen konnte ; ebenso hatten 1551 sieben andere Gemeinden die Mast im Oberwald für 240 Gulden gekauft, wollten diese aber nicht bezahlen, weil der Eckerich nur für drei Wochen ausreichte.

Selbst die herrschaftlichen Förster übernahmen ihre Aemter teilweise nur als Nebenamt. So nahm Pfalzgraf Ludwig 1531 den Walther Buschmann mit « 2 reissigen gerüsteten Pferden und einem Knecht » « zu allem vnnd yedem vnseren geschäften » mit der Verpflichtung, wenn er für den Landvogt nicht zu

reiten habe, solle er mit dem Bozheim in den Wald reiten;
ebenso ernannte er im gleichen Jahre mit der gleichen Verpflichtung den Dietrich v. Motterich zum Schultheissen von
Sufflenheim. 1556 übertrug Kurfürst Ottheinrich dem Schultheissen Morsheimer von Sufflenheim gleichzeitig die Geschäfte
eines Försters im Forste (B.-A. C 87).

Die Entscheidung über die Gesuche (der Reichsdörfer
und sonstigen Nichtberechtigten) um Abgabe von Bauholz
scheint sich der Kurfürst selbst vorbehalten zu haben. Wenigstens teilte Kurfürst Friedrich 1551 den Amtleuten mit, dass
er künftig solche Gesuche nur zweimal im Jahre, auf Michaeli
und Weihnachten, annehmen werde. Es werde ihm « des Anlaufens zu viel » (B.-A. C 87).

Unter diesen Umständen war es kein Wunder, wenn die
Stadt, soweit es sich um ihre eigenen Bürger handelte, sich
immer weniger um die Waldordnung kümmerte. Ein Bericht
des Zinsmeisters an den Landvogt vom Jahre 1555, « betreffend
des Waldes Unordnung » (B.-A. C 87), führt eine ganze Reihe
von Uebertretungen der Waldordnung an, welche Hagenauer
Bürger sich zu schulden kommen liessen, ohne von der Stadt
gestört zu werden. Die Küfer, Wagner und Schreiner machten
ungescheut Dauben, Felgen und dergleichen aus Forstholz;
die nur auf Bedarf berechtigten Klöster holten, da wo der
Kurfürst die Eckernutzung habe, Holz zum Verkauf; die Ziegler
der Stadt fällten Eichen- statt Kiefernholz, die Burgleute,
Schöffen und selbst gemeine Bürger stehendes Eichenholz; die
städtischen Förster wiesen solches sogar an; die letzteren
gestatteten den Fuhrleuten, welche für die von Hagenau Holz
fuhren, das Nachholz, welches doch nur den herrschaftlichen
Fronern zustehe; damit habe sich die Stadt dem Landvogt
gleichgestellt, was nicht geduldet werden dürfe. « Und wiewol
die jüngst ordnung so durch den regierenden Landuogt auch
Meister vnd Rath des brennholz halben bedacht vfferschlagen
klarlich erwist, Das ein Woch vmb die andere, die ein eichen,
Die ander furlen holtz gehauwen vnd gefürt werden soll », haben
doch Meister und Rat und die einzelnen Ratsfreunde in der

« eichen Wochen » forlen Holz und in der « forlen wochen » gar wenig hauen lassen. Während nach altem Herkommen das Bauholz von den herrschaftlichen und städtischen Förstern gemeinsam gewiesen werden solle, wiesen es die städtischen allein und nur im landvögtischen Teile an. In der Strut trieben die Hagenauer ausser Eckerich so viele Schweine ein, dass « alle junge keymen so zur eckerniessung vffkamen, abgefressen werden », ebendort seien die seit unvordenklichen Zeiten angelegten Gräben seit Jahren nicht geräumt worden, so dass « die halben Baum der Eckerniessung ertrunken » und statt 1000 nur noch 500 Schweine « geäckert » werden könnten.

Er rät deshalb trotz der geringen Gefälle an « habern und Laütgeld » im kurfürstlichen Teile den Vieheintrieb ganz einzustellen, bis die Jungeichen erstarkt seien; die Gräben seien auf gemeinschaftliche Kosten zu räumen; das Wasser der Sauer sei bei Gunstett auf gemeinschaftliche Kosten des Landvogts und des Bistums Speier durch einen Wasserbaum so geteilt, dass die Sauer ein Dreiteil, der Biberbach ein Zweiteil erhalte; trotzdem sei an der Sauer zu viel, am Biberbach zu wenig Wasser. Die Sache sei nochmals, aber nicht durch den speierischen Amtmann allein zu untersuchen: Fehle in der Nähe von Hagenau dürres Eichenholz, so sollten die Burger Rüsternholz hauen. Endlich sei wieder auf mehrere Jahre das Hauen von stehenden Eichen und Kiefern zu verbieten, bis alles liegende Holz aufgearbeitet sei.

Durch den Rückkauf der Landvogtei durch den Kaiser im Jahre 1558 kam diese Beschwerde nicht mehr zur Entscheidung. Vielmehr entbrannte der Streit zwischen Landvogt oder, wie es jetzt hiess, zwischen der Hofkammer,[1] welche das Land von Innsbruck aus regieren wollte, und der Stadt heftiger als je zuvor.

Anlass dazu bot der Befehl der Hofkammer an die Forstbeamten, im Forste in nächster Nähe von Hagenau einen

---

[1] Unter der Hofkammer in Innsbruck stand der in Ensisheim residierende « Statthalter » für die österreichischen Besitzungen im Elsass und erst unter diesem die « Landvogtei » Hagenau.

«Thiergarten», 1000 Schritte «in der Vierung» lang und breit anzulegen, ihn zu verzäunen und das Holz im Forste um Allerheiligen bei abnehmendem Monde zu hauen (St.-A. DD 17, 1). Der dazu ausersehene Platz lag im «Rennel», in dem nicht unschwer das heutige Rendel, östlich der Surburger Strasse und nördlich des Eberbachs gelegen, zu erkennen ist, d. h. in dem Zentrum des Burgerwaldes, in welchem der Stadt die Mastnutzung allein zustand, und zwar in demjenigen Teile desselben, der vermöge seines Bodens mit am besten für die masttragende Eiche geeignet war.

Unter diesen Umständen war es kein Wunder, dass sich die Stadt mit aller Macht gegen die Anlage des Tiergartens wehrte. Sie behauptete in ihrer Eingabe an den Kaiser, die Eckernutzung und Weide ertrage im Rennel, der ihr seit 250 Jahren (also seit 1310) zugeeignet sei, wohl viel Geld; die Stadt habe dort Eichen gepflanzt und gesät, was viel Geld gekostet habe. Zum Zaune, der doch nur 10 bis 12 Jahre halte, werde man jedesmal 2000 brauchbare Eichbäume hauen müssen, dadurch werde der Wald so «lutter», dass kein Wild darin bleibe,[1] und schliesslich müsse man alle Eichen weghauen. Kiefernholz halte nur drei Jahre. Der der Stadt zunächst gelegene Teil des Burgwaldes sei derart, dass «er nach dem abhauen sich nit allein nit ersetzet, sondern ob er schon gepflanzt und geheyet würde, wie denn zum offtenmal zu pflanzen, auch eicheln darin setzen, darzu ettlich ortt einzaunen vnd vor dem vich befriedigt haben, aber es were solchs alles vmbsonst vnnd vergebentlich gewesen vnd hetten dieselben gesetzte eicheln nie wachsen, noch vffkommen wollen, onerachtet wir daruff nit

---

[1] In einer späteren Urkunde ist einer anderen Eingabe der Stadt gegen den Tiergarten Erwähnung gethan, in der es heisst: Das Eichenholz wachse sehr langsam und «ungeschlacht». «Sollte dann eine solche zahl bäum Eichenholtz abgehauen werden, möchte in viel 100 Jahren nit an statt wachsen, würd der Stock dürr, schlägt nicht wie andere Daubholz wieder aus, das den Nachkommen zu Gut kommen möchte. Sobald ein Eichbaum abgehauen wird der Stamm und Stock gleich dürr.»

ein geringen kosten gewendet». Der Wald sei überhaupt stark in Abnahme, eine Reihe masttragende Eichen seien «durch das übrige Wasser» ertrunken, in kalten Wintern erfroren und 1540 durch anhaltende Hitze verdorrt. Ausserdem gebe man den Fronern Gegenholz und den Bauern aus den Reichsdörfern immer mehr Zaunreis. Die Holzrechte der Stadt könnten nicht mehr befriedigt werden; die Stadt und die einzelnen Bürger haben den Forst nötig wegen Holz und Weide; viele Bürger lebten nur vom Holzfahren. Die grosse Einnahme des Kaisers aus Habern und Zins vermindere sich, die Eckernutzung, die 6000 und 8000 Schweine nähre, nehme ab. Die Stadt habe keine andere Einnahme als die aus dem Forste[1] (St.-A. DD 31, 1).

Gleichzeitig mit dem Tiergarten brachte die Hofkammer eine neue Jagdordnung in Vorschlag. Wildschützen sollen im ersten Falle mit Gefängnis gestraft und zu dem eidlichen Versprechen, die Wilderei zu lassen, veranlasst werden; im ersten Wiederholungsfalle solle das Gericht zu Hochfelden zuständig sein, auf Gefängnis, Pranger und Verbot die Büchse zu tragen zu erkennen, und den Wilderer Urfehde schwören lassen, im zweiten sei derselbe «vor ein Malefitz zu stellen». Die Käufer gestohlenen Wildes und die Wirte der Wildschützen sollen zu gleichen Strafen wie diese selbst verurteilt werden. Jagende Hunde dürfen nicht gehalten werden. Der Forstmeister solle die Zahl der Hunde vorschreiben dürfen, welche in jeder Gemeinde gehalten werden dürfen; von Georgi bis Johanni müssen bei Strafe von 1 ℔ alle Hunde Prügel oder Bengel angehängt haben. Mit gleicher Strafe ist das Mitnehmen von Hunden in den Wald zu verbieten, das Büchsentragen im Walde bei 2 ½ ℔.

---

[1] In einem Concepte dieser Eingabe ist angegeben, der Wald sei 3 Meilen lang, an etlichen Orten 1, an anderen 1 ½ und 2 Meilen breit, zwei Teile stünden der Herrschaft, ein Teil den Bürgern zu. Unter den Gründen des Rückgangs ist dort weiter angeführt, dass man den Bauern im Reiche Eichenholz gegeben habe, und als Einkommen aus dem Eckerich im Rennel 500 Gulden angegeben (St.-A. DD 17).

Auf fünf Schritte von den «Wildhegen» soll bei 5 ß Strafe kein Holz gehauen, die Wildschur überhaupt bei 2 ½ ß Strafe nicht durch Hauen gestört werden dürfen. Das kleine Weidwerk sei thunlichst zu beschränken.

Auch gegen diesen Entwurf remonstrierte der Rat bei dem Kaiser. Er sei zu allen Urteilen in Jagdstrafsachen zuständig. Mit den Bestimmungen in betreff der Hunde sei er einverstanden. Die Strafen für Holzhauen seien aber in der Waldordnung bestimmt. Für das kleine Weidwerk habe er eine Ordnung erlassen[1] (St.-A. DD 17).

Beide, Tiergarten und Jagdordnung, kamen — nach Batt (I, 300) ersterer auf Befehl des Kaisers — nicht zu stande. Dieser kam 1562 selbst nach Hagenau, wo er mit grossem Pompe empfangen wurde, und gebot dort dem Meister und Rate u. a., «dass man den Wald sorgfältig behüte, gut bepflanze, wirtschaftlich verwalte und keine Kuppen darin mache, auf dass er aufwachse und gedeihe» (Batt II, 708).

Auf Grund dieses Gebots erliessen Meister und Rat 1564 (St.-A., Statutenbuch, S. 190) ohne Zuziehung der Landvogtei eine Verordnung, dass «niemandtes eines tags mehr holtz auss dem forst füren solle, den zwen kärch vol vnd ob iemandt mit einem wagen füret, nit yber 2 fuder», bei Stafe von 10 β für den Karren oder 1 ß für das Fuder.

In dieser Verordnung sind ausserdem die Rechte der 11 Lichtenbergischen Dörfer, wie sie in dem Vertrag von 1464 festgestellt wurden, mit dem Zusatze veröffentlicht, dass sie ausser Eichen, Buchen, Birken und Affoltern auch kein Birnbaumholz hauen dürfen, ebenso die Rechte der Sufflenheimer nach dem Vertrage von 1556.

Neu ist in dieser Verordnung die genaue Aufführung der Personen, welche für Bauholz Küchen- und Weisgeld zu zahlen hatten und welche von der Zahlung des einen oder des andern oder beider entbunden waren. Danach zahlten nur

---

[1] Diese Ordnung des kleinen Weidwerks scheint nicht erhalten zu sein. Allem Anscheine nach unterschied sie sich wenig von der später (1606) erlassenen.

Weisgeld, aber kein Küchengeld die Mühle zu den 4 Rädern, die Burgleute und Schöffen in Hagenau für alles, die Besitzer von Häusern in Hagenau und die Bürger von Hagenau, welche auswärts Häuser besassen,[1] für Kiefernbauholz, die Mühlen für das Holz für Pfosten und Deiche. Die Klöster Walburg, Surburg und Neuburg, die beiden Spitäler des Johanniterklosters, die Georgskirche und die Burgmühle zu Hagenau zahlten weder das eine noch das andere; ebenso die Mühlen für das Holz zu dem laufenden Geschirre. Das Kloster Königsbruck zahlte nur Küchengeld, alle anderen sowohl Küchen- als Weisgeld.

Von da an beginnen wieder die Beschwerden der Landvogtei über die Stadt; so berichtet dieselbe 1565 an den Statthalter, die Stadt halte ihr einen «Wildpretsvorster» gefangen und überschreite ihre Weide- und Eckerrechte (B.-A. C 87), und 1566, dieselbe habe den Wald verhauen, einen Platz, an dem man «junge Eichen Stamb» gesetzt, eigenmächtig zur Weide aufgethan und 1565 das Bruderhaus umzäunen lassen (St.-A. AA 208, 15).

Trotz der Aufforderung des Kaisers, sich dieser Eingriffe in die Rechte des Landvogts zu enthalten, vom Jahre 1570, setzte der Rat bereits 1573 wieder einen landvögtischen «Holzförster» wegen angeblicher Wilddieberei gefangen und bestand 1576 darauf, dass die landvögtischen Förster, wenn sie jemand auf das Waldhaus citieren wollen, immer «den Stettmeister um seinen Stab ersuchen müssen». Das einzige Zugeständnis, das die Stadt in letzterer Beziehung machte, war das, dass ein Ratsbote ermächtigt wurde, auf Ansuchen der Förster den Stab herauszugeben (St.-A. AA 208, 7-11).

Schliesslich wurden die Differenzen so gross, dass eine aus dem Bischofe Johann von Strassburg, dem Meister des Johanniterordens Philipp Flach zur Schwartzenburg und dem kaiser-

---

[1] «vnd ist das die Vrsach, dass die landtleüt, gleich den bürgern, desshalb gefreyet seind, dan kein Landtman vf keinem seinem Gut, so er in der Stat hat, es seye liegend oder verharrend, einige Marzall schlecht, vnd dazu sint die burger von hagenaw mit den Iren Im Landt auch solcher masz gefreyet.»

lichen Rate Lazarus von Schwendi, Freiherr zu Hohenlandsberg, bestehende Kommission eingesetzt werden musste, auf deren Schiedsspruch 1578 ein Vergleich zu stande kam, welcher 1582 von dem Kaiser Rudolph II. bestätigt wurde und im wesentlichen folgendes festsetzte :

1) Wilddiebe aus Hagenau sind wie vor alters vor den Rat zur Aburteilung zu bringen. Strafe bei der ersten Betretung 5 ₰, Verbot des Gewehrtragens und Schwur, kein Wild mehr zu schiessen; bei der zweiten 10 ₰ und nach Gelegenheit «Thurn», Verbot des Waffentragens überhaupt und der «Stubengesellschaft»; bei der dritten Ausweisung aus der Stadt; die Bestimmung der Strafe bei der vierten steht dem Landvogt und der Stadt frei. Die Strafgefälle gehören trotz früherer gegenteiliger Bestimmung dem Landvogt.

2) Auf den Feldern ist Schlingenstellen auf Hasen erlaubt, aber nicht zu nahe dem Forste.[1]

3) Im Ober- und Niederwald sowie in der Struth steht dem Landvogt die Eckerniessung allein zu; er darf sie und den Nacheckerich auch «verkaufen».[2]

4) Die Weide darf jeder Teil in seinem Bezirke «verkaufen», darf aber die anderen Weideberechtigten dadurch nicht schädigen.

5) Die Stadt soll aus des Landvogts Teil übergelaufene Pferde nicht hetzen und pfänden.

6) In des Landvogts Teil darf die Stadt ihre Herden zum Nacheckerich treiben.[3]

---

[1] Der Statthalter hatte geklagt, dass die Hagenauer Schlingen hart an den Forst stellen und Rehe und anderes Wild hineinscheuchen.

[2] Nach der Klageschrift des Statthalters hatte die Stadt 1576 «im Lohn» Schweine in Struth und Niederwald eingepfercht und dadurch die Pächter der Mast geschädigt.

[3] Es handelt sich hier um die sog. Höfler, d. h um die Bewohner der Höfe um Hagenau, wozu damals auch Schirrein und Kaltenhausen gehörten. Sie waren wiederholt von den Sufflenheimern, welche die Weide im Niederwald gepachtet hatten, gepfändet worden : die ersteren mussten ihnen aber bei einer früheren Gelegenheit (1512) die Pfänder zurückgeben, obwohl die nach Behauptung

7) Das Bruderhaus (an der Reichshofener Strasse), das die Stadt «von langen Jahren her in Verwaltung hat» und seit zwanzig Jahren umzäunt ist, kann bleiben.

8) Die Waldordnung ist beiderseits zu halten [1] und nötigenfalls zu verbessern.

9) Die Klage des Statthalters, dass die Stadt seinen Förster Adam Vos zwei Jahre gefangen gehalten habe, weil der Landvogt den städtischen Förster Cuntzels Barthel von Kaltenhausen wegen Wilddiebstahls nach Hochfelden geführt habe, wird niedergeschlagen (St.-A., Statutenbuch).

Diese letztere Bestimmung des Vergleichs zeigt, dass sich Landvogt und Stadt damals in einem förmlichen Kriegszustande befunden hatten.

Der geschlossene Frieden, der den Erlass einer gemeinsamen Verordnung von 1578 (Statutenbuch S. 206) ermöglicht hatte, durch welche der Wald in Bezug auf die Nutzung des Zaunreises in vier abwechselnd zu nutzende Teile [2] geteilt wurde, war nicht von langer Dauer.

Als 1586 der Zinsmeister auf Befehl des Statthalters Erzherzogs Ferdinand Bauholz [3] für die dem Kaiser gehörige Mühle in Hochfelden hauen und bei Nacht und Nebel abfahren liess, da überfielen die Bürger von Hagenau zweimal in vier Tagen, 40 bis 50 an der Zahl, die Fronbauern, welche sie abfuhren, mit bewaffneter Hand auf der Geleitstrasse, pfändeten ihnen acht Pferde und wollten sie zwingen, das Holz auf die Ziegelei der Stadt zu fahren.

---

der Stadt vom Zinsmeister einseitig ausgewählten Zeugen die Berechtigung der Höfler im Niederwald in Abrede stellten.

[1] Der Statthalter hatte sich beschwert, dass die Stadt, diese, dass die Landvogtei unbefugt Holz an Nichtberechtigte verkaufe; ausserdem sollte die Stadt junge Eichen, die Landvogtei stehendes Holz haben hauen lassen.

[2] Dieselben waren: 1) der Oberwald bis zur «Dürrenbacher Strasse», 2) das Stück zwischen Dürrenbacher und Surburger Strasse, 3) das Stück zwischen dieser und den «Pfadewegen» und 4) der Teil unterhalb der letzteren.

[3] Gehauen waren für die Mühle 50 Eichen und 18 Kiefern, davon waren 5 Eichen und 17 Kiefern aufgeladen.

«Der Kaiser hat befunden», heisst es in einem städtischen Berichte an den Anwalt der Stadt (St.-A., Freiheiten), dass damit «in höchstgn. Herzogs Ferdinands als Oberlandsvogts hohe und förstliche Obrigkeit und Geleitstrassen zu viel gethan», und liess vermerken, dass er «gleichwol auf vorhergehende Restitution der abgepfändeten Pferde und gebürlich Abtrag des beschehenen Ein- und Uebergriffs nicht zuwider sein werde, diesen entstandenen Streit zu einer gütlichen Commission kommen zu lassen».

Die Stadt frug an, «ob und in welcher Gestalt das eingeschickte kais. Rescript oder Schreiben wiederum zu beantworten» und «ob E. E. Rath zu Hagenau schuldig sei die vorgeschlagene Commission zu acceptiren». Der Anwalt erwiderte, die Stadt möge antworten, das Hauen der Eichen sei der Waldordnung und dem Vertrage von 1578 zuwider, der Landvogt dürfe ohne Wissen und Willen der Stadt kein Holz «hinweggeben verkauffen oder wegführen». Dass er Holz zu seiner Notdurft hauen dürfe, sei richtig, aber auf den gegebenen Fall nicht anwendbar, da Hochfelden weder zur Stadt noch zur Landvogtei gehöre. Man habe nur den Landvogt, der unter der Waldordnung stehe, «in seinen Rechten halten» wollen. Dass Karl V. 1521 Holz für Hochfelden erhalten habe, sei richtig; er habe es aber begehrt, und wenn es wieder geschehen wäre, hätte man «sich zu verhalten gewusst». Auf alle Fälle hätte er der Stadt vermelden müssen, dass er Holz nötig habe.

Was den Einwand betreffe, dass ein **Waldgenoss den andern nicht zu pfänden pflege**, so habe die Stadt von jeher die Uebertreter der Waldordnung gepfändet. Die Fuhrleute von Hochfelden seien keine Waldgenossen und seien vor der Versteigerung der Pferde aufgefordert worden, gebührend Strafe zu zahlen. Die Stadt sei bereit, die Sache vor das Kammergericht zu bringen; auf eine Kommission könne sie sich aber nicht einlassen, wenn gegen deren Spruch keine Berufung eingelegt werden könne, was der Kaiser nicht zu wollen scheine. Auf die vorhergehende Rückgabe der Pferde solle die Stadt der Konsequenzen halber nicht eingehen.

Die Angelegenheit kam ebensowenig zum Austrag wie der Antrag der «Kanzlei» von 1581 auf Revision der Waldordnung im Sinne verschärfter Strafbestimmungen (St.-A. DD 45, 4).

Trotzdem scheint 1588 das gegenseitige Verhältnis ein leidliches gewesen zu sein. Denn ausser den vier städtischen beteiligten sich auch die vier herrschaftlichen Förster an dem in diesem Jahre von den Stadtpflegern unternommenen Grenzberitte.

Aber bereits 1590 begannen die Streitigkeiten von neuem. Die Stadt trieb nach einem Berichte des Landvogts ihre Schweine zum Nacheckerich in die Teile des landvögtischen Anteils, welche der «Kütmeister» eigens für den Nacheckerich seiner Schweine reserviert hatte, und pfändete die Sufflenheimer, als deren Vieh durch Wölfe in den Burgerwald gescheucht wurde (St.-A. DD 63, 9).

Gleichzeitig kam die Stadt auch mit den Burgmännern, d. h. den adeligen Geschlechtern, welche Reichslehen in der Burg zu Hagenau inne hatten, in Streit. Im Jahre 1593 beschwerten sich dieselben beim Rate in corpore über Eingriffe der Stadt in ihre Rechte: 1) «Nach unserer notdurft bau und brennholz zu führen für uns selbst», heisst es in ihrer Eingabe (Batt II, 14), «... ist aber eine vermeinte Waldordnung darwider ...; sollen das holtz zuerst heischen, dann den bau besichtigen lassen; dan wird entweder nur das halb ertheilt oder ganz abgeschlagen, wie mir von Durckheim beschehen, als min schaffner Simon Bissinger zu meiner notdurfft allhier, jedoch one mein geheiss, holz auf dem Waldhaus gefordert, das ime abgeschlagen; weil wir vor etlichen Jahren 30 β zu Stamgelt auferlegt worden, ich aber nit geben können und sollen, sondern mich erbotten für mich selbst junge stämm im forst setzen zu lassen; doch abgeschlagen worden. Wäre also unsere freiheit umsonst, dann wir dis orts nits weiter hetten als ein jeder gemein Waldgenosse; kann man uns kein cassation unserer privilegien vorlegen und die Waldordnung vil zu jung...» 2) «Muss man das holz durch der statt hötler führen lassen, und deswegen kommt das holtz höher als wenn man es aus dem Schwarzwald kommen liesse.»

Die Stadt erklärte auf diese und eine lange Reihe anderer, nicht auf den Forst bezüglicher Beschwerden 1599, dass sie sich «bei habenden besitzlichen und wol herbrachten rechten durch rechtmässige erlaubte mittel handzuhaben» gesonnen sei. Ebenso schlug sie 1607 dem Grafen von Hanau-Lichtenberg, der als Rechtsnachfolger der Herren von Lichtenberg, welche 1349 mit dem Burglehen des Hans von Wasichenstein belehnt worden waren, 1597 Anspruch auf die Beholzigungsrechte der Burgmänner erhoben hatte, dieselbe mit der Aufstellung ab, seit 150 Jahren sei das Recht nicht ausgeübt worden, und niemand wisse, wo das Burghaus der v. Wasichenstein gelegen sei. Wahrscheinlich existiere es überhaupt nicht mehr. Der dem Grafen gehörige Bitscher Hof liege nicht in der Burg und sei kein Burglehen. Seit 150 Jahren sei für denselben kein Holz gefordert worden. Wenn der Hof von einem Schaffner bewohnt werde, der Bürger sei, solle er seinen Holzbedarf wie jeder Bürger erhalten. Der Kaiser stellte sich auf Seite des Grafen, indem er durch ein Schreiben von 1615 der Stadt befahl, dessen Ansprüchen gerecht zu werden. Die Stadt erwiderte jedoch unter Wiederholung obiger Gründe, «dass Euer k. Majestaet und dem Rich hochschädlich dadurch praejudicirt würde, angesehen der wald, der heilige oder hagenauer forst genant, E. M. und des Reichs eigenthumb und ein stück ires Cammerguts ist». Der Graf habe «eine starke hofhaltung, dazu bineben andern requisiten, auch unfüglich viel holz erfordert und gebraucht würde». Es sei zu besorgen, dass sich der Graf eigens des Holzrechts halber in Hagenau niederlassen werde. Sie verweigerte demgemäss, wie aus wiederholten, bis ins Jahr 1651 hineinreichenden Beschwerden der Grafen hervorgeht, demselben, trotz des gegenteiligen Befehls des Kaisers, nicht nur die speziellen Holzrechte der Burgmänner, sondern auch die sonstigen Vorrechte derselben.

Gleichen Erfolg hatte des wegen einer Menge anderer Punkte mit der Stadt in Streit befindlichen Burgmanns Cuno

Eckbrecht von Dürckheim Gesuch aus dem Jahre 1598, die Stadt möge dem «lateinischen Schulmeister zu St. Jergen» 8 Enger Holz bewilligen, weil seine Söhne dort in Kost gehen. Motiviert wird die Abweisung damit, dass «man nur im Burghaus zu geben schuldig» (Batt II, 370).

Wie es scheint, hat Eckbrecht die ihm abgeschlagenen 8 Enger Holz doch im Walde holen und dem Schulmeister bringen lassen, und ist ihm dann ein Pferd von der Stadt gepfändet worden. Denn in dem Vertrage von 1620, in welchem er dem zwischen ihm und der Stadt beim Reichskammergericht schwebenden Rechtsstreit ein Ende macht, heisst es, «Das pferd das man ihm genommen, des Holzes wegen, so er dem rectori scholae zugeführt hatte, lässt er gehen». Dagegen gesteht ihm die Stadt das Recht zu, das Holz, das er übrigens begehren und von den Förstern anweisen lassen muss, von den Höflern oder, «obwohl dies der Waldordnung zuwider»,[1] von seinen Un'erthanen führen zu lassen (Batt II, 372).

Dagegen erhielten die Herren von Fleckenstein, denen dieses Recht schon früher zugestanden war, ihre 21 Fuder oder, wie es später immer hiess, ihre 21 Enger Holz wöchentlich — nachweisbar bis ins Jahr 1637 — unweigerlich, obwohl einer derselben 1590 dem Rate erklärt hatte, es ungeheischen zu holen. Nur einmal — 1580 — findet sich die Bemerkung in den Ratsprotokollen: «wird zugestanden, aber soll mit dem Holz etwas schütziger umgehen».

Am heftigsten waren die Streitigkeiten um die speziellen Forstrechte der Burgmänner mit den Rechtsnachfolgern der Sigelmann und der Herren von Eschenau, als Inhabern des Dotzelergesässes, zu welchem nach der Urkunde von 1347 ein Viertel des damals der Stadt verliehenen Stöcky und einige Güter im Schierrieth, insbesondere der «Schürhof» gehörten. Die von Eschenau besassen als Kunkellehen ausserdem die

---

[1] In der Forstordnung von 1437 ist eine solche Bestimmung nicht enthalten. Sie scheint später als besondere Verordnung erlassen worden zu sein.

Hälfte von Bischweiler, das 1557 auf die Herren von Schönberg überging, während das Burglehen von diesen zwar thatsächlich in Besitz genommen, aber vom Kaiser als Mannslehen zuerst an die Familien Haller und Knod und 1591 dem Arzte Niedheimer, der zuerst die Pechelbrunner Petroleumquellen nutzbar machte, verliehen wurde. Sowohl die von Schönberg wie Niedheimer nahmen als Inhaber des Burglehens das Recht in Anspruch, nach Belieben Holz im Forste zu fällen, und beide scheinen, nach den Ratsprotokollen zu schliessen, dieses Recht in ausgiebigster Weise ausgeübt zu haben. So ist 1580 konstatiert, dass von Schönberg, obwohl man ihm 1575 « aus guter nachbarschaft » 60 Kiefern und Eichen gegeben habe, nachher mehrere hundert Wagen nach Bischweiler habe fahren lassen. Ausserdem wird im gleichen Jahre als Vergehen gegen die Waldordnung aufgeführt, dass von Schönberg sein Holz nicht durch die Höfler, sondern durch seine Unterthanen in sein Haus und Burglehen führen lasse.

Kaiser Rudolf II. stellte sich auf seiten der Burgmänner, indem er 1591 verfügte, dass die Haller und Knod, deren Lehen damals schon Niedheimer innehatte, « wie die Eschenau das recht hatten, holz in den orten Steygen[1] bei der Sufflenheimerstrass zu hauen » und die ihnen abgepfändeten zwei Pferde deshalb zurückzugeben seien (Batt II, 530).

Diese Parteinahme war nicht geeignet, das Verhältnis zwischen der Landvogtei und der Stadt besser zu gestalten. Die Streitigkeiten nahmen kein Ende; der Zinsmeister verpachtete die Weide im landvögtischen Teile an Dutzende von teilweise 8 Stunden von der Stadt entfernte Gemeinden auf einmal, so 1592 an 20 Dörfer, darunter u. a. Marlenheim und Vendenheim, und schädigte so den Wald und die Stadt.

Besonders heftig wurde der Streit zwischen der Landvogtei und der Stadt, als 1604 der landvögtische Förster Meybreckh-

---

[1] Dieses Recht, in den Steygen Holz zu hauen, bezieht sich wohl nur auf den Spezialfall, indem das Holz gerade dort gehauen war. Dass einzelne Teile des Waldes bestimmten Burglehen zugewiesen waren, ist nirgends erwähnt.

den städtischen Bürger Clauss von St. Jacob beim Wildern
antraf und in die Achsel schoss. Die Stadt verlangte die Auslieferung des Försters; derselbe sei ein «malefitzischer Misshändler und Uebelthäter». Auch wenn Clauss eine Büchse
gehabt hätte, hätte er ihn nicht ohne weiteres niederschiessen
dürfen, sondern vor Meister und Rat bringen müssen, der nach
dem Gesetze urteile. Ferner sei von der Kommission (von 1578)
bestimmt worden, dass die Förster die Holzfrevler dem Forstmeister anzeigen, daraus folge nicht, dass er sie auch selbständig strafen dürfe. Auf das Verlangen, dass die städtischen
Förster keine langen Büchsen tragen, könne man nicht eingehen; sie hätten sie nötig. Holzfrevler aus der Stadt an den
Landvogt auszuliefern, habe sie keinen Anlass (St.-A. AA 210).

In demselben Jahre beschwerte sich die Stadt bei den
Räten der Landvogtei, dass dieselbe 1603 über 40 Eichen und
viele Kiefern bei Nacht und Nebel habe hauen und mit vielen
bewehrten Reichsunterthanen nach Gunstett habe führen lassen.

Eine weitere Beschwerde von 1607 wurde an den Erzherzog Max gerichtet und darin geklagt, dass die Landvogtei
den Förster Meybrecht nicht ausliefere, und dass sie dem Arzte
Niedheimer (von Wasenburg), der im Forste «gehauen, geödet
und gewüstet» habe, eine Bescheinigung ausgestellt habe, dass
die von der Stadt ausgeführte Pfändung ohne ihr Wissen
geschehen sei. Diese Bescheinigung habe Niedheimer dem
Reichskammergericht in Speier vorlegen lassen, was die Stadt
bereits 1000 fl. koste. Ausserdem wolle die Vogtei den Bürgern
die Jagd in den Bännen der Reichsdörfer verbieten, und doch
sei kein Mangel an Jagdvergnügen für den Landvogt. Im letzten
Jahre habe er 150 Rebhühner «mit dem vogel gefangen».

Auf der anderen Seite vergriff sich die Stadt wiederum
an den Beamten des Landvogts, indem sie 1607 den landvögtischen Förstern Klein und Grosskopf am Stadtthore ihre Büchsen
abnehmen liess, weil dieselben einem Hagenauer im Forste die
seinige abgenommen hatten (B.-A. C 88). Ausserdem legte sie
1613 einen Zoll auf die Schweine, welche von den Reichsdörfern
in den Forst getrieben wurden.

Ein neuer Schiedsspruch, diesmal des Bischofs Philipp Christoph zu Speier, des Johann Brast zu Hohenzollern und einiger anderen Herren, machte 1615 dem Streite ein Ende und entschied:

1) die Hagenauer werden in dem Rechte, ausserhalb des Forstes das kleine Weidwerk auszuüben und im Forste Krammetsvögel und andere kleine und geringe Vögel, aber keine «Uhrhanen, Fasanen, Reb- und Haselhüner und andere köstlich und hochfliegende Vögel» zu fangen, belassen, dürfen aber keinen Handel damit treiben, keine Büchsen mitnehmen und das Hochwild nicht genieren;

2) die Beschwerde der Stadt, dass die landvögtischen Förster und Räte die Afterschläge missbrauchen, schöne Eichbäume zu Scheitholz, Planken, Brettstecken und «Serren» machen lassen und mit bewaffneter Hand des Nachts Buchen- und Kiefernholz nach Gunstett geführt haben, wird niedergeschlagen, weil der Landvogt diese Angaben als unwahr in Abrede stellt;

3) in Waldsachen soll kein Teil ohne den anderen Prozesse anfangen oder weiterführen;

4) die Grenzberitte sind gemeinsam zu machen;

5) die an Stelle umgefallener neu zu setzenden Grenzsteine sollen neben der Rose den Reichsadler und die Jahrzahl erhalten; die alten sollen bleiben, wie sie sind;

6) die Stadtförster dürfen im Forste nur «Fäustlin und Knebelspiess», aber keine Büchsen und lange Rohre tragen;

7) Windfälle sollen «der fürstlich Durchlaucht oder wheme es dieselben befehlen und gestatten, ohnstreitig gelassen, hingegen der Waldordnung gemäss verkaufft, verbraucht und genutzt» werden;

8) in betreff der Bauholzabgaben für Stadt und Landvogt soll die Gleichheit gewahrt werden und entweder kein oder jeder Teil auf dem Waldhause nachsuchen müssen (St.-A., Statutenbuch).

Einige Jahre vorher, 1606, hatte die Stadt aus eigener Machtvollkommenheit eine Ordnung des kleinen Weidwerks erlassen und 1609 erneuert. Dieselbe setzt für alle Vögel, mit Ausnahme der Spatzen und Stare, sowie für den Hasen Schonzeiten fest, welche für die letzteren von Fastnacht bis 15. Mai, für die Feldhühner von Fastnacht bis Ulrici (4. Juli), für die übrigen Vögel vom 10. April bis Ulrici dauern, verbietet das Ausheben der Eier aller Vögel, das Erlegen von Lerchen «im Widerstrich» und das Schiessen zahmer Tauben und verordnet, dass das erlegte Wild nur in die Stadt und nur zu bestimmten Preisen — 3 β für einen erwachsenen, 3 Batzen für einen halbwüchsigen Hasen, 3 Plappert für ein Feldhuhn [1] — verkauft werden darf. Die Strafen bestehen in Geld — meist 8 β —, zeitweiser oder lebenslänglicher Entziehung der Jagdberechtigung, in schwereren Fällen in «Thurn»; ausserdem steht dem Rate das Recht zu, jederzeit «die Argwonige und alle die mit hievor gemeltem Weidwerckh vmbgangen, Auch die so im verkauffen, kauffen oder hinwegschicken verdächtig» vor sich zu fordern und sie auf Eid zu fragen, ob sie die Ordnung eingehalten haben (St.-A., Statutenbuch, S. 212).

Im Jahre 1615 erliess sie gleichfalls ohne den Landvogt eine Verordnung, welche die Preise regelt, zu welchen das Brennholz in der Stadt verkauft werden soll, und die Herstellung von «Myssholz», d. h. von Daubholz, unter Herabsetzung der Strafe auf 3 β gleichzeitig mit der Einziehung der hergestellten Ware bedroht.

In ersterer Hinsicht ist in dieser Verordnung merkwürdig, dass der Preis für Eichen- und Buchenbrennholz mit gleichmässig 5 β 6 ₰ für den Wagen niedriger angesetzt war als der des «hohen Forlenholzes» mit 6 β, aber wesentlich höher als der eines Wagens «vol haber stitzl oder gemeine forlen holz mit 4 β.

[1] Diese Preise waren ziemlich hoch. Die Hagenauer Batzen von 1604 haben einen Silberwert von 0,21 M., die Strassburger Schillinge von 1588 einen solchen von 0,43, die dortigen Plappert von 1585 einen solchen von 0,19 M.

1624 erfolgte dann der Erlass einer Eckerordnung, der die Wahl der Kütmeister, der Köche und der Eckerknechte, das denselben zu zahlende Dinggeld und ihren Lohn [1] genau regelt. Dieselben hatten eidlich zu geloben, «Alles daszjenige So Euch die Eckerherren befehlen werden, Niemandt eröffenen, ohne derselbigen beuelch, deszgleichen das Viehe So Euch beuohlen würdt, getreüwlich zuuersorgen, nach Euerem besten vermögen, So Euch zue Etzen beuohlen, getreüwlich, vndt zum besten, so Ihmmer möglichen vffzuetzen, vndt so Einer oder der Ander Spän, gardünnen, vndt Vndereinander sich erhöben möchten, daszelbige von den verordneten Eckerherren zu entscheiden zuloszen. Vndt alles wasz der Stadt nutz zueführdern, den schaden zuwenden vndt Alle heymlichkeiten bei Euch zubehalten, bisz vff ein beuelch der Eckerherren.»

Nach den Bekanntmachungen des Rats vom Jahre 1620 wurden die Schweine Mitte Januar ausgeschlagen; jeder Bürger musste seine Gebühr an die Eckerherren zahlen, erhielt dafür sein Zeichen und konnte auf Grund desselben seine Schweine in Empfang nehmen. Dieselben durften bei Strafe von 30 β erst drei Tage später geschlachtet werden. Der Eintrieb von Mohren (Mutterschweinen) war verboten (St.-A. DD 64). Zur Herstellung der Pferche stellte die Stadt das nötige Fuhrwerk und die notwendigen Arbeiter, das Holz wurde im Walde gehauen.

Im übrigen sind die Urkunden aus den letzten drei Jahrzehnten der österreichischen Periode, d. h. aus der Zeit des dreissigjährigen Krieges wie erklärlich wenig zahlreich. Sie beschränkten sich auf Beschwerden gegen Uebergriffe des Landvogts und Untersuchungen über die Grenzen seiner Rechte und auf gelegentliche Bemerkungen über den mutmasslichen Ertrag der Mastnutzung.

[1] Derselbe betrug für die Woche beim Kütmeister 4 β 6 ₰, beim Knechte 3 β 4 ₰, ausserdem je 1 Sester (20 l) Korn und dazu wöchentlich 1 Batzen «Kuchengeld». Für das Brennen wurden 2 ₰ für den Brand bezahlt und gemeinschaftlich verzehrt. Beim Vertragsabschluss erhielten die Angenommenen mit den Förstern ein «Abendzehren», beim Einschlagen im Wald ein «Imbs», bestehend aus Brot für 1 β, 4 Mass Wein und «Kalt gebrattes oder Fleisch uff Jeden Haufen».

In ersterer Hinsicht von besonderer Wichtigkeit sind die Verhandlungen über die Rodung von Wiesen im Forste in der Nähe von Surburg. Die Landvogtei hatte dort 1631 eine 12 Mannsmatten (3 Hektar) grosse Fläche zur Rodung abgesteckt und umzäunen lassen; die Stadt liess den Zaun niederreissen und erklärte auf die Beschwerde der Landvogtei, Rodungen im Forste seien verboten, und die Stadt sei nicht gesonnen, sie zu dulden.

Durch den westfälischen Frieden kam die Landvogtei mit Hagenau nach dem Wortlaute des Vertrags ohne Aenderung ihres Verhältnisses zum Reiche 1648 an die Krone Frankreich, welche dieselbe anfangs durch Oberlandvögte verwalten liess. Die Kaiser aus dem Hause Oesterreich, welche eigentlich nur berechtigt waren, dieselbe namens des Reiches zu verwalten oder durch namens desselben ernannte Landvögte verwalten zu lassen, ähnlich wie heute der Kaiser ganz Elsass-Lothringen namens des Reiches regiert, hatten das Amt des Oberlandvogts im Laufe der Zeit zu einem Teile ihres erblichen Hausguts gemacht und es als solches an Frankreich abgetreten.

Die österreichische Periode war damit auch für den Hagenauer Forst beendet.

Auch während dieser Periode war die Ausnutzung des Waldes, wenigstens in Bezug auf Eichen und Buchen, Birn- und Apfelbäume, eine plänterweise. Gegenstand der Nutzung waren bei diesen vier Holzarten neben dem wenigstens anfangs immer noch massenhaft vorhandenen liegenden Holze und Dürrständern von Rechts wegen nur die abgängigen, keine Mast mehr versprechenden Stämme; nur bei den nicht seltenen unberechtigten Eingriffen Dritter, möglicherweise auch bei den Holzabgaben, welche die städtischen Förster im landvögtischen Teile machten, und umgekehrt, mögen bei diesen Holzarten auch masttragende Exemplare und eine grössere Zahl von Stämmen auf kleinem Raume zum Hiebe gezogen worden sein.

Aehnlich mag die Art der Nutzung bei der Kiefer gewesen sein, nur dass hier, der Verwendungsweise entsprechend, hauptsächlich die Ausmessungen über die Wahl der zu fällenden Stämme entschieden; ebenso bei der Birke, während die übrigen Holzarten als Taubholz auch während dieser Periode für die zu Holznutzungen überhaupt berechtigten Personen vogelfrei waren. Erst seit 1578 wurde ihre Nutzung in jährlichem Wechsel jeweils auf den vierten Teil der Gesamtwaldfläche beschränkt.

Samenschlagstellungen, Durchforstungen und Reinigungshiebe sind aus dieser Periode nicht nachgewiesen, wenn auch nicht ausgeschlossen ist, dass geschickte Förster bei der Anweisung des Holzes auf die Bedürfnisse des bleibenden Bestandes Rücksicht nahmen und beispielsweise Kiefern vorzugsweise da anwiesen, wo sie den Eichen Schaden machten.

Die Fällung des Holzes durch die Empfänger oder ihre Arbeiter blieb nach wie vor ausnahmslose Regel, selbst da, wo wie bei den Fleckensteinern bestimmte Quantitäten zur Abgabe gelangten. Von einem Aufsetzen des Holzes in Raummasse ist in dieser Periode noch nicht die Rede; die Abgabe erfolgte nach Wagenladungen, wobei man zwischen der Ladung vierräderiger Wägen — «Fudern oder Engern» — und der von zweiräderigen Karren, und unter diesen nach der Holztaxe von 1615 wieder zwischen Stellkärchen und gemeinen Kärchen unterschied. In den Waldordnungen war ein Fuder zwei Karrenladungen gleichgeachtet worden; in der Holztaxe von 1615 ist die Ladung eines gemeinen Karrens je nach der Holzart auf $3/5$ bis $2/3$ eines Fuders, die eines Stellkarchs etwa 10 % höher geschätzt.

Die im Anfange der österreichischen Periode häufigen Klagen über die Vermehrung der Feuersgefahr durch die Menge des vorhandenen liegenden Holzes verstummen im weiteren Verlaufe derselben; ob infolge des 1518 und 1531 erlassenen absoluten Verbots, anderes als liegendes Holz zu hauen, oder infolge vermehrter Inanspruchnahme des Waldes durch die wachsende Bevölkerung, ist urkundlich nicht nachzuweisen. Thatsache ist, dass gegen Ende des 16. Jahrhunderts bei unbefugten Holzfällungen konstatiert ist, dass die Afterschläge mit abgefahren wurden.

In diese Periode fällt der erste Nachweis künstlicher Verjüngungen, wenn auch nur bei der Eiche. In der oben erwähnten Eingabe der Stadt gegen die Einrichtung des Tiergartens aus dem Jahre 1560 ist ausdrücklich konstatiert, dass die Stadt schon oft Eichensaaten und -Pflanzungen ausgeführt hat, ebenso 1566, dass die Stadt an einen Platz, auf den man junge «Eichen Stamb gesetzt» hatte, eigenmächtig ihr Vieh eingetrieben habe. Im Grenzberitte von 1609 ist wiederholt von Eichelgärten die Rede, welche auf Oedflächen und usurpierten Rodflächen angelegt werden sollten, und von einer derselben steht urkundlich fest, dass sie im Herbste 1612 mit Eicheln besät wurde.[1]

Gegen Mitte der Periode scheinen künstliche Kulturen gegen die Weide in Hage gelegt worden zu sein; wenigstens sagte die Stadt in ihrer Erwiderung auf die Beschwerde des Landvogts in Bezug auf jenen Vieheintrieb, der betreffende Platz sei drei Jahre «zugethan» gewesen, nach deren Ablauf sei das Verbot nicht erneuert worden.

Trotzdem muss der durch die Vieh- und Schweineweide veranlasste Schaden ein enormer gewesen sein. In einem femelweise bewirtschafteten Walde, in welchem ausser den Herden einer Stadt von 6000 bis 7000 Einwohnern und einiger berechtigten Dörfer noch diejenigen von 20 Gemeinden mietweise eingetrieben wurden, konnte, so lange die Altersklassen nicht örtlich getrennt waren, Jungwüchse um so weniger aufkommen, als ausser Schafen alle Arten von Vieh, insbesondere auch Pferde und allem Anscheine nach auch Ziegen eingetrieben wurden. Zudem blieben, entgegen den Bestimmungen der Waldordnung, die Schweine und zwar in ungeheuren Herden auch im Nacheckerich im Walde, wie beispielsweise die Stadt und der Landvogt wiederholt die Mastnutzung bis Georgi verpachteten. Auch findet sich mit einer einzigen Ausnahme keinerlei Nach-

---

[1] Schon 1544 verlangte der Pfalzgraf von seinem Zinsmeister, er solle ihm aus dem Forst dreierlei Samen, nämlich Eicheln, Bucheln und «Dossen» (?) für seinen Wald «Lorcher Hart» liefern (B.-A. C 87).

weis, dass mit Rücksicht auf die Notwendigkeit der Wiederbesamung Einzelflächen von der Mastnutzung ausgeschlossen wurden, im Gegenteil waren die Kütmeister eidlich verpflichtet, dafür zu sorgen, was ihnen « zu Etzen beuohlen, getreüwlich, vndt zum besten, so Ihmmer möglich vffzuetzen ».

Auch die noch im Anfange der Periode lebhafte Fürsorge für Offenhaltung der Wasserläufe und Entwässerung nasser Stellen scheint später sehr nachgelassen zu haben. Klagt doch die Stadt 1560 darüber, dass eine Menge fruchtbarer Bäume «durch das übrige Wasser ertrunken». sei. In derselben Urkunde ist konstatiert, dass 1540 eine Menge Stämme durch die anhaltende Dürre verdorrt seien, während 1627 ein Orkan tausende der schönsten Eichen und Kiefern warf (B.-A. C 87).

Neurodungen von Belang sind aus der österreichischen Periode urkundlich nicht nachgewiesen. Diejenigen am Bruderhaus und Watzler- oder Einsiedelhaus waren an sich unbedeutend und stammen möglicherweise aus früheren Perioden. Die von den Landvögtischen versuchte Rodung der 12 Mannsmatten bei Surburg und das Ueberpflügen längs der städtischen Allmende wurde, wie wir gesehen haben, von der Stadt verhindert; ebenso wurde bei dem gemeinsamen Grenzberitt von 1609 beschlossen, einen Eingriff der Eschbacher dadurch rückgängig zu machen, dass man die Fläche zu einem Eichelgarten machte, damit die « Eschbacher klagen müssen », und einem Bauern, der an der Schwabweilermühle durch Ableitung des Sauerbachs ein Stück Land vom Forste abgeschnitten hatte, aufgetragen, den alten Zustand wieder herzustellen.

Haben in dieser Periode Eingriffe in das Forsteigentum stattgehabt, so kann das nur bei dem wenig beaufsichtigten Dorfe Mertzweiler und längs des Hagenauer Banns, insbesondere bei dem jetzigen Schirrhofen und Schirrein geschehen sein, welch letztere Ortschaft mit den Herrschaftsrechten über das Schierrieth die Stadt 1636 an den damaligen Stettmeister Niedheimer, dem der Schürhof als Reichslehen bereits zustand, für 250 fl. zu verkaufen gezwungen war. In den letzten Decennien des 16. Jahrhunderts haben sich, wie wir gesehen haben, dessen

Vorfahren vom Schürhof aus manche Uebergriffe zu schulden kommen lassen, und das « Wüsten » und « Oeden » der Beschwerde von 1607 bezieht sich möglicherweise au unbefugte Rodungen in jener Gegend.

Die Fürsorge für die Vermarkung und Erhaltung der Grenzen war eine verhältnismässig lebhafte ; bereits vor 1531 [1] hat, wie bereits erwähnt, die Stadt Grenzsteine mit dem Stadtwappen versehen setzen lassen ; Grenzberitte sind in der österreichischen Periode drei aus den Jahren 1544, 1588 und 1609 nachgewiesen, und in dem Vergleiche von 1615 ist bestimmt, dass dieselben gemeinschaftlich gemacht werden sollen, was übrigens bei den beiden letzteren bereits der Fall war. Ausserdem wurden 1698 sehr viele Steine gefunden, welche dem Vergleiche von 1615 entsprechend Stadt- und Reichswappen und die Jahreszahl 1628 trugen.

Beim Grenzberitte von 1544 fanden sich ausser den mit der Stadtrose bezeichneten Steinen solche ohne alle Hoheitszeichen und andere zum Teil heute noch vorhandene vor, welche teilweise sehr ungeschickt gemachte römische Nummern, z. B. IIII statt IV trugen. Da in den Hagenauer Urkunden die arabischen Zahlen zum erstenmal 1471 auftreten, anderseits aber in solchen von 1517 noch römische Ziffern mit in Gebrauch waren, spricht diese Art der Numerierung noch nicht notwendig für ein sehr weit zurückreichendes Alter, wohl aber der Umstand, dass von diesen fast einen Meter tief im Boden steckenden und ebensoviel aus dem Boden herausschauenden grossen Steinen 1544 schon verhältnismässig viele umgefallen und versunken und einzelne, wie im Protokoll ausdrücklich konstatiert, früher vorhandene ganz verschwunden waren. [2]

[1] und zwar spätestens 1528. Bei der generellen Absteinung von 1698 wurden mehrere solche Steine mit der Jahrzahl 1528 vorgefunden.

[2] Von zwei an der Kreuzung der Schweighausen-Laubacher mit der Mertzweiler-Eschbacher Strasse stehenden Steinen, welche bei allen Grenzfeststellungen den Geometern viel Kopfzerbrechen machten, weil sie ganz nahe an der Waldgrenze stehen, aber nicht mit den

Vollständig vermarkt zeigte sich 1544 nur die Grenze gegen das fremde Waldeigentum insbesondere der Klöster mit Ausnahme von Königsbrück und diejenige gegen die Gemeinden Mietesheim und Forstheim, diese mit teilweise sehr alten Steinen, und endlich die Westgrenze zwischen Bürger- und Niederwald. Die letztere ist eine Berechtigungsgrenze und war bereits 1508 « vndersteint ».

Gegen die Feldbänne mit Ausnahme der Grenze gegen das Kloster Walburg und die Bruchmühle des Klosters Biblisheim fehlten 1544 die Steine vollständig. Die Versteinung gegen Laubach erfolgte nach den auf den Steinen eingehauenen Jahreszahlen zu schliessen 1628. Ausserdem fanden sich bei der Grenzfeststellung des Jahres 1698 an der Grenze gegen das Frauenwäldel, das Eigentum der Hagenauer ist, einige alte Steine. Die Grenze zwischen dem städtischen Burgbannwald und dem Forste war nicht versteint.

In den Grenzbeschreibungen ist nicht gesagt, dass irgendwo eigentliche Grenzgräben vorhanden waren; dagegen dienten alte Ent- und Bewässerungsgräben sowie natürliche Wasserläufe vielfach als Grenzscheiden. Hie und da ist in den Grenzprotokollen bemerkt, dass Bäume, die 1544 einmal «Zieleböum» genannt werden, die Grenze bezeichnen; es ist aber nirgends gesagt, dass dieselben irgend ein künstlich angebrachtes Zeichen tragen. Auch Kreuze, « Bildstöcklein » und dergleichen sind hie und da als die Grenze markierend aufgeführt. Eine planmässige Vermarkung gegen die Feldbänne hat aber weder in der österreichischen Periode noch in den vorhergehenden jemals stattgehabt. Da niemals zusammenhängende Schläge zur Ausführung kamen, bildete der höchstens durch Aushieb einzelner Bäume zeitweise unterbrochene Waldsaum mit seiner gegen Feld und Wiese dichten und tiefgehenden Beastung gegen diese eine ausreichend sichere Marke, und wo stauende Nässe oder die Unfruchtbarkeit des Bodens es nicht zur Bildung

Nachbarsteinen korrespondieren, heisst es in dem Grenzprotokoll von 1544, « sie scheiden Forstheimer und Laupach Strass, wie weit die sein soll und berühren den Wald nit ».

eines dichten Waldsaums kommen liessen, da war in der Regel das Land zu wenig wertvoll, als dass die Gefahr fremder Eingriffe allzugross gewesen wäre. Wo dagegen ein geschlossener Waldsaum vorhanden war, liessen sich unbefugte Rodungen auch nach Jahrzehnten um so leichter konstatieren, als, wie aus dem Grenzfeststellungsprotokolle von 1698 hervorgeht, die Rodenden sich nicht die Mühe nahmen, die allenthalben vorhandenen schweren Stöcke zu entfernen.

Eine Einteilung des Waldes durch künstliche Linien gab es damals im Hagenauer Forste noch nicht. Wohl mehrt sich in dieser Periode die Zahl der Ortsbenennungen einzelner Waldteile, aber nirgends ist eine Andeutung vorhanden, dass und wie sie begrenzt waren.

Ebenso mehren sich die Bezugnahmen auf vorhandene Wege; dieselben waren aber wohl zum allergrössten Teile nicht einmal zwischen Gräben gelegt und sicher nicht verkiest; ein nicht geringer Teil selbst der grosse Dörfer mit Hagenau verbindenden Wege hat auch nicht die geringsten Spuren im Walde hinterlassen; seitdem förmliche Forststrassen angelegt sind und der Wald durch ein dichtes Schneisennetz durchzogen ist, sind diese alten Wege, soweit sie nicht selbst als Strassen ausgebaut wurden, längst wieder zu Wald geworden und werden kaum mehr als Fusspfade benutzt. Sie waren eben nichts als die Linien, welchen die Fuhrwerke auf dem ebenen Terrain zu folgen pflegten, und unterschieden sich von dem benachbarten Gelände nur dadurch, dass der Verkehr mit dem Fuhrwerk keinen Holzwuchs aufkommen liess. Die Reparaturarbeiten beschränkten sich, wie die Holzabgabe an Surburg im Jahre 1545 beweist, selbst bei Heerstrassen auf das Ausfüllen der Schlaglöcher mit Holz und bestenfalls auf die Ableitung des Wassers durch Gräben.

Ebensowenig wie über die Lage und Ausdehnung der einzelnen Forstorte finden sich in den Urkunden auch nur Andeutungen einer Beschreibung der auf ihnen vorhandenen Bestockung oder ihres Bodens. Die Beschreibung des Forstes von 1560 beschränkt sich auf die Angabe seiner ungefähren

Länge und Breite in Meilen und die Zahl der Schweine, die er ernährt. Sein Flächeninhalt ist nirgends angegeben und auch niemals ermittelt worden, ebensowenig derjenige einzelner Teile. Selbst die Entfernung der einzelnen Grenzsteine von einander ist auch nicht schätzungsweise angeführt.

Das Haupteinkommen aus dem Walde lieferte nach wie vor die Mast- und Weidenutzung und die Rügen für Weidefrevel, die jeder Teil für sich vereinnahmte und buchte. Die auf dem Waldhause vereinnahmten Strafgelder für Holzfrevel und Holzgefälle waren so gering, dass ein grosser Teil auf dem Waldhause selbst verzehrt wurde. Sie ertrugen 1554, dem ersten Jahr, aus dem eine Abrechnung vorliegt, im ganzen nur 124 ℔ 18 β 6 ₰, und davon wurden 21 ℔ 4 β 7 ₰ auf dem Waldhaus verzehrt, 1 ℔ erhielt der Schreiber, 33 ℔ 13 β 5 ₰ wurden dem Landvogt, 22 ℔ 16 β 11 ₰[1] der Stadt herausbezahlt, den Rest scheinen die Förster als Weis- und Rügegeld erhalten zu haben, und als 1591 der alte Gegenschreiber starb, da zeigte der Zinsmeister an, derselbe habe niemals Rechnung gelegt und habe die Einnahmen immer «auf sein Gehalt genommen», ohne eine Aufschreibung darüber zu hinterlassen. Die Einnahme war also wahrscheinlich geringer als das Gehalt des Gegenschreibers, d. h. des dem Range nach vierten der auf dem Waldhause amtierenden Beamten (B.-A. C 88). Dagegen erlöste die Stadt durch die Verpachtung der Mastnutzung in ihrem Anteile 1520 612 Gulden, der Landvogt 1545 für diejenige in der Struth 830 β = 41 ℔ 10 β, 1551 für die Mast im Oberwald 240 fl., 1593 für den Nacheckerich und die Weide bis Georgi im Niederwald 325 fl., 1578 aus Ecker- und Weidefreveln 7 ℔ 11 β. In der Nachweisung, der letztere Zahl entnommen ist, ist angegeben, dass der Dehmen für 2 Schweine in 68 Tagen 1 ℔ 13 β betrug; für unbefugte Pferdeweide ist eine Strafe von 3 β für das Pferd angesetzt, für unbefugtes Auflesen von Eicheln eine solche von 5 β. 1599 wurde der Dechem auf 3 Batzen für das Schwein festgesetzt.

[1] Die «Zehrung so 1539 vff den Eckern im Forst gangen» kostete allein 14 ℔ 10 ₰.

In welcher Ausdehnung die Eckernutzung ausgeübt wurde und von welcher Wichtigkeit dieselbe damals überhaupt war, mag daraus ersehen werden, dass im Mastjahre 1581 die Statthalterei der Landvogtei mitteilte, dass die Regierung, Kammer und Bürgerschaft des in der Luftlinie über 80 Kilometer von dem Forst entfernten Städtchens Ensisheim Schweine — die Bürgerschaft 300 Stück — in denselben gegen Bezahlung eintreiben wolle, und dass der Herr von Ortenau im Vollmastjahre 1605 seinen Unterthanen von Achern und Otterschweyher in Baden befahl, ihre Schweine in den Forst einzutreiben, was dieselben jedoch zu thun verweigerten, weil sie fürchteten, die Herden nicht ungefährdet über den Rhein bringen zu können (B.-A. C 88).

Die Verwaltung und Rechtspflege besorgten seitens der Stadt wie vorher zwei Mitglieder des Rates, meist Altstettmeister und Altmarschalke (d. h. ehemalige Stettmeister und Beigeordnete), manchmal auch die regierenden Stettmeister und Marschalke im Nebenamt; sie führten den Titel Waldmeister oder Waldherren; ihnen standen jedoch bereits 1523 nicht mehr drei, sondern vier Förster zur Seite, über deren Besoldung keine Aufschreibung vorhanden ist.

Die Stelle des landvögtischen Waldmeisters oder, wie er zeitweise auch genannt wird, Forstmeisters verwaltete, abgesehen von der kurzen Zeit der Wirksamkeit Bozheims, des von dem pfälzischen Kurfürsten eingesetzten «obristen Aufsehers der Förster» von 1531, der Zinsmeister. Ihm waren vom Landvogte gleichfalls 4 Schutzbeamte beigegeben, welche anfangs wahrscheinlich sämtlich den Titel «Forstknechte» führten, später aber zum Teile Holzforstknechte oder Holzförster, zum Teile «Wildpretsforstknechte» oder Wildförster hiessen. Letztere waren höher besoldet und hatten wahrscheinlich auch einen höheren Rang, wenigstens beschwerte sich der oben erwähnte Wildförster Meybreckh 1605, dass ihm der Zinsmeister nur das Gehalt eines Holzförsters auszahlen wolle.

Die Bestallungen dieser Forstknechte liessen manchmal lange auf sich warten. Sie wurden in einer Form ausgestellt, als wenn sie vom Kaiser oder dem Statthalter selbst ausgegangen seien; thatsächlich erfolgte aber die Ernennung bald von der Hofkammer in Innsbruck, bald von der Regierung in Ensisheim, bald von der Landvogtei aus, deren Zuständigkeit dazu 1592 von der Ensisheimer Instanz bestritten wurde. Die Ernannten nahmen von dem Amte förmlich Besitz und stellten über die Besitzergreifung förmliche Urkunden aus.[1]

Das Gehalt der Holzförster betrug 1575 wöchentlich dreissig Kreuzer, ausserdem 10 Viertel Hafer, 6 Ellen Tuch zu einem

[1] Ich Gregori B o s c h e r Römischer kayserlicher Majestaet pp meines allergnedigisten herren Vorstknecht zue hagenaw / Bekenn offennlich mit disem brief vnnd tue kundt allermengelich Nachdem mich dieselb kay. majestät zu ainem Vorstknecht zu Hagenaw aufgenomen vnnd bestellt hat Innhalt Irer majestaet brieue mir daruber gefertigt vnd gegeben So vonn wort zu wort also lautet Wir Maximilian pp Bekennen . das wir Gregorien Boscher zu vnnserem vorstknecht zu hagenaw an weylandt Vlerichs Vorstknechtz statt auffgenomen vnnd bestellt haben . Aufnemen vnnd bestellen Ine hirmit wissentlichen Crafft ditz briefs Also daz Er vnns daselbst zu Hagenaw vnnser Rot vnnd Swartz wildtpredt hayen vnnd verwaren soll, damit vnns das nit geschossen gefanngen oder sonst in annder weg verjagt vnnd vertriben werden Vnd darumb haben wir Ime des Jars den gewonerlichen Sold wie der weylandt V l r i c h auch gehabt hat, zu geben bewilligt, der Inne also Jerlich vonn dem Einkumen vnnsers Zinszmaister Ambts zu Hagenouw durch einen yeden vnnseren Zinszmaister daselbst geraicht vnnd gegeben werden sollen, ongeverde . Mit Vrkgundt dez briefs, Geben in vnnser Statt Vnnsprugg am Xten tag february Anno domine MCXVten vnnseres Reichs des Römischen im XXIten vnnd des hungerischen im XXVten Daz Ich darauff seiner kay. majestät bey mainen Eren vnd trewen . Auch bey dem Ayd . So ich seiner Majestaet deszhalben gesworen zusag . vnd tue daz wissentlich mit dem brieue allen den so der obbestimpt kayserlich brief aufweiszt, vnnd Innhaltet, nach meinem höchsten vermigen gestrackhs nachkumen dasselbig voltziehen, als ain getruwer diennervnd vorstknecht seinem herren zu thun schuldig vnnd verbunden ist vnnd darwider kainswegs jetzt hanndeln noch tun will, doch alles getrewlich vnnd vngefärlich, zu sicherer vñd waren Vrkundt hab Ich mangels halber des Insigels des Edlen vesten Albrechten vom Stamp obvermelter kay. Majestaet dienner sain aigen Insigel für mich an disen brief hierunden anzuhenngkhen mit vlays erpeten, doch Ime vnd seinen Erben on schaden Geschehen zu Innsprugg am XVIII tag february anno domini MCXVten Jar (B.-A. C 87).

Rock, 8 Fuder Holz, den freien Eintrieb von 4 Schweinen, 12 Hühner und verschiedene sonstige auf zusammen 19 fl. geschätzte Nebenbezüge, und endlich bei Geschäften ausserhalb der Landvogtei 30 kr. Diäten. Sie waren aber verpflichtet, sich ein wohlgerüstetes Pferd zu halten und «Püchsen, Harnisch und Knebelspiess und was sonst zu guter Rüstung gehört» anzuschaffen und zu unterhalten. Es wurde ihnen zur besonderen Pflicht gemacht, die Holzabgaben abwechselnd aus dem landvögtischen und städtischen Teil zu machen, damit darin «ain gleichait gehalten werde». Werde diese Gleichheit von den (städtischen) Waldmeistern nicht beachtet, so haben sie dem Zinsmeister Anzeige zu erstatten. Ausserdem waren sie zum Jagdschutz verpflichtet. Die Wildpretsforstknechte erhielten nach einer Bestallung aus dem Jahre 1573 an Bargehalt, «Sold vnd Kiefergelt, auch Korn, hew vnd Beschlaggeld» 46 rheinische Gulden, den Gulden zu 63 kr. gerechnet, und sonst die gleichen Bezüge wie die Holzförster. Ob sie nur Jagdschutz zu üben hatten, ist aus den Urkunden nicht ersichtlich.

1608 wurden die Gehälter beider Beamtenklassen um je 6 fl. Geld und 4 β für Hafer erhöht.[1] Die Hinterlassenen erhielten, wie aus der Eingabe einer Försterswitwe aus 1595 hervorgeht, noch einige Monate das Gehalt ihres Mannes und später «Provision», ohne auf beides gesetzlichen Anspruch zu haben.

Nach einem aus der Zeit zwischen 1490 und 1518 stammenden Eidesformulare waren die landvögtischen Förster verpflichtet, alle Werktage und «zurwillen vff die fiertage oder wan es notturftig ist oder sie ye geheissen werdent, Es werr den das sie libs nott oder ehafftiger sach daran gerete» in den Wald zu reiten und keinen Uebertreter der Gesetze zu schonen

[1] Die Ensisheimer Regierung scheint in der vorhergegangenen Zeit sehr sparsam gewesen zu sein. Bei jeder Erledigung in den 90er Jahren frug dieselbe an, ob die Stelle auch nötig sei. Die Nachbarförster mussten dann bis zur Entscheidung den Dienst versehen.

«wess er Joch sey». Das Bauholz sollten sie ohne Ansicht der Person da weisen, «wo es dem walde aller mynst schaden bringen mag», und durften «kein mute geben, noch mut... nemen... noch Iren frawen khinden vnd gesynde zu nemen nit gestatten vszgenommen sollich handetgriffgelt so ine in der gemeinde jors von ettlichen Clostern vnd auch andern wurt vnd das so sy Ime Lande von alter her one mute genossen haben». Sie hatten ferner eidlich zu versprechen «nit lenger forster zu sein als lang man sein begert vnnd Ime nit abgeseit wurt». Sie waren also auf jederzeitigen Widerruf angestellt. Ausserdem hatten sie der Stadt den 1451 von Kaiser Friedrich III. vorgeschriebenen Eid zu leisten. Noch 1633 forderte die Stadt den Forstmeister Dr. Bonaeus auf, die herrschaftlichen Förster zur Eidesleistung vorzustellen.

Ein bestimmter Nachweis, dass die einzelnen Förster getrennte Schutzbezirke hatten, ist nicht vorhanden. Aus einer nebensächlichen Bemerkung in der Korrespondenz über die Notwendigkeit der Wiederbesetzung einer Försterstelle aus 1598 scheint jedoch hervorzugehen, dass das wenigstens gegen Ende der Periode wirklich der Fall war. Die Landvogtei berichtete nämlich, «der Platz sei weitläufftig» und die Nachbarn versehen einstweilen den Dienst. Die landvögtischen Förster wohnten theils in Hagenau, theils in Sufflenheim und Eschbach. Dienstwohnungen und wahrscheinlich auch Dienstländereien waren nicht vorhanden.

Was die Ausübung der Jagd betrifft, welche, wie es scheint, den Statthaltern aus dem Hause Oesterreich mehr am Herzen lag als der Wald selbst, so war 1530 der Gebrauch des Schiessgewehrs selbst bei der Hasen- und Hühnerjagd schon so allgemein, dass es der Unterlandvogt im landvögtischen Teile verbieten konnte. Daneben wurde aber zu gleicher Zeit auch der Gebrauch der Armbrust verboten, ein Beweis, dass sie damals noch im Gebrauche war. Ausserdem wurde aber das kleine Wild mit Garnen und Schlingen gefangen, und diese in unseren Augen unweidmännische Art der Erlegung desselben war, wie aus der Ordnung des kleinen Weidwerks von 1606 hervorgeht, damals noch gesetzlich erlaubt. Endlich wurden 1607 die Hühner noch vielfach gebeizt.[1] Die niedere Jagd auf den Feldern des Stadtbannes und der Reichsdörfer übten neben dem Landvogt noch 1531 nur die Schöffen, später auch andere Bürger von Hagenau aus. Im Forste durften die letzteren nur kleine Vögel, aber keine Rebhühner, geschweige denn edleres Wild erlegen.

Von den zur hohen und mittleren Jagd gehörigen Wildarten werden in den Urkunden der österreichischen Periode Rot- und Schwarzwild, ferner Wölfe sowie Rehe, Auer- und Haselgeflügel und Fasanen als im Forste vorkommend erwähnt. Die Auerhahnbalz im Forste hatte damals schon einen solchen Ruf, dass 1627 Erzherzog Ferdinand von Innsbruck aus den Rat ersuchte, Sorge zu tragen, dass die Balzplätze nicht durch Fuhrwerke beunruhigt werden.[2]

Die hohe und mittlere Jagd im Forste war dem Landesherrn vorbehalten, eine Bemerkung über die Art, wie sie ausgeübt wurde, ist nicht erhalten. Der 1560 beantragte Tiergarten kam, wie bereits erwähnt, nicht zu stande.

[1] Wie hoch zu Anfang der Periode die Falkenjagd in Ehren stand, beweist folgende Notiz im Gerichtsbüchel von Hagenau von 1495: «auf beklagung des vesten Gangolf von Mittelhusen, an Mattern den Schultheissen von Mummenheim, der ime einen falk geschossen, fordert dafür 80 Gulden. Ist erkannt worden: dieweil das gericht hie um schulde, erbe, eigen und brief zu urteilen herkommen ist und dann diese sach einen edlen hochfliegenden Vogel berürend ist, gewisend wiederumb vor unsern gnädigen Junker, den (Unter-) Lantfogt, der mag Edle und andere verständige zu Ime nehmen und darumb rechtlich erkennen.» Das von dem Schultheissen präsidierte «Laubengericht» zu Hagenau, dessen Zuständigkeit als Schöffen- und gemeines Landgericht weit über die Zuständigkeit der Amtsgerichte unserer Zeit hinausging, war demnach zu einem Urteile in dieser Sache nicht kompetent. Sie musste vor das von dem Landvogt präsidierte Hochgericht auf der «Greten».

[2] Der Brief ist vom 28. März datiert und darin gesagt, dass er (in Innsbruck) Nachricht habe, dass die Balz bereits begonnen habe. Jetzt beginnt im Forst die Hauptbalzzeit selten vor Mitte April. Da in Oesterreich als einem katholischen Lande der gregorianische Kalender von 1582 jedenfalls sehr frühe eingeführt wurde, beruht der Unterschied nicht auf demjenigen des Kalenders.

Auf alle Fälle ist im Forste damals viel gewildert worden. Aus den Urkunden scheint hervorzugehen, dass im Anfang der Periode bei Hagenau jedermann berechtigt war, eine Büchse zu tragen; erst 1615 wurde das Mitnehmen derselben nicht nur den Bürgern von Hagenau, sondern auch den städtischen Förstern verboten. Vorher mag mancher einen dem Jagdinhaber unangenehmen Gebrauch von derselben gemacht haben. Dabei wurde von beiden Seiten geschossen, wenn Wilderer und Förster zusammentrafen. Ausser dem von Meybreckh verwundeten Clauss sind in den Urkunden noch eine Reihe anderer Leute erwähnt, auf welche die Förster geschossen haben, und umgekehrt ist 1588 der Förster Ackermann im Forste von Wilderern erschossen worden.

Die Landvögte schlossen deshalb 1532 mit den Markgrafen von Baden und 1604 mit ihren Gebietsnachbarn den Grafen von Hanau und von Leiningen Kartelle ab, in denen sie sich verpflichteten, ihre Unterthanen zu bestrafen, wenn sie im Nachbargebiete wilderten.

Ueber die Streitigkeiten zwischen Landvogt und Stadt über die Gerichtsbarkeit in Strafsachen haben wir bereits oben gesprochen.

Dass in jener Zeit ausser der Weide- und Mastnutzung Nebennutzungen irgend einer Art im Forste in irgend fühlbarem Umfang ausgeübt wurden, ist aus den Urkunden nicht ersichtlich. Bei dem Umfange, in dem jene beiden Nutzungen geübt wurden, ist kaum anzunehmen, dass die später so wichtige Streu- und Grasnutzung damals schon üblich war. Der Schweineeintrieb erschwerte die erstere, die Weide die letztere, und beide waren aus dem doppelten Grunde damals viel weniger begehrt als heute, einmal weil damals in dem Feld fast nur Halmfrüchte und Futterkräuter gebaut wurden, und dann weil das Rindvieh den Sommer über, wenn überhaupt, nur des Nachts, die Schweine, wenn es Eckerich gab, im Winter gar nicht in die Ställe kamen.

Was die Eigentumsrechte an dem Forst betrifft, so wurde die Stadt während der österreichischen Periode thatsächlich von dem Oberlandvogt als Miteigentümerin behandelt, wenn auch, abgesehen von der dem Kaiser zu Gehör geredeten einmaligen Bemerkung, dass der Forst Eigentum des Kaisers und ein Teil seines Kammerguts sei, das Wort Eigentum oder Miteigentum nirgends ausgesprochen ist. In einer von landvögtischer Seite ausgehenden Urkunde von 1586 sind beide Teile als Waldgenossen bezeichnet. Man begnügte sich eben auf beiden Seiten mit der Thatsache des Mitbesitzes, ohne sich auf theoretische Erörterungen über die Natur und den Umfang desselben einzulassen, und jeder Teil war bemüht, sich praktisch nötigenfalls mit Gewalt den grösstmöglichen Vorteil aus dem gemeinschaftlichen Besitze zu sichern, ohne dabei skrupulös die Rechte des Mitwaldgenossen zu wahren.

Die Stadt war aber thatsächlich weit davon entfernt, die Hälfte der Nutzungen aus dem Forste zu beziehen. Die Jagdnutzung und die Strafen für Frevel an Buchen und Birken standen dem Landvogte allein zu, die Eckernutzung und die Strafen für Weidefrevel, wie wir gesehen haben, die beste Einnahmequelle jener Zeit, hatte er in dem nicht nur grösseren, sondern auch weitaus besseren Teile des Forstes allein zu beziehen, und wenn die Stadt auch dort das Recht hatte, ausserhalb der Mastzeit ihre Herden einzutreiben, so hatte sie doch nicht wie der Landvogt die Befugnis, dort die Weide zu verpachten, und selbst von den Einnahmen auf dem Waldhause bezog der Landvogt, wie die Abrechnung von 1554 beweist, den grösseren, den der Stadt um die Hälfte übersteigenden Teil. Der ideelle Anteil der Stadt an dem Forste betrug in jener Zeit mit anderen Worten nicht wie jetzt die Hälfte, sondern höchstens zwei Fünftel desselben.

Die gesetzgebende Thätigkeit in Bezug auf den Forst beschränkte sich in der österreichischen Periode auf den Erlass einiger weniger gemeinsamer Verordnungen, unter denen die Vorschrift, dass bei Bauholzabgaben die Gebäude vorher besichtigt werden sollen, die wichtigste ist. Wann sie erlassen wurde, ist nicht mehr nachzuweisen; 1531 bestand sie bereits zu Recht. Die von den Landvögtischen wiederholt angeregte Revision der

Waldordnungen kam nicht zu stande. Die Stadt, als der Teil, der am meisten Gelegenheit hatte, seinen thatsächlichen Besitzstand auszudehnen, zeigte keine Neigung, durch Verbriefung des bestehenden ihren Bestrebungen eine schwer überschreitbare Schranke zu setzen. In jenen unruhigen Zeiten war für die am Forste sitzende Stadt auf dem Wege der Usurpation mehr zu erreichen als auf dem Wege der Verhandlung, in den die Stadt überhaupt nur eintrat, wenn sie sich erworbene neue Rechte verbriefen lassen wollte. Die Geschichte der nächsten Jahrzehnte hat die Richtigkeit dieser Rechnung seitens der Stadt bestätigt.

Die in den vorhergehenden Perioden ungemein hohen Strafen für Forstvergehen waren, da sie stets in dem gleichen nominellen Betrage erhoben wurden, gegen Schluss der Periode infolge der zunehmenden Verschlechterung des Geldes und der gleichzeitigen Abnahme seiner Kaufkraft nicht mehr im stande, den Forst wirksam gegen Eingriffe zu schützen. Eine Strafe von 5 ₰, welche in Schillingen von 1436 bezahlt dem Betrage von 64 Mark in unserem Gelde gleichkam, bedeutete in Schillingen von 1648 erlegt wenig mehr als 4 Mark. Die Strafe betrug also selbst abgesehen von der Abnahme des Geldwertes 1648 nur noch etwa ein Fünfzehntel der Strafe, welche der Gesetzgeber 1435 beabsichtigt hatte. Trotzdem wurde kein Versuch gemacht, die Gesetzgebung mit dem Münzfuss in Uebereinstimmung zu bringen, oder vielmehr er scheiterte, wie es scheint, an dem Widerstande der Stadt.

Die von dem Rate allein erlassenen Verordnungen regelten in der Hauptsache nur den Verkehr mit Holz und Wild und suchten der Verteuerung beider in der Stadt mit allen Mitteln vorzubeugen.

Mit der österreichischen Periode war die alte Zeit für den Forst zu Ende.

Heft II.: *Ein andechtig geistliche Badenfahrt des hochgelerten Herren Thomas Murner.* 8°. 56 S. Neudruck mit Erläuterungen, insbesondere über das altdeutsche Badewesen, von Prof. Dr. E. Martin. Mit 6 Zinkätzungen nach dem Original. ℳ 2 —

Heft III.: *Die Alamannenschlacht vor Strassburg 357 n. Chr.* von Archivdirector Dr. W. Wiegand. 8° 46 Seiten mit einer Karte u. einer Wegskizze. ℳ 1 —

Heft IV.: *Lenz, Gœthe und Cleophe Fibich von Strassburg.* Ein urkundlicher Kommentar zu Gœthes Dichtung und Wahrheit mit einem Porträt Araminta's in farbigem Lichtdruck und ihrem Facsimile aus dem Lenz-Stammbuch von Dr. Joh. Froitzheim. 8°. 96 Seiten. ℳ 2 50

Heft V.: *Die deutsch-französische Sprachgrenze im Elsass* von Dr. Constant This. 8°. 48 S. mit Tabelle, Karte und acht Zinkätzungen. ℳ 1 50

Heft VI.: *Strassburg im französischen Kriege 1552* von Dr. A. Hollaender. 8°. 68 Seiten. ℳ. 1 50

Heft VII.: *Zu Strassburgs Sturm- und Drangperiode 1770-1776* von Dr. Joh. Froitzheim. 8°. 88 Seiten. ℳ 2 —

Heft VIII.: *Geschichte des heiligen Forstes bei Hagenau im Elsass.* Nach den Quellen bearbeitet von C. E. Ney, kais. Oberförster. I. Teil von 1065—1648.

In Vorbereitung:

Witte, H., Dr. *Die Armaynaken im Elsass.*
Ney, *Geschichte des heiligen Forstes bei Hagenau im Elsass.* II. Teil von 1648 bis 1870.

Jede Buchhandlung, sowie die Verlagshandlung, nimmt Bestellung an.

Hochachtungsvoll
J. H. Ed. Heitz (Heitz & Mündel).

Verlag von J. H. Ed. Heitz (Heitz & Mündel) in Strassburg i. E.

Matthis Gustav. Die Leiden der Evangelischen in der Grafschaft Saarwerden. (Kantone Saar-Union und Drulingen im Elsass). Reformation und Gegenreformation. 1557—1700. Nach den Quellen erzählt. Mit einer Karte der Grafschaft Saarwerden ℳ 3 —

Lercheimer Augustin. (Professor H. Witekind in Heidelberg) und seine Schrift wider den Hexenwahn. Lebensgeschichtliches und Abdruck der letzten von ihm besorgten Ausgabe von 1597. Sprachlich bearbeitet durch Anton Birlinger, herausgegeben von Carl Binz. ℳ 3 50

Baldensperger, W. Das Selbstbewusstsein Jesu im Lichte der messianischen Hoffnungen seiner Zeit. ℳ 2 50

Baum, Adolf. Magistrat und Reformation in Strassburg bis 1529. ℳ 4 50

Gerbert, C. Geschichte der Strassburger Sectenbewegung zur Zeit der Reformation 1524—1534. (Unter der Presse.)

Festschrift zur Feier des 350jährigen Bestehens des Protestantischen Gymnasiums zu Strassburg. Herausgegeben von der Lehrerschaft des Protestantischen Gymnasiums. ℳ 10 —

Veil, H. Das Protestantische Gymnasium zu Strassburg in den Jahren 1538—1888. Eine historische Skizze aus Anlass der Feier seines 350jährigen Bestehens. ℳ — 50

Baumgarten, H. Zum Gedächtniss Kaiser Friedrichs. Rede bei der Gedenkfeier der Kaiser-Wilhelms-Universität am 30. Juni 1888. ℳ — 40

Lupus, B. Die Stadt Syrakus im Alterthum. Autorisirte deutsche Bearbeitung der Cavallari-Holm'schen Topografia archeologica di Siracusa. Mit Karten und Illustrationen. ℳ 10 —

von Müllenheim-Rechberg, Hermann Freiherr. Die Annexion des Elsass durch Frankreich und Rückblicke auf die Verwaltung des Landes vom Westphälischen Frieden bis zum Ryswicker Frieden (1648-1697). ℳ 1 50

Wiegand, W. Friedrich der Grosse im Urteil der Nachwelt. ℳ — 80

This, Const. Die Mundart der französischen Ortschaften des Kantons Falkenberg (Kreis Bolchen in Lothringen). ℳ 2 —

Mühlenbeck, E. Etude sur les origines de la St. Alliance. Avec un portrait de Mad. de Krudener d'après Angelica Kaufmann. ℳ 6 —

Ehrenberg, Fritz. In die Vogesen! Mit 44 Illustrationen von O. Weymann und A. Touchemolin und einer Karte. 8. 160 S. ℳ 1 —

— A travers les Vosges! Avec 44 illustrations par O. Weymann et A. Touchemolin et une carte. in-8°. ℳ 1 —

Näher, J. Panorama vom Odilienberge. Lithographie. ℳ — 60
— Panorama vom Donon. Lithographie. (Im Erscheinen.) ℳ — 60

Kirstein, W. Das Wasgaubad Niederbronn und seine Umgebung. Mit 10 Illustrationen und einer Karte in 3 Farben. ℳ 1 —
(Streifzüge und Rastorte im Reichslande und den angrenzenden Gebieten. II. Heft.)

BEITRÄGE

ZUR

LANDES- UND VOLKESKUNDE

VON

ELSASS-LOTHRINGEN

XII. HEFT

GESCHICHTE DES HEILIGEN FORSTES
BEI HAGENAU IM ELSASS

NACH DEN QUELLEN BEARBEITET VON

C. E. NEY

Kais. Oberförster in Hagenau.

ZWEITER TEIL

VOM WESTPHÄLISCHEN FRIEDEN BIS ZUR AUFHEBUNG DER
FORSTÄMTER (MAITRISES DES EAUX ET FORETS)
(1648—1791).

STRASSBURG
J. H. ED. HEITZ (HEITZ & MÜNDEL)
1890

BEITRÄGE
ZUR
LANDES- UND VOLKESKUNDE
VON
ELSASS-LOTHRINGEN.

Heft I: **Die deutsch-französische Sprachgrenze in Lothringen** von Const. This. 8. 34 S. mit einer Karte (1 : 300.000). ℳ 1 50

Heft II: **Ein andechtig geistliche Badenfahrt des hochgelehrten Herren Thomas Murner.** 8. 56 S. Neudruck mit Erläuterungen, insbesondere über das altdeutsche Badewesen, von Prof. Dr. E. Martin. Mit 6 Zinkätzungen nach dem Original. ℳ 2 —

Heft III: **Die Alamannenschlacht vor Strassburg 357 n. Chr.** von Archivdirector Dr. W. Wiegand. 8. 46 S. mit einer Karte und einer Wegskizze. ℳ 1 —

Heft IV: **Lenz, Goethe und Cleophe Fibich von Strassburg.** Ein urkundlicher Kommentar zu Goethes Dichtung und Wahrheit mit einem Porträt Araminta's in farbigem Lichtdruck und ihrem Facsimile aus dem Lenz-Stammbuch von Dr. Joh. Froitzheim. 8. 96 S. ℳ 2 50

Heft V: **Die deutsch-französische Sprachgrenze im Elsass** von Dr. Const. This. 8. 48 S. mit Tabelle, Karte und acht Zinkätzungen. ℳ 1 50

Heft VI: **Strassburg im französischen Kriege 1552—61** von Dr. A. Hollaender. 68 S. ℳ 1 50

Heft VII: **Zu Strassburgs Sturm- und Drangperiode 1770—76** von Dr. Joh. Froitzheim. 8. 88 S. ℳ 2 —

Heft VIII: **Geschichte des heiligen Forstes bei Hagenau im Elsass.** Nach den Quellen bearbeitet von C. E. Ney, kais. Oberförster. I. Teil von 1065—1648. ℳ 2 —

Heft IX: **Rechts- und Wirtschafts-Verfassung des Abteigebietes Maursmünster während des Mittelalters** von Dr. Aug. Hertzog. 8. 114 S. ℳ 2 —

Heft X: **Goethe und Heinrich Leopold Wagner.** Ein Wort der Kritik an unsere Goetheforscher von Dr. Joh. Froitzheim. ℳ 1 50

Heft XI: **Die Armagnaken im Elsass** von Dr. H. Witte. 8. 158 S. ℳ 2 50

In Vorbereitung:

Ehrismann, August Stöber.

Ney, Geschichte des heiligen Forstes bei Hagenau im Elsass. III. Teil von 1791 bis 1870.

Siehe dritte Seite des Umschlags.

GESCHICHTE
DES
HEILIGEN FORSTES
BEI HAGENAU IM ELSASS

NACH DEN QUELLEN BEARBEITET

VON

C. E. NEY
Kais. Oberförster in Hagenau.

ZWEITER TEIL.

VOM WESTPHÄLISCHEN FRIEDEN
BIS ZUR AUFHEBUNG DER FORSTÄMTER
(MAITRISES DES EAUX ET FORÊTS)
1648 bis 1791.

STRASSBURG
J. H. Ed. HEITZ (HEITZ & MÜNDEL)
1889.

FÜNFTER ABSCHNITT.

Fünfte Periode. Der Forst unter den französischen Oberlandvögten 1648 bis 1694.

Durch den westfälischen Frieden waren die französischen Könige gewissermassen erbliche Oberlandvögte des Reiches in der Landvogtei Hagenau geworden. «Teneatur», heisst es in dem Friedensvertrag, «Rex christianissimus... praedictas decem civitates Imperiales quae praefecturam Hagenoensem agnoscunt, in ea libertate et possessione immediatis erga imperium Romanum, qua hactenus hauisae sunt, relinquere, ita ut nullam ueterius in eas regiam superioritatem pretendere possit, sed iis juribus contentus maneat, quae ad domum Austriacam spectabant et par hunc pacificationis tractatum coronae Galliae ceduntur, ita tamen ut praesenti hac declaratione nihil detractum intelligatur de eo omni supremi Domini jure quod supra concessum.»

Der Friedensschluss fand das Gemeinwesen der Stadt in der grössten Zerrüttung. Die Zahl der Bürger war von 1618 bis 1648 von 1200 auf 183 gefallen. Die ewigen Einquartierungen und die von Freund und Feind auferlegten Schatzungen hatten, von den unmittelbaren Kriegsschäden gar nicht zu sprechen, der Stadt eine Schuldenlast aufgebürdet, deren genauer Betrag niemals festgestellt wurde, deren Verzinsung aber einen jährlichen Aufwand von mindestens 15,000 fl. verursachte oder vielmehr erfordert hätte, wenn die Stadt die Zinsen regelmässig bezahlt hätte. Was irgend entbehrlich war, wie die

Orgeln, Abendmahlsgefässe und Uhren der Kirchen sowie das Mobiliar der städtischen Gebäude, war verkauft oder den Gläubigern verpfändet. Bares Geld fehlte sowohl in den Kassen der Stadt wie in denjenigen der Bürger so vollständig, dass selbst der «Gubernator», d. h. der Kommandant der schwachen Garnison, monatelang auf seinen Sold warten musste, und um kleine Abschlagszahlungen von einigen Thalern darauf zu erhalten, zu Gewaltmitteln schreiten musste. Als er beispielsweise einmal dem regierenden Stettmeister, um die Stadt zur Bezahlung seines Guthabens von 30 Thalern zu zwingen, vier Musketiere ins Quartier legte und ein anderes Mal zu gleichem Zwecke den «Juden Leser» gefangensetzte, musste der vollzählig erschienene Rat nicht nur die den Stadtverordneten unserer Zeit entsprechenden 24er, sondern die gesamte Bürgerschaft zusammenrufen, ohne dass es gelang, diese geringe Summe ganz zusammenzubringen.

Dabei hatte die Stadt neben den laufenden Ausgaben für ihre eigenen Bedürfnisse diejenigen für die Unterhaltung der Garnison zu bestreiten und gleichzeitig nach drei verschiedenen Orten, nach Frankenthal an die Spanier, sowie nach Landstuhl an die Lothringer und nach Offenburg Schatzungen zu zahlen, und die mit der Erhebung der letzteren beauftragten Personen, insbesondere die Spanier, nahmen zur Sicherung des Eingehens derselben den Hagenauern die Pferde weg, wenn sie sich ausserhalb der Stadt blicken liessen.[1]

Ihren Anteil am Eckerich im Forste hatte die Stadt schon vorher — wann, steht nicht fest — auf sieben Jahre hinaus für 1400 fl. an die Metzgerzunft verpfändet, schloss aber, als im Sommer 1648 Aussicht auf Eichelmast bestand, mit den Metzgern ein Abkommen, wonach sie sich verpflichtete, in den sieben nächsten Mastjahren denselben je 200 fl. zurück-

---

[1] Ueberhaupt herrschte grosse Unsicherheit vor den Thoren. In der Stadt herrschte Holznot, weil die «Holzfrohner» ihre Pferde nicht aufs Spiel setzen wollten, und im Frühjahr 1649 erklärten die Hirten, die Herden der Stadt nur austreiben zu wollen, wenn es ihnen vom Rate ausdrücklich befohlen würde.

zuzahlen und acht Schweine der Metzger frei von «Dehmgeld» eintreiben zu lassen,[1] dagegen verzichteten diese auf das ausschliessliche Recht auf den Eckerich. (St.-A. BB 80.)

Unter diesen Umständen war es kein Wunder, dass die Bürger die Mitteilung von dem Abschlusse des Friedens und der Abtretung der Stadt an Frankreich unter Wahrung ihrer alten Beziehungen zum Reiche, von denen der Rat durch die auch ihn vertretenden Abgesandten der Stadt Strassburg und durch die Frankfurter Zeitung Kenntnis bekam, mit mehr Gleichmut aufnahm als die Nachricht, dass die Stadt zu der an die Schweden zu zahlenden Kriegskostenentschädigung von fünf Millionen Thalern 7440 fl. und später noch einmal 9408 fl. beizutragen hatte.

Die ersten 7440 fl. zusammenzubringen, war eine schwierige Aufgabe. Eine ausserordentliche Umlage, welche den sonst steuerfreien Klöstern und dem Adel auferlegt wurde, ergab kaum 1700 fl. Der Versuch, das fehlende Geld bei der Stadt Strassburg sowie bei dem Fürsten von Birkenfeld, der, wie der Antragsteller sagte, eine reiche Heirat gemacht hatte, zu leihen, war erfolglos.

Es wurde deshalb innerhalb des Rates der Vorschlag gemacht, den Forst zu verpfänden. Man einigte sich aber dahin, eine Abschlagzahlung zu machen, zu welcher ausser den Bürgern der Adel, die Geistlichkeit und die «verburgerte Judenschaft», sowie Knechte und Mägde und die Bürgersöhne beizutragen hatten.[2]

---

[1] Bei Abschluss des Vertrages mussten sich die Metzger verpflichten, von diesem Privileg den übrigen Bürgern nichts zu verraten.

[2] Die Bemerkung im Inventaire sommaire des Stadtarchivs bei dem betreffenden Fascikel, «la ville, pour se faire de l'argent, engage la forêt pour 18,000 florins», ist also irrtümlich. Der Gubernator hatte allerdings, als er wieder einmal besonders lange auf seinen Sold warten musste, dem Rat den Vorwurf gemacht, dass er die Einkünfte der Stadt «verfresse und versaufe» und den Forst für 18,000 fl. versetzt habe. Die Ratsmitglieder wussten aber von dieser Versetzung nichts, und der Stadtschreiber, dem aufgetragen wurde, in den Protokollen nachzuschlagen, konnte nichts derartiges finden.

Diese Umlage ging aber sehr schlecht ein. Zudem musste zur Festsetzung des von jedem zu bezahlenden Beitrages mit jeder einzelnen Zunft, jedem Kloster und jedem Burgmann besonders verhandelt werden. Die von den Klöstern gezeichneten Beiträge schwankten zwischen 1 und 30 fl.

1649 wurde daher der Versuch eines Anlehens — ob bei der Stadt Strassburg oder bei einzelnen Strassburger Bürgern, ist aus den Sitzungsprotokollen des Rates nicht ersichtlich — erneuert. Der Unterhändler berichtete, dass man unter anderem zur Sicherheit des Anlehens die Verpfändung des Forstes und die Anerkennung der Zuständigkeit der Strassburger Gerichte über alle auf dasselbe bezüglichen Rechtstreite forderte.

Diese Forderung erschien dem Rate nicht annehmbar; er suchte sich nun auf andere Weise Geld zu verschaffen, indem er die Kirchenornate für 200 fl. versetzte, Grundstücke, «Güldgüter» und Hypotheken der Stadt sowie der unter städtischer Verwaltung stehenden Stiftungen, wie des neuen Hospitals und der Elendherberge zu Bruchtheilen ihres Nominalwertes[1] versilberte und ausser den viele Monate lang rückständigen Schatzungen und Kriegsgeldern so gut wie nichts bar bezahlte.

Nach hunderten zählen die Entschuldigungsbriefe, die der Stadtschreiber an Private und Städte abfassen musste, welche Zahlung der während des Krieges geliehenen Kapitalien — oder wie man sich selbst in jener Zeit der Sprachenvermengung deutscher ausdrückte — der geliehenen Hauptgelder und der um Teil seit 1632 rückständigen Zinsen verlangten.

Die Beamten der Stadt und die von ihr angeworbenen Soldaten wurden mit ihren Forderungen an Gehalt und Sold von Tag zu Tag vertröstet, und als 1650 der Stadtschreiber, als einmal bares Geld in der Kasse war, um Zahlung seines seit langer Zeit rückständigen Gehaltes bat, erhielt er acht Reichsthaler auf Abschlag und als Pflaster den Titel Syndicus.[2]

[1] So 1650 eine auf dem Fleckenstein'schen Kirchspiel Kurtzenhausen lastende Hypothek für 4960 Reichsthaler.

[2] «Allsz wolle man ihm gerne den Titul des Syndici geben, wie er denn auch hiemit als Syndicus benamst sein soll Der Besoldung aber gedulde er sich.»

Der Physikus erhielt nicht einmal die von ihm begehrte Abschlagszahlung von zwei Thalern auf seinen Gehalt.

Diese Geldnot währte noch weit in die fünfziger Jahre des 17. Jahrhunderts hinein; denn als die Kriegskosten bezahlt waren, drangen die seit einem Menschenalter selbst mit ihren Zinsforderungen von einem Jahre zum anderen vertrösteten sonstigen Gläubiger der Stadt um so energischer auf Zahlung ihrer Forderungen. Die Rückzahlungen trafen die Stadt um so härter, als die mächtigeren unter den Gläubigern nicht selten Zahlung in guter Münze forderten, während die Schulden teilweise aus den Jahren 1620 bis 1622 stammten, in welchen Hagenau, wie so viele andere Städte, Münzen geschlagen hatte, deren Silberwert kaum den fünften Teil des Wertes der zehn Jahre früher und von 1624 ab wieder geschlagenen Münzen gleichen Namens betrug.

Um so auffallender ist es, dass in dieser schweren Zeit, wenigstens in den ersten sechs Jahren nach dem Friedensschlusse, weder innerhalb noch ausserhalb des Rates der Vorschlag gemacht wurde, die fehlenden Geldmittel durch Verkauf eines Teiles der ungeheuren Holzvorräte, welche damals noch im Forste steckten, zu beschaffen.

Offenbar besass damals selbst das beste Nutzholz im Forste keinen die Gewinnungskosten übersteigenden Wert.

Der Bedarf daran in der Umgebung des Forstes war bis in das untere Rheinthal hinab infolge der gleichzeitigen ungemeinen Abnahme der Bevölkerungszahl und des Volkswohlstandes auf Null herabgesunken. Wer in Deutschland noch Barmittel zur Verfügung hatte, hatte dieselben zur notdürftigen Instandsetzung der während des Krieges zerstörten und verfallenen Gebäude nötig und das dazu nötige Holz war aus den zunächst gelegenen Waldungen schon desshalb ohne nennenswerte Kosten zu bekommen, weil die Landesfürsten ein Interesse daran hatten, die Häuser baldmöglichst wiederhergestellt zu sehen und dieses Interesse durch unentgeltliche Abgaben des benötigten Holzes bekundeten. Brennholz aber war damals, wo ausgedehnte früher gerodete Flächen wieder zu Wald geworden waren, weil sie niemand mehr bestellte, im Rheinthale im Uebermass vorhanden.

Für die Gewerbe, welche schwere Eichen, das Hauptprodukt des Forstes an Nutzholz, verwendeten, fehlten in dem ganzen armen Deutschland die Abnehmer. Nach Frankreich, als dem Lande, dessen Privatwohlstand durch die Kriege der ersten Hälfte des 17. Jahrhunderts am wenigsten gelitten hatte, führten damals weder Wasserstrassen noch mit schweren Lasten fahrbare Wege. Auch mögen wenn nicht die zum grössten Teile seit Jahrhunderten in Niederwald umgewandelten altfranzösischen, so doch die lothringischen Waldungen noch den Bedarf dieses Landes gedeckt haben.

Für die Stadt bestand die wichtigste Nutzung aus dem Forste in der Nutzung des Eckerichs und die sonstige Bedeutung des Forstes für die Stadt trat so sehr zurück, dass in den ersten zwanzig Jahren nach dem Friedensschlusse aus dem Rate keine Waldherren, sondern nur noch «Eckerherren» gewählt wurden, welche nebenbei auch als Waldherren funktionierten. Dieselben hielten, wie es scheint, noch zeitweise Sitzungen im Waldhause ab; aber es gab dort so wenig zu thun, dass die wenigen Gesuche um Abgabe von Holz, die damals einliefen, im Rate selbst verhandelt wurden, wenn man auch die Empfänger in Bezug auf die Anweisung des Holzes dem alten Herkommen gemäss «auf das Waldhaus verwies». Auch die Zahl der Förster war während des Kriegs auf zwei reduzirt worden. Wenigstens ist in den Ratsprotokollen von 1652 einmal von den beiden Förstern Merckhel und Schleifer die Rede.

Ihren eigenen Brennholzbedarf und den ziemlich bedeutenden der Garnison deckte die Stadt, indem sie die Fuhrleute als Froner in den Forst schickte und das Holz von ihnen hauen und anfahren liess. Die Zahl derselben hatte sich aber so sehr vermindert, dass sie die ihnen auferlegte Last nicht mehr wie früher tragen konnten, so dass die Stadt 1649 auch die Handfroner zuziehen musste, und als auch diese sich beschwerten, 1651 zu verordnen gezwungen war, «dass sowohl jeder Bürger, als Schirmgenossen und Jüdt ein Klafter mache und in den Zwinger bei dem alten Hospitalthor geführt werde».

Dass die Stadt damals die Rechte des Landvogts in Bezug auf die Mastnutzung achtete, geht daraus hervor, dass sie 1650 dem landvögtischen Kastenkeller Exter die Nutzung des Eckerichs im Oberwald für 18 Reichsthaler abpachtete, obwohl sich auch «in hiesiger Stadt Wald» ziemlich Ecker vorfand.

Wegen dieser Pachtung kam aber die Stadt in Streit mit dem Abt von Neuburg, der den Eckerich im Oberwald als mastberechtigt für sich in Anspruch nahm, dem städtischen Förster Hans Wolf Merckhel mit Totschiessen drohte und sich zu Gewaltthätigkeiten hinreissen liess. Der Rat ahndete dieselbe mit einer Geldstrafe von 100 Reichsthalern, welche aber der Abt nach und nach auf 50 herabhandelte.

In Bezug auf ein Gesuch des Abts um Abgabe von Brunnen-Deicheln für die Kirche im Baumgarten auf Grund seines Holzrechts beschloss der Rat 1652, «in der Waldordnung nachzuschlagen, ob man nach Baumgarten zu geben schuldig».

Dass der erste französische Oberlandvogt von Hagenau ausser der Verpachtung des Mastrechts im landvögtischen Teile sonstige irgend ins Gewicht fallende Nutzungen aus dem Forste gezogen hat, ist urkundlich nicht nachgewiesen. Er war in den Aufstand der Fronde verwickelt und wurde deshalb 1654 abgesetzt, versöhnte sich aber später mit Mazarin und hatte die Landvogtei formell bis zu seiner 1660 erfolgten Verzichtleistung inne, ohne sich, wie es scheint, viel um dieselbe zu kümmern.

Die Weide, aus der seine deutschen Vorgänger durch Verpachtung grosse Nutzungen gezogen hatten, war wertlos geworden. Ueberall gab es in nächster Nähe der Dörfer infolge des Kriegs herrenlos gewordene und desshalb unbebaute Wiesen und Felder, die sich zur Weide eigneten, genug und selbst Hagenau trieb — wohl wegen der Unsicherheit vor den Thoren — die Heerden so selten mehr in den Wald, dass 1652 die Bewohner des Landwegs sich beschwerten, die Hirten wüssten dort nicht Bescheid. Die Förster mussten ihnen «vmb die gebühr» Bescheid sagen.

Nach Harcourt's Abgang liess sich Kardinal Mazarin selbst vom Könige mit der Landvogtei belehnen.

Auch er scheint sich in Bezug auf den Forst auf die Einziehung derjenigen Gefälle beschränkt zu haben, welche den Landvögten nach der Waldordnung von 1435 zustanden. Wenigstens findet sich in den Archiven aus seiner Zeit keine Spur jener Holzverkäufe im grossen, welche zur Zeit seiner beiden Nachfolger so viel Staub aufwirbelten.

Unmittelbar nach seinem Tode scheint Ludwig XIV. die infolge der immerwährenden Kriege erst 1694 zur Ausfürung gekommene Absicht gehegt zu haben, die Verwaltung des Forstes von der Landvogtei zu trennen und die Nutzungen derselben für die Krone einzuziehen. Er befahl 1661 die Errichtung einer «Maitrise des eaux et forests» für das Ober- und Unter-Elsass mit dem Sitze in Hagenau, nach dem Muster der in den alten Provinzen Frankreichs seit langer Zeit bestehenden Maitrisen oder wie wir sie im weiteren Verlaufe dieser Arbeit nennen werden, Forstämter (St.-A. DD 37, 34).

Ueber die Aufgaben derselben und ihre Einrichtung werden wir später berichten. Hier sei nur erwähnt, dass ihre Hauptaufgabe damals neben Ausübung der Forstgerichtsbarkeit in der Einführung einer geregelten Wirtschaft in den Staats- und denjenigen Waldungen, an denen der Staat beteiligt war, und in der Beschränkung des Nutzniesser auf die Nutzung des Schlagholzes bestand.

Der Befehl des Königs scheint aber nicht zur Ausführung gekommen zu sein. Wenigstens findet sich in den Archiven aus jener Zeit kein Nachweis der Thätigkeit eines in Hagenau amtierenden Forstamtes. Was aus der Zeit von 1661 bis 1695 an Verfügungen eigentlicher Staatsforstbeamten in Bezug auf den Forst ergangen ist, ging von den ausserhalb des Elsass angestellten Vorgesetzten der Forstämter, den Oberforstmeistern (Grandmaitres des eaux et forests), und auf ihren Antrag vom Staatsrate aus. Möglicherweise wurde auch 1661 zwar der Maitre particulier des eaux et forêts, d. h. der Vorstand des Forstamtes, nicht aber die übrigen Beamten desselben ernannt. Denn es wird aus jener Zeit in den Ratsprotokollen von 1666 bis 1669 hie und da ein «Forstmeister Louis Lanaul, sieur de Lemair» erwähnt, der, da gleichzeitig der landvögtische Kastenkeller die Geschäfte des landvögtischen Forstmeisters besorgte, wahrscheinlich nicht landvögtischer, sondern königlicher Forstmeister, d. h. auf Lebenszeit ernannter Vorstand des nur auf dem Papiere bestehenden Forstamtes gewesen ist.

Allem Ansscheine nach wurde der Befehl bei der noch 1661 erfolgten Belehnung des neuen Oberlandvogts, des Armand de la Porte, der als Gemahl der Nichte des Kardinals und als sein Erbe den Titel eines Herzogs von Mazarin erhielt, mit der Landvogtei ganz oder teilweise rückgängig gemacht und dem Herzog mit derselben die Nutzniessung des staatlichen Anteils an dem Forste in der gleichen Weise übertragen, wie sie seine Vorgänger ausgeübt hatten.

Die Staatsforstverwaltung beschränkte sich mit anderen Worten damals auf die theoretische Beaufsichtigung der Nachhaltigkeit der Wirtschaft in dem Forste in demselben Umfange, in welchem sie nach den französischen Gesetzen auch die Wirtschaft in allen anderen Waldungen beaufsichtigte, welche ganz oder teilweise Teile von Kronlehen waren, und in der Regel machten die Kriegsereignisse, deren Schauplatz das Elsass war, selbst diese Beaufsichtigung unmöglich. Auf alle Fälle schaltete Herzog Mazarin sowohl wie der Oberlandvogt Joseph du Pont, Baron von Monclar, der bekannte Pfalzverwüster, der denselben 1670 ablöste, um ihm 1690 wieder Platz zu machen, Jahre lang als unbeschränkter Herr im Forste, ohne sich um die Staatsforstverwaltung und, wie es scheint, auch ohne sich viel um die Rechte der Stadt zu kümmern. Wenigstens wird von 1663 an der Streit der Stadt mit den Landvögten, der 1648 an geruht hatte, wieder chronisch.

Während sich noch 1659 an einem Grenzberitte neben den städtischen Waldherren und den vier städtischen Förstern[1] auch die vier landvögtischen Förster[2] beteiligt hatten[3] und gemein-

---

[1] Martin Anthoni. der Waldbote, Hans Schleiffer, Hans Wolf Märckhel und Hans Otto.

[2] Jakob Wiese, Nikolaus Heiss, Martin Reifsteckh und Berthold Weiger.

[3] Bei diesem Grenzberitte wurde festgestellt, dass die beiden Wäldchen Schibellechthurst und Hirtzwäldel, von denen 1544 noch

sam, um «diss Herkommen auch jetze per usum» zu «continuiren», sich bei dieser Gelegenheit von den Aebten zu Neuburg und Walburg einen «Imbiss und Futter für die Pferde» reichen liessen (St.-A. 46, 3), ist von 1661 an keine gemeinsame Amtshandlung der städtischen und landvögtischen Beamten im Forste mehr nachgewiesen.

Der Streit begann, als der Landvogt 1663 in der Burg Sägemühlen und Hammerschmieden errichten und im Forste Kohlen brennen liess. (St.-A. DD 46, 4.) Die Stadt protestierte dagegen ebenso vergeblich wie gegen die Einrichtung einer Melkerei, welche der Zinsmeister, obwohl «die Waldordnung expresse verbietet, dass in dem Forste Häusser und Melckhereyen gehalten werden», wahrscheinlich im jetzigen Forstorte Melkerei bei Walburg, südlich des Halbmühlbaches, also im Burgerwald gelegen, anlegen liess, in dem die Stadt das ausschliessliche Mastrecht hatte. Die Stadt wandte sich deshalb um 1667 an den in Regensburg tagenden Reichstag in einer Eingabe, in welcher sie sich, wie es scheint, auch über andere Uebergriffe des Landvogtes beschwerte.[1]

Zu denselben scheint insbesondere auch der Versuch des Landvogts gehört zu haben, die Hagenauer Bürger dem Schiedsspruche von 1615 zuwider an der Ausübung des kleinen Weidwerks in den Bännen der Reichsdörfer und im Forste zu hindern. Denn als der Reichsschultheiss von Wangen 1668 begehrte, «man solle hiesigen Bürgern verbiethen in den landvögtischen Dörfern nit mehr zu jagen, Veldthühner, Haassen vnnd dergleichen zu fangen, widrigenfalls seye bereits ordre ertheilt, wann Einer Erdappt würd, demselben 100 Streich zu geben, oder in das

gesagt wurde, «ein böschel Waldes ligt fry im Mertzwiler Veldt das es nit uff den forst stosst vnd gehoret doch zum Forst», von dem Grafen von Leiningen-Westerburg als zum Banne von Mertzweiler gehörig in Anspruch genommen wurden.

[1] Die Eingabe selbst ist nicht erhalten. In den Ratsprotokollen von 1668 ist aber der Beschwerden der Stadt wiederholt Erwähnung gethan und dabei bemerkt, dass diese attentata «lite pendente» fortgesetzt würden.

Blockhaus zu steckhen», bat der Rat vergeblich «lite pendente Alles in statu quo zu lassen». (St.-A. BB 90.)
Inzwischen hatte der Landvogt, wie es scheint, Holz in grossen Mengen nach auswärts verkauft und die Stadt folgte seinem Beispiele im kleinen, indem sie u. A. 1668 an Mattern von Ichtersheim 15 Eichen und 60 Kiefern «ex gratia vmb die gewöhnliche Waldgebühr» zu einem Bau in Hochfelden und 16 Kiefern nach Buchsweiler verkaufte. (St.-A. DD 46.) Beide Orte liegen ausserhalb der Reichspflege. Die betreffenden Verkäufe waren also der Waldordnung zuwider; den Verkauf nach Buchsweiler motivierte der Rat damit, dass «die forlen den Eichbäumen verhinderlich vnd so dickh stehen, dass die junge Eichbäume gar nit vffkommen können».
Auch sonst vergriff sich die Stadt damals in Bezug auf den Forst an der Rechten des Landvogts, indem ihre Förster bei Bauholzabgaben an Berechtigte das Holz vorzugsweise, manchmal — so 1668 bei der Abgabe von 100 Eichbäumen an das Kloster Königsbrück — ausschliesslich auf der landvögtischen Seite anwiesen und die landvögtischen Förster zu diesen Anweisungen gar nicht mehr zuzogen. Auf desfallsige Beschwerde des Zinsmeisters, der behauptete, auf des Landvogts Seite seien wohl 1000 Stämme mehr gehauen als auf der der Stadt, erkannte der Rat zwar an, dass «Gleichheit gehalten» werden müsse, und verordnete, dass bis zur Herstellung derselben die Anweisungen ausschliesslich im Burgerwald zu geschehen hätten; die Zuziehung der landvögtischen Förster zu denselben verweigerte er aber, weil «Es nit Herkommens vnd also allerseits zufrieden gewesen». Augenschein zu nehmen, gestattete der Rat nur «cum solemnissima protestatione dass Es der Statt zum geringsten Präjuditz nicht gelange». Streit von Immendingen als Waldherr berichtete damals nach des Zinsmeisters Angabe «wären viel Eichbäum in dem Forst gefällt» (von wem?), «welche verderben wollen vnd also besser wäre, mann verkueffe dieselben, soferne EE. Rath dessen auch wie er zufrieden».
Die weitere Beschwerde des Zinsmeisters, dass der «Doppel-

meister» die Stämme «nit mehr so nahe beysammen sondern etwas von Einander hawen» lasse, scheint der Rat für berechtigt gehalten zu haben, indem er Ortsbesichtigung anordnete.[1]

Immerhin waren bis 1669 wenigstens die von der Stadt bewirkten Verkäufe von Holz an ausserhalb der Reichspflege Wohnende nicht von grösserem Umfange, als sie schon früher vorgekommen waren. Es waren Gefälligkeitsverkäufe an in der Nähe des Forstes Angesessene, welche das Holz selbst zu Bauten nötig hatten, und nicht um Geld zu machen, sondern um sich diesen Leuten gefällig zu zeigen, wurden diese Abgaben bewirkt.

Erst im Jahre 1669 sehen wir die Stadt dem Beispiele des Landvogts folgen und Holz im grossen an Holzhändler verkaufen.

In diesem Jahre erbot sich ein gewisser Würtz von Strassburg, ihr 400 Eichen, deren jede 10 Wagenschotten gebe, den Stamm für 4½ Reichsthaler abzukaufen, wenn ihm ein Holzplatz eingeräumt und die Ermächtigung des Klosters Königsbrück zum Flössen des Holzes (auf der Sauer) erwirkt würde.

Die Stadt ging auf das Gebot insoferne ein, als sie versuchsweise selbst 100 Eichen fällen und Wagenschotten, d. h. Schiffsbauholz daraus machen liess, gleichzeitig aber den Würtz verpflichtete, wenn «E. E. Rath nachgehends mit Wagenschotten nit ferners Handel treiben wollt», die übrigen 300 Stück zu 4½ Reichsthaler pro Stück zu übernehmen, er dürfe sie dann «im ganzen Forst auf der Stadt Seiten hawen».

Der Oberlandvogt gab seine Zustimmung zu diesem Verkauf, den, wie es scheint, der Unterlandvogt nur unter der Bedingung befürwortet hatte, dass er seinerseits — ob für sich oder den Oberlandvogt, ist nicht gesagt — auch 50 Eichen verkaufen dürfe. Wenigstens ermächtigte ihn der Rat, «nachdem die 400 Eichbäum verkauft, die versprochenen 50 Eichen zu hauen».

Die Stadt war damit beschäftigt, die Wagenschotten durch

---

[1] Es wurde dabei festgestellt, dass bei einer Abgabe von 23 Eichen die Stämme auf Pistolenschussweite von einander lagen.

Froner in die Stadt fahren zu lassen, als ihr am 22. September 1669 der Intendant Colbert einen königlichen Befehl einhändigte, welcher nicht nur die Abfuhr der Wagenschotten, sondern jede Fällung im Forste verbot und von ihr die Vorzeigung ihrer Rechtstitel auf den Forst binnen Monatsfrist forderte.

Dieses Verbot war nun nicht, wie es den Anschein hat, in erster Linie durch die Absicht des Königs, jetzt schon die Forstordannanz vom August 1669 im Forste einzuführen, sondern hauptsächlich dadurch veranlasst, dass Würtz die Schotten für einen «Holländer» von Stockum gekauft hatte und der König mit Rücksicht auf den bevorstehenden Krieg mit den Niederlanden die Ausfuhr von Schiffsbauholz dorthin verhindern wollte; wenigstens erklärte der Unterlandvogt im December 1669 dem Rate, das Verbot werde aufgehoben, wenn der Rat nachweise, dass das Holz nicht nach Holland bestimmt sei, und im Laufe des Jahres 1670 teilte der Reichsschultheiss von Wangen dem Rate mit, dass man in Paris schon halb und halb wegen des Verkaufes der Wagenschotten beruhigt sei, «von Stockum (von Wesel) sei kein Holländer, sondern ein Brandenburger».

Die Stadt richtete infolge des Befehles Ende 1669 zunächst eine neue Beschwerde an den Reichstag in Regensburg, in welcher sie ihre früheren Klagen wiederholte und sich insbesondere beklagte, dass sie die Landvogtei im Mitbesitze des Forstes störe:

«1. In dem sie wider dasz alte Herkomen am Wasser der Bieberbach[1] genand, zwo Seegmühlin im wald, vnnd zwar die eine vff der Stadt Hagenau Gestade vffrichten lassen, zu deren Gebrauch Sie die Bäume in grosser Anzahl gefället, vnnd den Wald nit allein nicht wenig deuastirt vnnd verödet: Sondern auch die mitgemeinschaftliche Statt Hagenau von dem commodo legem naa communionis ausgeschlossen;

2. ist dadurch die Stadt vnnd dero Burgerschaft die Nothwendige Beholtzung zu deren Sie im ganzen Forst berechtiget geschmälert;

[1] D. h. am heutigen Halbmühlbach, der die Nordgränze des Burgerwalds bildete. Reste von diesen Werken sind nicht mehr aufzufinden.

3. das Eckerich geschwächt;

4. noch über dises die schönste grösste Eichen den holländischen Flotzhändlern abermalsz mit praeterition vnnd abandonnirung der Statt verkaufft;

5. in Ihro die vnderstandene Gegenfällung der Bäum vnd derselben verkauff verwehrt vnnd abgeschlagen vnnd sie durch solche ungleiche diuision in ihren gemeinschaftsrechten zum höchsten laedirt vnnd vernachtheilt worden;

6. zuegeschweigen, dasz theilsz die Herrn Landvögtischen zu ohngewohnlicher verbottener Zeit Ihr Vieh Schwein vnd Pferd eintreiben vnnd die eicheln vfflesen lassen, Alles zum grossen Nachtheil vnd Schaden der Stadt Hagenau vnd dero armen Bürgerschafft, auch der Waldordnung vnnd vffgerichten Verträgen directe zu wieder» (St.-A. Freiheiten).

Aus dieser Beschwerde geht hervor, dass der Landvogt der Stadt mit dem Verkaufe grosser Holzmassen an Holzhändler vorausgegangen war und der Verkauf der 400 Eichen an Würtz nur die «Gegenfällung» für bereits ausgeführte Holzverkäufe des Landvogtes war. Der Beginn derselben würde daher in die Zeit zwischen 1663 und Ende 1666 fallen.[1]

Wenn in der Eingabe nicht mehr von der Melkerei die Rede ist, so rührt das daher, dass der Zinsmeister der Stadt 1669 versprochen hatte, das auf der Melkerei stehende Vieh nur noch auf die landvögtische Seite zu treiben und die Melkerei später dorthin zu verlegen.

Der Reichstag hatte über diese Beschwerde noch nicht entschieden, als die Stadt, wie aus einem im Freiheitenbuch der Stadt aufbewahrten Schriftwechsel mit einem Anwalte an dem Reichskammergerichte in Speier hervorgeht, bei diesem Gerichte eine Besitzstörungsklage gegen den Königlichen Intendanten Colbert anhängig machte.

Die Stadt hatte dem Anwalt angezeigt, dass letzten Juli

---

[1] In einer der Eingaben der Stadt von 1669 wird behauptet, die Stadt habe schon 1654 Holz im Grossen an Holländer verkaufen wollen. Es sei ihr aber nicht gestattet worden. Von diesem Versuche habe ich in den Akten keinen Nachweis finden können.

«lite sub hoc Augustissimo arbitrio pendente» Intendant ihr eine Königliche Ordre zugestellt worden sei, «in Krafft deren künfftig in disem h. forst keine bäum mehr zu verkauffen, noch zu fällen auch was bereits gefällt ist, von seiner stell nicht verruckt werden sollen», so lange sie ihre Rechtstitel nicht dem Intendanten des Königs vorgelegt habe.

Dieser Befehl treffe die Stadt um so schwerer, als sie zur Reparatur der Stadtmauern und anderer Bauten einem Handelsmanne in Strassburg eine Anzahl Eichen «in Wagenstott zu liffern» verkauft und von demselben 1300 ₰ zur Zahlung der Werbungskosten anticipando aufgenommen habe.

. Das sei

1. den 500 jährigen Rechten der Stadt und der Waldordnung zuwider, auf welche jeder Landvogt einen körperlichen Eid leiste, und vermöge deren

2. die Stadt nach Epiphanias in dem landvögtischen Bezirke das Nacheckerich oder jus glandis legendae habe, welches Recht der Landvogt auf der Stadt Seite nicht besitze;

3. von den Landvögtischen seien schon «unzählbar viele baum» teils verkauft, teils auf der Sägemühle zerschnitten worden. Die Stadt habe aber nach der Waldordnung das Recht, wenn nicht auf mehr, so doch sicher «ad eundem et tantumdem numerum»; trotzdem verhindere der Landvogt die Fällung;

4. mit diesem Verbot sei die Stadt umsomehr zu verschonen, als «alle attentata lite . . . pendente einzustellen» seien.

5. die «in succo et sanguine äusserst ausgesogene Stadt» habe ausser dem Forste fast keine Mittel, «ihr verarmtes Stadtwesen aufrecht zu erhalten»;

6. es sei «ab executione angefangen»;

7. es sei «der lieben Justiz viel zu nahe getreten seine titulos und jura dem anderen und viel mächtigeren teil wider sich selbsten zu ediren und vorzulegen»;

8. «von selbsten bekannt, dass die repositura et custodia actorum bei der statt ist, dieselbige auch das directorium und Rechnung führet und bei dem Waldhaus 3 Officianten, benantlich einen Stättmeister, einen Marschalken und einen Waldschreiber

hat, dahingegen von lantvögtischer Seiten nur der Einige Kastenkeller ist.»

Deshalb möge der Anwalt dahin referieren, dass der Arrest aufgehoben werde. Die Frage sei nun, ob die Stadt auch den Landvogt pfänden dürfe, wenn er z. B. bei der Nutzung des Nacheckerichs seine Rechte überschreite.

Die Antwort rief zur Gegenpfändung, obwohl dieselbe vermöge der Reichsordnung verboten sei, «weil man wider HH. Landvogt und Räthe auf die condition der Pfändung keinen Process aufbringen kann, auch sonst bei den Herrn Beisitzern zweifelig ist, ob desz Kais. Cammergerichts Jurisdiction wider die Landvögtischen fundirt und derwegen kein ander mittel dedurch sich bei habender gerechtigkeit und deren quasi possession der Niessung des Nacheckerichs handhaben mögen vorhanden».

Ein weiterer Klagepunkt der Stadt war der, dass die Landvögtischen die Bürger an der Ausübung des kleinen Weidwerks im Forst und der gesamten Jagd auf den Feldbännen der Stadt und der Reichsdörfer und in den der Stadt, der Georgskirche und den Spitälern gehörigen Waldungen hindern, die ihnen doch durch Vertrag und nach dem Herkommen zustehe.

Das umfangreiche «Responsum juris» des Anwalts sprach sich dahin aus, dass das jus territoriale über den Forst der Stadt allein zustehe; denn sie besitze dort die Gerichtsbarkeit über gemeine Vergehen, sie habe «primum locum» auf dem Waldhause «nicht ordine dignitatis personalis», die dem Landvogt zustehe, «sondern realis halber, weil sie das jus territoriale besessen». Dafür spreche ausserdem der Eid, den die Landvögte und das «juramentum fidelitatis», das die landvögtischen Förster der Stadt schwören müssten (und 1685 noch thatsächlich schwuren), ferner die Thatsache, dass die Landvögte das Holz heischen müssten, und endlich das Weiderecht der Stadt, das zum Territorial- und nicht zum Forstrecht gehöre.

Zu dem Territorialrechte gehöre von Rechtswegen der «Wildbann, jus venandi oder des Jagens Gerechtigkeit als nämlich Jagen, Setzen, Fällen, Würgen». «Der Vorgesetzte der Jagdbarkeit heisst Jaegermeister, cujus officium est, omnia illa sollicite instruere et ordinare, quae venationi seu feris insectandis et capiendis inserviunt et (qui) nihil aliud agit quam ut venationem exerceat.»

Auch dieses jus venandi besitze die Stadt, wenn auch, wie es scheine, auf Grund eines Vertrages mit dem Landvogt gemeinsam. Sie habe nur dem Kaiser Maximilian zu Liebe auf die hohe Jagd im Forste verzichtet; doch habe der landvögtische Forstmeister der Stadt alljährlich «ad recognitionem juris vier Schweine oder acht Porken zu liefern».[1]

Das «Forstrecht, jus foresti, die forstliche Gerechtigkeit, waldliche Obrigkeit, jurisdictio ad ea limitata quae ad conservationem sylvarum et nemorum pertinent», stehe der Stadt in Gemeinschaft mit dem Landvogt zu. Vorsteher derselben sei der Forstmeister, «cuius officio idem praecipue incumbit, ne sylvae devastenter, sed omnia illa fiant, quae ad sylvarum utilitatem spectant».[2]

Zu einer Entscheidung über diesen Rechtsstreit kam das

[1] Ob diese Behauptung begründet ist, habe ich in den Archiven nicht ermitteln können.

[2] Zum Forstrechte rechnet der Verfasser des Gutachtens das Recht, Waldordnungen zu erlassen, die Bestrafung der Holzfrevel, der Ernennung der Förster, die «Prohibitio ne arbores extirpentur et ne arbores fructiferae exscindantur», ferner die «Prohibitio ne sylvae noviter plantatae et succrescenti damnum inferatur», und als Ausfluss desselben das Recht, in solchen Waldungen die Weide oder das Betreten mit Aexten und dergleichen ganz oder teilweise zu verbieten, die Umzäunung der Waldungen, die Verfügung über die Windfälle, «die Läuterung oder Säuberung der Bäume, dass das dürr abgestandene holz von dem grünen holz und Aeste zu mehrerem Wachsthum der stämm abgescheiden werde», also das Recht, Durchforstungen auszuführen, das Einfangen der Schwärme und die Nutzung des Honigs wilder Bienen, das Setzen von Grenzsteinen und auffallenderweise «die Verbietung spitziger Pfähl oder Zaunstecken, damit das übergehende Wild nicht verletzt werde» ferner die «prohibitio bombardarum, das niemand mit büchsen, oder bürstrohren im forst gelitten werde, ohne die schützen denen es befohlen», das Gebot, den Hunden Knüppel anzuhängen, ferner den Biber- und Otterfang und den Fang von Auerhühnen, wilden Gänsen und Enten, Hasel- und Feldhühnern sowie von Wachteln und endlich «sonsten heilsame und nützliche gewohnheiten».

Reichskammergericht bei seinem langsamen Geschäftsgange nicht mehr. Der Friede von Nymwegen von 1679 machte, obwohl sich der Kaiser im Friedensvertrage seine Rechte auf die zehn Städte ausdrücklich vorbehielt und noch 1682 der französische Intendant von der Stadt 405 fl. 5 β «zu Unterhalt der Kammer Speyer rückständige Gelder» eintrieb, der Zugehörigkeit Hagenaus zum Reiche thatsächlich, der Ryswicker Friede von 1697 auch völkerrechtlich ein Ende.

Noch 1669 hatten die Beamten der Landvogtei in ihren Verhandlungen mit dem Rate die Zuständigkeit des deutschen Reichstages und des Reichskammergerichtes über die Streitigkeiten zwischen ihnen und der Stadt stillschweigend anerkannt; aber schon damals begann der König die Zügel strammer anzuziehen und verlangte beispielsweise Ende 1669 die Absetzung des Stettmeisters Crafft, weil er bei dem Marschalkessen sich geweigert hatte, nachdem die Gesundheit des Kaisers ausgebracht war, auf die Gesundheit des Königs von Frankreich als «Protektors der Stadt» zu trinken. Der Rat und die übrigen drei Stättemeister gingen um so eher darauf ein, als Crafft, als ihm einige Wochen nach dem Essen die Stadtmusikanten das neue Jahr anspielten, denselben einen Reichsthaler schenkte und dabei sagte, das sei zum Zeichen, dass er ein deutscher, die übrigen aber nur französische Stättemeister seien. Stättmeister Streit von Immendingen protestierte dagegen als gegen eine schwere Verleumdung. Der Rat fügte aber der Strafe der Amtsentsetzung diejenige des Verbots an Crafft, die Wirtshäuser zu besuchen und an die Wirte, ihm etwas zu verabreichen, hinzu.

Die Städte, insbesondere auch Hagenau, hielten damals treu zu Kaiser und Reich, wenn sich diese Treue auch nur in Worten Ausdruck verschaffte. Sie mussten diese Anhänglichkeit im Verlaufe des 1672 beginnenden Turenne'schen Krieges schwer büssen. Hagenau insbesondere wurde 1677 auf Befehl Ludwigs XIV. geschleift und mit so vielen anderen Städten und Dörfern des Elsass und Badens — wie 1689 die Städte der Rheinpfalz — zum grössten Teile in der Absicht niedergebrannt, auf diese Weise zwischen Deutschland und Frankreich eine Wüste zu schaffen und so den feindlichen Heeren den Einfall in die altfranzösischen Provinzen zu erschweren. Durch diesen Brand war der Widerstand der Stadt gegen Frankreich gebrochen; Rat und Bürgerschaft leisteten 1682 dem Könige öffentlich den Eid der Treue.

In Bezug auf die Rechtsverhältnisse des Forstes verblieb es indessen vorerst beim alten, nur dass jeder Teil je nach dem Gange des Krieges und je nach den augenblicklichen Machtverhältnissen in die Rechte des anderen übergriff.

Die Einwirkung der königlichen Forstverwaltung beschränkte sich auf den Erlass eines Staatsratsbeschlusses vom 1. September 1674,[1] durch welchen die jährliche Hiebsfläche im Sinne der für ganz Frankreich erlassenen, im Elsass aber vorerst nicht eingeführten Forstordnung von 1669 vom Wirtschaftsjahre 1675 an bei einer angenommenen Gesamtwaldfläche von 30700 arpents auf 150 arpents, die Umtriebszeit also auf etwas über 200 Jahre festgesetzt wurde.

Zur Ausführung kam aber dieser Beschluss vorerst nicht; vielmehr fuhren sowohl die Stadt wie der Landvogt fort, im Forste planlos einzelne Stämme bald hier, bald dort fällen zu lassen und zu verkaufen.

Namentlich die beiden Landvögte scheinen, als die damals mächtigeren, diese Verkäufe auch nach 1669 in grösster Ausdehnung ausgeführt und auch sonst ganz nach Gutdünken im Forste gewirtschaftet zu haben.

Herzog Mazarin hat 1694 erklärt, dass er selbst nach dem Tode des Kardinals grosse Schläge ohne Regel in dem Forste gemacht habe, ohne dass vom Teilen mit der Stadt die Rede war, und dass Monclar für mehr als 100,000 livres Holz an Holländer aus dem Forste verkauft habe. (St.-A. DD 35.) Ausserdem liess 1697 das Forstamt zwei Köhler aus dem Walde

---

[1] Von diesem nicht mehr erhaltenen Staatsratsbeschlusse behauptete später die Stadt, dass darin ausdrücklich anerkannt sei, dass sich der Wald im ungeteilten Besitze des Königs und der Stadt befinde.

weisen, welche von dem Mazarin'schen Zinsmeister von Vorstedt vier Jahre vorher, also 1693, die Erlaubnis erhalten hatten, gegen Bezahlung von 4 sols pro Klafter « de couper toutes sortes d'espèces de bois partout où bon leur semblera».

Derselbe Vorstedt und sein Vorgänger unter Monclar hatten wie bei der Grenzfeststellung von 1698 festgestellt wurde, eine ganze Reihe von Wiesen, insbesondere die jetzt noch bestehenden Mathsthalmatt und Forstmatt und die jetzt aufgeforsteten Wiesen Zangmatt, Seematt, Oberstrittenmatt und Christogallusmatt und zwei Gärten bei Schirrein gerodet und auf Rechnung des Landvogts verpachtet, die Anlage der Wassermühle bei Sufflenheim auf Forstgrund gegen eine Abgabe an den Landvogt gestattet und bei Sufflenheim ein «Maison de chiens» den s. g. Hundshof im Forste erbaut und dem Jäger Mazarins verpachtet.

Die durch den Krieg, namentlich aber infolge der Einäscherung, durch welche fast alle öffentlichen Gebäude zerstört wurden, noch mehr in unglaubliches Elend gekommene Stadt besass nicht mehr die Macht, dem Beispiel des Landvogtes folgend aus eigener Machtvollkommenheit so starke Eingriffe in die Substanz des Forstes zu machen.

Nur über die Enklave Bruderhaus, welche die Stadt nach dem Schiedsspruch von 1578 «von langen Jahren in Verwaltung» hatte, wagte sie mit Zustimmung des Schultheisses zu verfügen. Sie trat es 1684 mit allen Rechten an die Prämonstratenser der St. Nikolauspfarrei unter der Bedingung ab, mindestens jeden Quatember eine Messe zu lesen und die Stadt als Territorialherrn anzuerkennen. Es blieb in deren Besitze bis zur Revolution.

Die einzige regelmässige Einnahme der Stadt aus dem Forste bestand aus ihrem Anteile an den Strafgefällen, welche auf dem immer noch fortbestehenden Waldhause ausgesprochen wurden, und den dort bewirkten Holzabgaben, welche zusammen z. B. vom 13. Oktober 1684 bis 7. August 1685 nur 213 fl. eintrugen, und aus dem Eckergeld, welches 1685 362, 1686 320 und 1687 396 fl. abwarf.

Zur Deckung ihrer ausserordentlichen Bedürfnisse — Wiederaufbau der Häuser, Stadtmauern und Schleusen und Reinigung der Stadtgräben — wandte sie sich an den König, der ihr dann auch von 1680 bis 1687 nach und nach gestattete, in der ihr gehörigen Hälfte des Forstes, «dans la moitié qui leur appartient», im ganzen 5000 Eichen da, wo es am wenigsten Schaden mache, zu verkaufen[1] (St.-A. DD 23).

Das Versteigerungsprotokoll über die letzten 2000 Eichen ist im Stadtarchiv unter DD 37 aufbewahrt. Es geht daraus hervor, dass die Stadt zu den 2000 Stämmen «pour les fausses coupes» 200 Stämme zugeben musste.[2] Käufer war der erwähnte «Holländer v. Stockum». Er bezahlte im ganzen 9000 livres (tournois) oder 4500 fl., für jeden der 2200 Stämme also 4,09 livres oder 3,15 M. in heutiger Währung. Der Kaufpreis musste auf erste Anforderung der Stadt bezahlt werden und war 1688 bereits bezahlt, obwohl damals erst 1387 Stämme gehauen waren, wie eine von dem Reichsschultheissen, den Waldherren und den städtischen Förstern aufgenommene Verhandlung feststellte.

Es ist für die Zustände jener schrecklichen Zeit bezeichnend, dass v. Stockum erst 1699, also nach 11 Jahren dazu kam, die fehlenden und von ihm bereits bezahlten 813 Stämme zu beanspruchen und dass ihm auch dann noch die Stadt die geforderte Rückzahlung des zu viel bezahlten Preises von 3658 ß 10 s — auf Zahlung der Zinsen erhob v. Stockum von vornherein keinen

---

[1] Nach dem im Stadtarchiv unter DD 54 aufbewahrten Bedingnishefte zu dem Verkaufe des dritten 1685 für Reinigen der Festungsgräben bewilligten 1000 Stämme musste indessen die Hälfte des Kaufpreises an den Intendanten, d. h. in die Staatskasse abgeführt werden.

[2] Aus den Bedingungen sind ausserdem die Bestimmungen hervorzuheben, dass die Arbeiter des Käufers ihre sämtlichen Lebensbedürfnisse in der Stadt kaufen und fremde Fuhrleute Zoll- und Brückengeld zahlen mussten, und dass das Holz auf den ungefährlichsten Wegen und unter möglichster Schonung des Aufwuchses an die Bäche geschafft, also geflösst werden sollte. Die ersten Tausend hatten v. Stockum und sein Associé v. d. Wahl freihändig für 3 fl. pro Stück erhalten. Die zweiten Tausend waren «oben und unten faul». Der Rat ermächtigte die Waldherren, sie für 1 ß 4 β pro Stück loszuschlagen; das dritte Tausend kaufte v. Stockum und von der Wahl für 5000 ß, also für 4,55 ß pro Stück.

Anspruch — unter der Begründung verweigerte, v. Stockum habe vor der Kriegserklärung noch vier Monate Zeit zur Abfuhr gehabt, die Stämme seien später «au profit du Roy» eingezogen worden. Monclar habe damals auch eine Anzahl Stämme an einen Holländer v. d. Wahl verkauft gehabt. Ein von demselben eingereichtes Gesuch um Verlängerung der Abfuhrfrist sei von dem Staatsrate abschlägig beschieden worden. (St.-A., DD 39, 1).

Das Waldhaus waltete fortgesetzt seines Amtes wenigstens als Forstgericht. Vom 17. August 1681 bis 22. Mai 1684 sind dort 43 fl. Rügegelder eingegangen, dagegen 5 fl. 2 β Zehrung der Förster bei einer Ortsbesichtigung und zehnmal je 3 fl. für «Waldfilz» verausgabt worden.[1]

Von der Stadt wurden bereits 1668 wieder neben der beiden Eckerherren zwei Waldherren ernannt, und diese allein — ohne Zuziehung des Zinsmeisters oder wie es in jener Zeit manchmal hiess, des Kastenkellers — scheinen namentlich die Gesuche der Bürger um Bauholz verbeschieden zu haben. Denn an Stelle der früher bei solchen Gesuchen in den Ratsprotokollen ständigen Formel «auf das Waldhaus verwiesen» trat anfangs der achtziger Jahre die neue «an die Waldherren verwiesen».

Von 1684 ab entschied jedoch der Rat über diese meist sehr summarisch gehaltene Gesuche (z. B. 200 Forlen, 4 Eichen, Latten und Todtholz) in seinen ordentlichen Sitzungen selbst.[2] Nur die Anweisung des Holzes blieb nominell den Waldherren, thatsächlich aber wohl den städtischen Förstern vorbehalten.

Ausserdem hat die Stadt, wie aus den erhaltenen Waldrechnungen (St.-A. DD 46) hervorgeht, in den Jahren 1680 bis 1685 fortgesetzt Holz in kleinen Mengen aus dem Forste an auswärtige Konsumenten auf eigene Rechnung verkauft[3] und

---

[1] Was darunter zu verstehen ist, habe ich nicht ermitteln können.
[2] Die Ratsprotokolle enthalten dann meist nur die Bemerkung: «Concl. Verwilliget.» Höchstens ist bezüglich der Latten die Bemerkung beigefügt: «soll dieselben aus Hagebuchen oder Erlen hawen lassen.»
[3] Es finden sich dabei folgende Preise notiert: für 1 Klafter Kohlholz 1 β, für eine Kiefer 1 β 4 ₰, 1 β 8 ₰ bis 2 β, für 24 ge-

noch weit grössere Holzmassen an die Bürger zum Wiederaufbau ihrer 1677 abgebrannten Häuser abgegeben. 1681 wurden an einem einzigen Tage von den Bürgern nicht weniger als 792 Kiefern und 15 Eichen vom Rate verlangt und bewilligt. Ebenso unterhielt sie damals noch Förster — wie viele, ist aus den Urkunden [nicht zu ersehen, 1659 waren bereits wieder vier im Amte, einer derselben führte den Titel «Waldbote» —, und die landvögtischen Förster leisteten ihr noch 1685 den vorgeschriebenen Eid. Diese Förster waren beritten, denn 1685 baten die «Bereidt Förster» Urweiler und Elss vergeblich um Gehaltserhöhung.

Dieser Zustand dauerte bis in das Jahr 1694 unverändert fort. Um die Waldordnungen kümmerte sich jeder Teil nur, wenn er sie als Waffe gegen den anderen gebrauchte, und selbst die Berechtigten suchten, wenn auch vergeblich, sich davon frei zu machen. So protestierte 1670 das Kloster Königsbrück auf Grund eines angeblichen Rechtes dagegen, dass, wenn es Bauholz nötig habe, Augenschein genommen werde; der Rat erklärte, er habe durch die Waldordnung das Privileg, dass Augenschein genommen werde.

Auch die Angrenzer suchten von der herrschenden Verordnung Nutzen zu ziehen. So hatten 1683 die Schweighäuser in der Mägstub «Lochbäume» gehauen und «oberhalb der Lochmatten am Eschbacher Berg einen Wegweiser gesetzt und Schweighauser Bann darauf geschrieben». Die Stadt klagte beim Conseil souverain de l'Alsace, der ihr 1685 den Besitz des Waldes

ringe Kiefern 1 ₰ 10 β, für 1 Kiefernsparren 1 β 8 ₰, für 100 Haseln Reifstecken 2 β 6 ₰ bis 3 β 4 ₰, für starke Kiefern 2 β 6 ₰, für Kiefern zu Rebstecken 6 β. Im ganzen betrug die Einnahme 1681 und 1682 = 62 ₰ 10 β 8 ₰, 1683 = 65 ₰ 12 β, vom 1. März bis 20. Juni 1684 = 110 ₰ 9 β 2 ₰. Dagegen wurden 1682 ausgegeben für Abzählen von Holländer Holz, wahrscheinlich die an Stockum verkauften Eichen, 13 ₰ 8 β, für Anweisen desselben an den Schultheissen und Stadtschreiber 6 ₰ 1 β 8 ₰ 1683 für Fröner an der Betschdorfer Strasse 2 ₰ 5 β für Wein und 2 ₰ für Brot, für «Taglohn und Ross der Waldherren» 1 fl., desgleichen für drei Förster und einen Zimmermann 2 fl. 3 β.

«depuis le chemin de Pfaffenhofen jusqu'au fossé séparant le ban de Schweighausen», das heutige Kuhläger zusprach. (St.-A. DD 67.)

Die Staatsforstverwaltung mischte sich nur zeitweise und in Einzelfällen in die Bewirtschaftung des Forstes. So gestattete 1685 der König dem Herzog Christian von Pfalz-Sponheim, sich im Forste, wo es am wenigsten schädlich sein möchte, 500 Eichen und 2000 Kiefern anweisen zu lassen. Die Stadt liess ihm «ihre Hälfte» durch ihre Förster anweisen, obwohl die letzteren berichteten, er «verlange die grössesten Bäume». (St.-A. BB 101.)

Weitere Akte der königlichen Verwaltung aus der Zeit vor 1694 waren die Aufhebung der Forstrechte der elf lichtenbergischen Dörfer im Westen des Forstes unter gleichzeitiger Abschaffung der an den Grafen von Hanau als Rechtsnachfolger der Herren von Lichtenberg zu leistenden Fronden im Jahre 1686,[1] ferner die Erklärung des Königs von November 1687, durch welche im ganzen Elsass gestattet wird, früher gerodetes, aber in der Ungunst der Zeiten wieder zu Wald gewordenes Land mit Erlaubnis der Forstämter wieder zu roden, und endlich die Staatsratsbeschlüsse von 1683 und 1685, welche im Interesse der französischen Marine in allen weniger als 15 Stunden vom Meere oder 6 Stunden von schiffbaren Flüssen gelegenen Hochwaldungen die Ausführung von Schlägen nur nach vorhergegangener Besichtigung derselben durch den Oberforstmeister (Grandmaître) und den «Controleur des finances», gestatteten und von 1688, welche den «Seigneurs particuliers» unter Vorbehalt verbriefter, vom König anerkannter Rechte verbot, ihre ordentlichen Richter zu «juges des eaux et forests» zu ernennen, und den «tables de marbre», sie als solche anzuerkennen.

Diese Staatsratsbeschlüsse waren bestimmt, die Einführung

---

[1] Von wem dieselbe ausging, habe ich nicht ermitteln können. In den Rechtsstreiten des 18. und 19. Jahrhunderts ist der Thatsache wiederholt Erwähnung gethan. Die Forstordnung von 1669 hebt alle Forstrechte, deren Gegenleistung Fronden waren, gleichzeitig mit diesen selbst auf.

der «Ordonnance de Louis XIV sur le fait des eaux et forests» vom August 1669 im Elsass einzuleiten.

Dieselbe erfolgte im Jahre 1694 durch einen Staatsratsbeschluss, welcher den Staatsrat de Gallois zum «Grand maistre des eaux et forests d'Alsace» und zum «commissaire pour la Réformation des dites forests» ernannte.

Unter «réformation des eaux et forests» verstand man damals die Einführung dieser Ordonnanz in ihrem ganzen Umfange in allen Waldungen, für die Waldungen, deren Eigentümer oder Miteigentümer die Krone, insbesondere die Uebertragung der gesamten Verwaltung und der Forstgerichtsbarkeit auf die Staatsforstbehörden, die Einschränkung der Nutzungsrechte auf ein waldunschädliches Mass und die Beschränkung des Niessbrauchs an Waldungen, an denen die Krone beteiligt ist, auf die Nutzung des Unterholzes im Mittelwalde unter Einziehung des gesamten Einschlages in Hochwaldungen und am Oberholze des Mittelwaldes für die Krone.

Für die Stadt bedeutete dieser Beschluss daher vollständige Abschaffung jeden unmittelbaren Einflusses auf die Forstgesetzgebung und Forstgerichtsbarkeit und auf die Bewirtschaftung des Forstes; sie bedeutete ferner eine wesentliche Einschränkung ihrer Berechtigungen, für den Oberlandvogt aber, da der Forst nur Hochwaldungen in damaligem Sinne enthielt, vollständige Enteignung all seiner Rechte auf den Forst.

Er beeilte sich deshalb, bei dem Staatsrat Einspruch zu erheben, mit der Begründung, dass er mit der Landvogtei im Elsass in derselben Weise und mit denselben Rechten belehnt worden sei wie früher die österreichischen Erzherzöge. Der Staatsrat wies ihn aber noch im Laufe des Jahres 1694 mit seiner Beschwerde ab und verordnete die Ausführung seines früheren Beschlusses in seinem ganzen Umfange, stellte ihm aber Entschädigung in Aussicht, wenn seine Rechtstitel die Gerechtigkeit seiner Ansprüche beweisen würden. (St.-A. DD 37.)

Damit waren alle Rechte der Oberlandvögte im Forste für immer beseitigt, an ihre Stelle trat die Krone, und es ist — abgesehen von einigen im nächsten Abschnitte zu erwähnenden missglückten Versuchen des landvögtischen Zinsmeisters, ihm wenigstens die Pachtgelder für Nebennutzungen und die Gegenleistungen der Quasi-Berechtigten für Holznutzungen [1] zu sichern — in den Archiven nicht der mindeste Nachweis enthalten, dass je wieder ein Landvogt diese Rechte ausgeübt hätte. Ob und wie Mazarin für den Verlust derselben entschädigt wurde, ist aus den Urkunden nicht ersichtlich.

Die Periode der französischen Landvögte kennzeichnet sich vor allem durch den Beginn ausgedehnter Holzverkäufe im Forste an Holzhändler. Die kolossalen Vorräte uralter Eichen in demselben, bis zur Zeit des Herzogs Mazarin nur dazu bestimmt, Eicheln als Futter für die Schweine zu tragen, und erst Gegenstand der Holznutzung, wenn sie infolge Absterbens der Krone aufhörten, diese Aufgaben zu erfüllen, wurden von da an ebenso wie die bis dahin nur zur Deckung des unmittelbaren Bauholzbedarfes der nächsten Umgebung des Forstes bestimmten Kiefern eine weithin verfrachtete Handelsware. Das Holz, in seinen Gelderträgen bis dahin gegen die Mastnutzung und die Forststrafgefälle zurücktretend, wurde mit einem Schlage trotz ausserordentlich niedriger Preise zum Hauptprodukte des Forstes.

Man fällte nicht mehr wie früher nur die «unschädlichen»,

[1] 1698 erklärten die Bürgermeister von Eschbach, Forstheim und Hegeney vor dem Forstamte, jeder Bauer habe 20 sols «Pielgelt» für das Recht, Hainbuchenholz zur Deckung seines Brennholzbedarfs im Forste zu hauen, 13 sols 4 deniers «Laubgelt» für das Recht auf Zaunreissig für ihre Gärten und Höfe und 1 sol 4 den. für den Schreiber, der die Erlaubnisscheine schreibe, an den landvögtischen Zinsmeister bezahlt. Ausserdem haben in Eschbach jeder Bürger 5 sols 4 den. und 2 Hühner, jeder Taglöhner die Hälfte davon für das Weidrecht im Forste an den Grafen von Hanau entrichtet. In Surburg betrug nach Angabe des dortigen Bürgermeisters in dem gleichen Jahre das Pielgelt 40, das Laubgelt 20 sols; ferner habe früher, so lange sie im Besitze waren, was nicht mehr der Fall war jeder Bürger für einen Karren Taubholz (mortsbois) jährlich einen Sack Hafer und eine Henne, für einen Handkarren die Hälfte davon an Mazarin bezahlt; endlich die ganze Gemeinde 30 ß für die Weide und jeder Müller an der Sauer 42 sols für das Wasserrecht.

sondern die wertvollsten Bäume, aber überall, wo man sie fand,
hielt es aber, wie aus den Verhandlungen von 1668 hervorgeht,
immer noch für einen Fehler, eine grössere Zahl von Stämmen
auf kleinem Raume zu fällen.

Die Ausnützung des Waldes war daher, trotz der Festsetzung der Hiebsfläche vom Jahre 1674, soweit sie von den
städtischen Waldherren und Förstern und von dem landvögtischen
Zinsmeister und seinen Förstern geleitet wurde, noch wie vor
eine plenterweise. Dagegen mögen durch eigenmächtige Fällungen der Brennholzberechtigten und der Köhler hie und da kleine
Kahlflächen entstanden sein, wenn auch das immer noch massenhaft vorhandene dürre, bequem zu gewinnende Lagerholz den
weitaus grössten Teil des Brennholzbedarfes deckte.

Aus der Beschreibung der Bestockung einzelner Waldteile,
welche in der Verhandlung über die Feststellung der Grenzen
des Forstes vom Jahre 1698 enthalten ist, geht hervor, dass
allenthalben überständiges Altholz — das Protokoll spricht fast
allenthalben von «gros vieux chênes sur le retour», denen als
Gegensatz einmal «quelques beaux» gegenübergestellt sind —
vorherrschte, und dass darunter an vielen Stellen wenig Jungholz
vorhanden war. Nur auf den fruchtbarsten Böden scheint dasselbe häufiger gewesen zu sein. Welchen Holzarten dieses
durchweg als «broussaille» bezeichnete Unterholz angehörte, ist
nicht gesagt. In den trockenen Lagen mit geringem Boden
herrschte die Kiefer, in solchen mit besserem Boden die Buche,
sonst überall die Eiche als Altholz vor. In nassen Lagen wird
der Wuchs der Eiche auch auf den besten Böden als «de
mauvaise venue à cause de la quantité de marais» bezeichnet
und der reichlichen Beimengung von Erlen und Aspen Erwähnung gethan. Sehr nass gelegene Orte, wie die an den Königs-

In Gunstett zahlten für das Recht, Dürrholz zu holen, die Besitzer
von Karren zwei Säcke Hafer und zwei Hennen, die von Handkarren
die Hälfte, Laubgeld die ganze Gemeinde 32 sols, für die Erlaubnis,
Weichholz zum Bauen zu holen, und für die Weide, zahlten sie Nichts.
Die Abgabe der Müller betrug 32 sols. Die Bürgermeister von Ober-
und Niederbetschdorf, Reimersweiler und Schwabweiler erklärten,
nicht zu wissen, wie viel bezahlt wurde.

brücker Wald anstossenden Teile, sind als «un marais presque impraticable rempli de broussaille» beschrieben. Stark graswüchsige Kiefernböden, auf denen das Gras die Entstehung von Kiefernanflug erschwerte, wie die an Biblisheim anstossenden Partien, waren nur mit einigen alten Eichen bestockt und enthielten viele Blössen. Dasselbe war der Fall auf ganz leichten Sandböden, wie in der Mägstub. Die Stiefelhart war wohl infolge fortgesetzter Schafweide, wegen welcher noch 1696 bis 1700 häufige Verurtheilungen vorkamen, «une fort grande plaine inculte».

Daraus geht nun nicht nur hervor, dass selbst die ausgedehnten Fällungen Monclars und Mazarins den Charakter des Forstes als Plenterwald mit grossen Altholzvorräten nur wenig verändert hatten, sondern auch dass unter den französischen Landvögten weder für die Ableitung des überschüssigen Wassers noch auch für Wiederbesamung holzleerer Stellen irgend etwas geschah. Die Stadt war dazu zu arm, der Landvogt aber hatte die Nutzniessung nur auf Lebenszeit und war, wie die Absetzungen Harcourts und Herzog Mazarins beweisen, selbst dieser nicht sicher. Er hatte deshalb kein Interesse, für Nachwuchs zu sorgen. Von Bau und Unterhaltung von Strassen und Waldwegen ist abgesehen von den Frönern auf der Retschdorfer Strasse (S. 25. Anmerkung) in der ganzen Periode nirgends die Rede. Wohl aber befahl 1682 der König, an allen grossen Strassen Wegweiser anzubringen.

Die Fällung und Aufarbeitung des Holzes geschah in der Hauptsache nach wie vor durch die Empfänger. Dass der eine oder andere der beiden Besitzer des Forstes Holz auf eigene Rechnung zum Verkaufe fällen und aufarbeiten liess, ist nur von den 100 Eichen, aus welchen die Stadt 1669 Wagenschotten machen liess, urkundlich erwiesen. Möglich ist jedoch, dass der Landvogt auch die auf seinen Sägemühlen geschnittenen Hölzer als Brettware verkaufte. Die städtische Sägemühle, welche zuerst 1648 erwähnt wird, scheint nur Kundenmühle gewesen zu sein. Wenigstens findet sich nirgends ein Nachweis, dass dort fertige Ware verkauft wurde. 1685 war sie verpachtet.

Bei der Brennholznutzung der Bürger und der sonstigen Eingeforsteten war während des langen Krieges die Anweisung des Holzes durch die Förster ganz in Vergessenheit geraten. Wenigstens machte der Eckerherr Stettmeister Carius 1649 den Rat darauf aufmerksam, dass die Bauern ungeheischen Holz zum Verkaufe im Forste fällten, und dass der landvögtische Zinsmeister einverstanden sei, wenn man das alte Herkommen wieder einführe und niemand das Fahren von Holz gestatte, «als dem es erlaubt würde». Ein Beschluss hierüber wurde nicht gefasst, und auch 1650 beschränkte man sich auf den Beschluss, «dass man die Waldordnung wieder observiert und 8 Tage Eichnes und 14 Tage Forlnes zu führen».

In die Zeit der französischen Landvögte fällt auch die Einführung der Köhlerei im Forste. In der Beschwerde von 1663 ist ihrer als gegen die Waldordnung verstossend Erwähnung gethan. 1694 war sie noch in Uebung.

Das unverkohlte Brennholz war damals um Hagenau noch nicht Gegenstand des Holzhandels im Grossen. Wo Brennholz von den Waldeigentümern verkauft wurde, geschah es zur Selbstgewinnung und wer sich damit nicht abgeben wollte, kaufte sein Holz bei irgend einem Fuhrmann, der das Holz im eigenen Walde gewonnen oder die Erlaubnis dazu von dem Waldbesitzer gegen Entgelt erhalten oder wohl auch sich selbst erteilt hatte. Das Gleiche gilt für alle anderen Nutzholzarten als Eiche und Kiefer und möglicherweise auch für alle zu Schiffsbauholz untauglichen Eichen. Die Würzlinge bezog nach wie vor der Schultheiss. 1669 zeigte von Wangen dem Rate an, dass zwei Holzhändler ihm dieselben abkaufen wollten.

Von den Nebennutzungen war immer noch der Schweineeintrieb die wichtigste. Als 1669 die Eckerherren berichteten, «dass man disse 2 täg das Eckherich beritten vnd so reichlich befunden, dass bey Manns andänckhen Kein Solches gewesen», im Bürgerwald allein könne man «2000 s. v. Schwein feist machen», beschloss der Rat, «vor Solch Reichliches Aeckher ist zuvördert gott dem allmächtigen dannckh zu sagen vnd sich vmb frembde s. v. Schwein zu bewerben, damit man es auch zu nutzen bringt».

Die Schweine wurden von der Stadt damals auch in den Nachecker getrieben. In der Beschwerde von 1669 nimmt sie den Nacheckerich als ihr ausschliessliches Recht in Anspruch, übersetzt das Wort aber fälschlich mit «jus glandis legendae», ein Recht, welches die Stadt nie besass, und das, wie es scheint, auch im Forste niemals von der Stadt, dagegen, falls in der Klageschrift der Stadt von 1669, die Worte «Ihr Vieh Schwein und Pferd» sich nur auf «eintreiben» nicht aber auf «eicheln vfflesen lassen» beziehen, in der Mitte der Periode vom Landvogte widerrechtlich ausgeübt wurde.

Ausserdem wurde die Rindviehweide nach Abzug der Kriegsvölker immer noch in grossem Umfange ausgeübt. Der Landvogt legte im Forste sogar eine eigene Melkerei an.

Von der Streunutzung ist auch in dieser Periode noch, obwohl damals um Hagenau viel Tabak gebaut wurde, nirgends die Rede, von der Grasnutzung nur einmal im Ratsprotokolle von 1668, in welchem erwähnt ist, dass Oberbetschdorfer Bauern drei Wagen Heu aus dem Forste haben wollen. Die städtischen Förster wurden beauftragt, mit ihnen zu «handeln so gut sie können».

Für Bemessung der Strafen für Forstfrevel war immer noch die Waldordnung von 1435 massgebend; die bis zur Einführung der französischen Münze fortschreitende Verschlechterung des Münzfusses machte sie von Tag zu Tag wirkungsloser. Der Schilling war längst zur geringen Scheidemünze geworden. Man rechnete, als um 1680 die französische Währung anfing, sich Eingang zu verschaffen, den Gulden zu 2 livres tournois, den Schilling zu $1/20$ dieser neuen Münzeinheit, so dass sein Wert nicht einmal mehr den Betrag von 4 Pfennigen unserer Währung erreichte.

Von gesetzgeberischer Thätigkeit in Bezug auf den Forst ist in jener Zeit nicht die Rede. Die königlichen Verordnungen und die Staatsratsbeschlüsse in forstlicher Hinsicht blieben bis 1694 thatsächlich unausgeführt; Landvogt und Stadt aber hatten Wichtigeres zu thun, als die Forstordnung Ludwigs XIV. einzuführen.

Die Holzpreise waren unglaublich niedrig. Der höchste Preis, welcher der Stadt für Eichenschiffbauholz zur Zeit der französischen Landvögte überhaupt bezahlt wurde, war bei freihändigem Verkaufe 4½ Reichsthaler für den Stamm, den Würtz 1669 zahlen wollte. Wenn man bedenkt, dass ein solcher Stamm mindestens 10 Wagenschotten geben musste, dass ferner diese 300 Stämme im ganzen rund 6400 ha grossen Bürgerwalde ausgesucht werden durften, und dass, wie wir sehen werden, noch 1744 Eichen von 12 bis 18 Fuss Umfang auf kleinem Raume nach hunderten gefällt werden konnten, so erscheinen diese Zahlen doppelt klein. Trotzdem waren, wie es scheint, nur die Schiffbauer der Nordseeküste im stande, sie zu zahlen.

1687 erlöste die Stadt für 2200 im ganzen Bürgerwald auszusuchende Holländereichen in öffentlicher Versteigerung nur noch 4,09 livres tournois (3,15 M.) pro Stück.

Das Recht, Brennholz jeder Art, von den Empfängern nach ihrem Belieben zu fällen, bezahlten die Köhler noch 1694 mit 4 sols = 0,15 M. pro Klafter.[1] Man verkaufte also damals Brennholz nach Masseinheiten zur Selbstnutzung; Stämme, Stangen und Latten dagegen durchwegs nach der Stückzahl.

Ueber die Art der Ausübung der Jagd im Forste ist aus jener Zeit nichts erhalten. Allem Anscheine nach übte die hohe Jagt im Forste selbst nur der Landvogt und seine Leute, vielleicht ausserdem die königliche Jägerei aus, wenn auch noch 1685 die Stadt das «kleine Weidwerk» im Forste für den Rat und die Burgmänner in Anspruch nahm. Wenigstens wurde im Januar 1685 im Rate ein Schreiben Monclars verlesen, «Inhaltend dess Ihm Herrn General geklagt worden war, dass ein Jäger im Schirrein ein Stück Wild geschossen», in Abwesenheit des Obristjägermeisters Vernille befilcht selbigen biss auff weiter Ordre in thurn zu legen». Ob dieser Obristjägermeister

---

[1] Der Ausdruck Klafter findet sich für Hageuau zum ersten Male in den Waldrechnungen für 1680. Ob damit das altfranzösische Klafter (corde) von 3,58 Raummetern gemeint ist, ist unklar. Nach der Ordonnanz von 1669 durfte Brennholz in Altfrankreich nur nach diesem Masse verkauft werden.

königlicher oder landvögtischer Beamter war, habe ich nicht ermitteln können. Jedenfalls unterhielt Herzog Mazarin im Forste Jäger und eine Meute Hunde, denn Vorstedt hatte bei Sufflenheim «une maison des chiens» erbaut und einem Mazarin'schen Jäger verpachtet. Auch Vernille wird demnach in landvögtischen Diensten gestanden haben.

Mit den landvögtischen Beamten verhandelte die Stadt fast nur in deutscher Sprache; die aus elsässischen Geschlechtern stammenden Reichsschultheisse vermittelten den Verkehr zwischen den Landvögten und der Stadt. Die Kenntnis des Französischen war, trotz der französischen Garnison und der verhältnismässig grossen Zahl ehemaliger französischer Soldaten, welche nach den Kriegen in Hagenau blieben;[1] noch 1685 so wenig verbreitet, dass, als der Stadtschreiber Würtz um «Erlaub Etliche täg zu verreisen» bat, der Rat «einhelliglich» beschloss: «Abgeschlagen, weilen Niemand so etwas wichtiges vorfallen wirdt, der der französischen Sprach Erfahren vorhanden.» Die Ratsprotokolle wurden in deutscher Sprache, die Rechnungen in deutscher (Gulden-) Währung geführt. Den Befehl des Intendanten vom 20. Februar 1685, «alle Contracta und Expeditiones in französischer Sprach zu machen», liess der Rat «weilen zur Zeit unmöglich» unbeachtet.

[1] Dieselben wurden in den Ratsprotokollen von den einheimischen Einwohnern durch den Zusatz «der welsche» unterschieden. So gab es einen welschen Schuster, einen welschen Schneider und eine welsche Hebamme.

SECHSTER ABSCHNITT.

Sechste Periode. Der Forst unter der Verwaltung der königlich französischen Forstämter (1694 bis 1791).

Durch den im vorigen Abschnitte erwähnten Staatsratsbeschluss von 1694, welcher die Errichtung eines eigenen königlichen Forstamtes für das Unterelsass mit dem Sitze in Hagenau anordnete, war die bekannte Forstordnung vom August 1669 thatsächlich in ihrem ganzen Umfange im Forste eingeführt.

Diese «ordonnance de Louis XIV sur le fait des eaux et forests» regelte die ganze Materie der forstlichen Gesetzgebung in einer von keinem gleichzeitigen Forstgesetze auch nur annähernd erreichten Vollständigkeit und Klarheit für ganz Frankreich in einheitlicher Weise.

Sie begrenzte auf das genaueste die Zuständigkeit der einzelnen Forstbehörden, welchen zum grossen Teile gleichzeitig sowohl Verwaltungsgeschäfte wie die gesamte Straf- und Civilgerichtsbarkeit in allen die Forsten und die Gewässer irgend berührenden Dingen, insbesondere auch über Eigentums- und Berechtigungsfragen übertragen war.

Solche Behörden erster Instanz waren, abgesehen von der auf 12 ₰ beschränkten Strafbefugnis der nicht überall, z. B. speziell bei Hagenau nicht vorhandenen «gruyers», die Forstämter («Maîtrises des eaux et forêts»), bestehend aus einem «Maistre particulier», der in Hagenau stets Forstmeister genannt wurde, und einem «Lieutenant» als Vertreter desselben, beide als Richter und Vorstände in den Verwaltungsgeschäften, einem «Procureur du Roy» als Forststaatsanwalt, einem «Garde marteau» als Beisitzer mit beratender Stimme bei den Gerichtssitzungen, speziell verantwortlich für die Schlagauszeichnung und verpflichtet, allmonatlich sämtliche Schutzbezirke zu besichtigen, einem «greffier» als Gerichtsschreiber und Sekretär in den Verwaltungsgeschäften, einem oder mehreren «Huissiers audienciers» (Gerichtsvollzieher und Gerichtsdiener), einigen Förstern «gardes» oder «Sergents à garde des forêts», denen die Besorgung des Forstschutzes oblag, während einer von ihnen welcher in den Ratsprotokollen mehrfach als «Oberförster» bezeichnet wird, als «Sergent collecteur des amendes», die Strafgelder zu erheben hatte, und gleichzeitig hie und da als «garde général à cheval» die übrigen mit beaufsichtigte und endlich einem oder mehreren Feldmessern, welchen die Vermessung der jährlichen Schläge oblag, und welche ausschliesslich berechtigt waren, Messungen irgend welcher Art in den Forsten vorzunehmen.

Die Forstmeister hatten mindestens alle sechs Monate sämtliche Waldungen ihres Bezirkes zu besichtigen, in welch der Krone irgend welche Eigentums- oder Nutzniessungsrechte zustanden, und über den Befund genaue Verhandlungen aufzunehmen. Sie mussten über alle von ihnen dabei beobachteten und ihnen angezeigten Vergehen und Frevel binnen vierzehn Tagen erkennen, hatten die Forststrafen zur Erhebung zu stellen und die «récolements», d. h. die Nachzählung der Ueberhälter in den auf dem Stocke versteigerten Schlägen nach deren Räumung auszuführen. Es stand ihnen ausserdem zu, jederzeit alle anderen Waldungen ihres Bezirkes mit Ausnahme der reinen Privatwaldungen zu besichtigen.

Ihr Vorgesetzter war der Oberforstmeister, «Grand maître des eaux et forêts», der mehrere Forstämter unter sich hatte. Derselbe hatte die Disciplinaruntersuchungen gegen die sämtlichen Beamten dieser und in erster Instanz die Strafverfolgungen wegen aller von ihm selbst entdeckten und in zweiter Instanz über alle in der Berufungsinstanz zu seiner Kenntnis gelangten Forstvergehen zu instruieren und besass in den aus mindestens sieben Richtern bestehenden Präsidialgerichten beratende Stimme.

Ihm stand die Ernennung und Absetzung der Unterbeamten der Forstämter zu. Er hatte alljährlich sämtliche Forstämter seines Bezirkes, Schutzbezirk um Schutzbezirk zu besichtigen, die Orte, in denen Schläge ausgeführt werden sollten, zu bestimmen und die Randbäume derselben mit seinem Hammer zu bezeichnen, die Holzverkäufe abzuhalten und die notwendigen Saaten, Pflanzungen und Entwässerungsarbeiten anzuordnen. Seine Hauptaufgabe war die « réformation » der Waldungen, d. h. die Abstellung aller darin entdeckten Missbräuche, die Feststellung der Eigentumsrechte, die Regelung der auf den Forsten lastenden Nutzungsrechte und die Sicherung ihrer Grenzen.

In Straf- und Civilsachen, welche sich auf die Substanz und das Eigentum an Waldungen bezogen, waren, wo sie bestanden, in erster Instanz die « Tables de marbre » genannten Gerichtshöfe, welche in Berechtigungsfragen Berufungsinstanz der Forstämter waren, zuständig. Die Strafanträge wegen Usurpation von Waldboden durch die Angrenzer konnten die Forststaatsanwälte nach Gutdünken bei den Forstämtern, bei den Tables de marbre oder bei den Oberforstmeistern einbringen. Die Entscheidung in zweiter und letzter Instanz stand dann immer dem Staatsrate, in anderen Sachen wieder den Parlamentsgerichthöfen zu.

Kein Schlag durfte nach Einführung der Ordonnanz in den königlichen und ungeteilten Forsten mehr ausgeführt werden, bevor durch Staatsratsbeschluss der generelle Hauungsplan, das « réglement des coupes », das sich auf die Bestimmung der jährlichen Hiebsfläche beschränkte, genehmigt war. Alle Verkäufe mit Ausnahme derjenigen der Dürrhölzer und Windfälle mussten vom Oberforstmeister selbst am Sitze des Forstamtes vorgenommen werden.

Die Art und Weise, wie die Schläge örtlich begrenzt, vermessen, ausgezeichnet und ausgeführt werden sollten, war auf das genaueste vorgeschrieben. Ihre Fläche durfte höchstens 5 % von der im réglement des coupes vorgeschriebenen abweichen. Das Holz wurde ausnahmslos in grossen Losen auf dem Stocke zur Selbstgewinnung versteigert. Die Versteigerungen mussten vorher in genau vorgeschriebener Weise öffentlich bekanntgemacht und in bestimmten Formen abgehalten werden. Die Steigerer waren für alle in Hörweite von den Schlägen vorkommenden Frevel verantwortlich und hatten zu dem Ende vereidigte Schlaghüter zu unterhalten, welche verbunden waren, ein Register über alles aus dem Schlage verkaufte Holz zu führen.

Weggeld, Zoll und dergleichen durfte von dem aus Staats- und ungeteilten Forsten herrührendem Holze nicht erhoben werden. Die Fällung musste am 15. April beendet sein; ausserdem wurde jeweils ein Räumungstermin festgesetzt, der nur vom Staatsrat verlängert werden konnte. Spätestens sechs Wochen nach Ablauf desselben musste das « récolement » gemacht und dabei untersucht werden, ob sämtliche mit den verschiedenen Hämmern bezeichneten Randbäume und Ueberhälter noch vorhanden und die durch die ersteren bezeichneten Schlaggrenzen nicht überschritten waren. Die Schläge wurden nochmals vermessen, die Käufer hatten, wenn eine grössere Fläche als in dem Verkaufsprotokoll angegeben, gefunden wurde, für das Uebermass einen entsprechenden Zuschlag zum Kaufpreis zu zahlen und erhielten, wenn etwas an der Fläche fehlte, für « manque de mesure » einen entsprechenden Nachlass.

Abgesehen von der Leseholznutzung und derjenigen der Windfälle und des aufgefundenen Frevelholzes war jede Holznutzung ausserhalb der regelmässigen Schläge verboten. Ueber das vorhandene Windfall- und Frevelholz musste eine Verhandlung aufgenommen und der Verkauf schleunigst eingeleitet werden.

Unter ähnlichen Förmlichkeiten wie das Holz wurde die Mastnutzung versteigert. Waren Mast- und Weiderechte vom Staatsrat als bestehend anerkannt, so waren die Berechtigten verpflichtet, vor dem Austrieb der Herden genaue Verzeichnisse derselben einzureichen und die einzelnen Stücke mit einem bestimmten, für jede Gemeinde verschiedenen Brandzeichen versehen zu lassen. Das Vieh einer jeden Gemeinde musste in einer einzigen Herde vereinigt sein und durfte nur auf einem einzigen von dem Forstamte zu bestimmenden und von dem

Berechtigten nötigenfalls mit Gräben zu versehenden Wege eingetrieben werden. Die fähigen Orte wurden von dem Forstamte bestimmt. Die Berechtigung wurde auf das Vieh der Eigentümer der herrschenden Güter beschränkt, der Eintrieb fremden Viehs war verboten, ebenso trotz allenfalls entgegenstehender Rechtstitel der Eintrieb von Ziegen und Schafen.

Alle bestehenden Brennholzrechte mit Einschluss der Leseholzrechte wurden — die auf lästigem Titel beruhenden gegen Entschädigung, die von Gemeinden, welche dafür Fronden, Grundzinsen und dergleichen zu leisten hatten, gegen Erlass derselben — aufgehoben. Nur die auf Grund besonderer Verleihung bestehenden Brennholzrechte der Kirchen, Klöster und Spitäler wurden aufrecht erhalten, wenn ihr vorher festzusetzender Betrag nicht die Ertragsfähigkeit des Waldes überstieg. In diesem Falle wurde an Stelle des Holzes den betreffenden Anstalten der Wert desselben in Geld geliefert; letzteres geschah immer bei den bis dahin bestehenden freiwilligen Holzabgaben an Kirchen u. s. w. Die Abgabe von Besoldungsholz sowie von Holz zu öffentlichen Bauten mit Ausnahme des zum Bau der Kriegsschiffe erforderlichen Holzes, welches, wenn es abgegeben wurde, zu seinem vollen Werte bezahlt werden musste, in Natur wurde verboten, ebenso das Verschenken von Holz.

In gleicher Weise wurden alle Bauholzrechte, soweit sie nicht auf einem titre de fondation, dotation, onereux oder auf Besitz seit 1560 beruhten, abgeschafft.

Die Waldungen im ungeteilten Besitze der Krone mit Dritten waren denselben Bestimmungen unterworfen wie die reinen Staatsforste.

Auch über die Bewirtschaftung der Waldungen der Gemeinden und kirchlichen Anstalten sowie der Privaten waren in der Ordonnanz die eingehendsten Bestimmungen getroffen; ihre Aufführung würde indessen hier zu weit führen.

Ein weiterer Abschnitt der Ordonnanz, «De la police et conservation des forêts», legt den Besitzern von Waldungen, welche an königliche und ungeteilte Waldungen stossen, die Verpflichtung auf, 4 Fuss breite und 5 Fuss tiefe Grenzgräben anzulegen und zu unterhalten, verbietet die Pflanzung von Bäumen auf 100 Ruten von der Staatswaldgrenze und verpflichtet die Angrenzer und die Besitzer von Enclaven, alle auf Eigentumsänderung in denselben zielenden Handlungen den Forstämtern vorher anzuzeigen, die betreffenden Grundstücke vermessen zu lassen u. s. w. Er bestimmt die in den Forsten anzuwendenden Masse, schreibt die Zerstörung aller im Walde und dessen Umkreise bis zu einer halben Stunde vorhandenen Holzbauten vor und verbietet die Errichtung irgend welcher Bauten und den Betrieb holzverbrauchender Gewerbe in diesem Abstande von den Forsten. Das Brennen von Asche, das Anzünden von Feuer, das Sammeln von Waldfrüchten, das Stehendschälen in Lohschlägen und dergleichen mehr war verboten.

Die Strafen waren durchwegs sehr streng und bei Forstdiebstählen auf das genaueste durch das Gesetz bestimmt, ebenso die auszusprechenden Werts- und Schadensersätze, ohne dass dem Richter irgend ein Spielraum gelassen war.

In den Einzelnen zur Nutzniessung überlassenen Staatsforsten beschränkte sie das Nutzungsrecht der Niessbraucher auf das Unterholz der Mittelwaldungen und den Einschlag reiner Niederwaldungen. Das Oberholz der Mittelwaldungen und der gesamte Einschlag der Hochwaldungen blieb der Krone vorbehalten.

Die Ordonnanz war vollständig geeignet, in das herrschende Chaos Ordnung zu bringen, und es lag ihr offenbar neben der Absicht der Sicherung der Forsten gegen weitere Eingriffe in ihre Substanz und der Nachhaltigkeit ihrer Nutzungen die Absicht zu Grunde, in den Staatsforsten an die Stelle der bisherigen schrankenlos ausgeübten Naturalwirtschaft die Geldwirtschaft treten zu lassen.

Mit ihrer Einführung war durch den erwähnten Staatsratsbeschluss von 1694 der Staatsrat de Gallois unter Ernennung zum «Grandmaistre des eaux et forests d'Alsace» und zum «commissaire pour la Réformation des dites forests» mit dem Sitze in Ensisheim beauftragt worden. Als solcher hatte er nach der Ordonnanz von 1669 zunächst die Aufgabe, die Eigentumsverhältnisse und den Umfang und Ursprung der auf den Forsten lastenden Berechtigungen zu ermitteln und festzustellen, für die Aufstellung und die Einhaltung der «réglements des coupes» zu sorgen und dergleichen mehr.

Zu diesem Behufe standen ihm die weitgehendsten Vollmachten zur Seite. Jeder Miteigentümer, jeder Angrenzer, jeder Berechtigte war verpflichtet, ihm seine Rechtstitel vorzuzeigen.

In dem gleichen Beschlusse hatte der Staatsrat die Errichtung von zwei mit einem grossen Personale besetzten Forstämter für das Elsass, die eine für Oberelsass mit dem Sitze in Ensisheim, die andere für Unterelsass mit dem Sitze in Hagenau befohlen.

Die letztere sollte wie folgt besetzt werden :

1 Staatsrat und Forstmeister (Maistre particulier),
1 »   »   stellvertretender Forstmeister (Lieutenant),
1 »   »   Forststaatsanwalt (Procureur du Roy),
1 »   »   Garde-marteau,
1 Gerichtschreiber (Greffier),
2 Gerichtsboten (Huissiers audienciers),
1 Feldmesser (Arpenteur),
1 zweiter Feldmesser zur Kontrolle (Réarpenteur-soucheteur),
1 sergent collecteur des amendes, restitutions et épices,
8 sergents à garde.

Die höheren Beamten, «officiers», d. h. die Beamten vom Gerichtsschreiber aufwärts, sollten «en titre d'office et héréditaire» angestellt und bis Holzverkäufe im Sinne der Ordonnanz von 1669 im Elsass stattfanden, aus den Einkünften der lothringischen Staatsforsten besoldet werden (St.-A. DD 37, 38).

Der Ernennung des Herrn de Gallois zum Grand-Maître folgte 1694 die Ernennung eines gewissen Etienne Perreaud zum erblichen Forstmeister von Hagenau auf dem Fusse.

Aber das ganze Jahr 1695 ging darüber hin, bis das gesamte Personal des Forstamtes beisammen war und dasselbe seine erste Sitzung halten konnte.

Nach seiner Konstituierung bestand dasselbe aus
dem Forstmeister Perreaud,
- » Forstmeisterstellvertreter Regemont, später Dorsner,
- » Forststaatsanwalt Clermont,
- » Substitut desselben Brussault,
- » Garde-marteau Lambert, später Turpina,
- » Feldmesser Husson,
- » réarpenteur Daudet,
- » Gerichtsschreiber Bossual,

den Gerichtsboten Viel und Lorée,
dem Oberförster «Garde général» Arnold, genannt Verdun,
den Sergent-Collecteurs Foisset und Delaunay
den Förstern Lasave für den nordöstlichen Teil, Brossard, Theille oder Tiel für Metzeleck, Perigny in Schweighausen, Lechenaye für Oberwald, Dessur, diese sechs in der Umgebung von Hagenau, und zwei anderen, welche in Germersheim und Bergzabern, also auf kurpfälzischem und pfalzweibrücken'schem Gebiete stationiert waren, aber bereits nach vier Jahren von der Bildfläche verschwanden. Dagegen wurden bereits 1698 zwei weitere Förster für den Forst ernannt.

Wie man sieht, waren fast alle diese Beamten wälscher Abstammung und, wie aus den Protokollen des Forstamtes hervorzugehen scheint, zum allergrössten Teile der deutschen Sprache nicht mächtig.[1]

Die erste Amtshandlung des Oberforstmeisters de Gallois war der Erlass einer Verordnung von 1694, durch welche er alle und jede Holznutzung in den königlichen (und ihnen gleichgeachteten ungeteilten) Waldungen verbot und die Ausübung der Jagd in ihrem Innern jedermann untersagte. (St.-A. DD 37, 36.)

[1] Es spricht für diese Annahme namentlich die gänzlich verständnislose Art und Weise, mit der in den Protokollen die deutschen Orts- und Familiennamen geschrieben sind, z. B. Sufflum für Sufflenheim, Souécousen für Schweighausen. In wichtigen Sachen wurden vereidigte Dolmetscher zugezogen. Von Turpina ist indessen wiederholt bemerkt, dass er bei Vernehmungen die Leute deutsch fragte und ihre Aussagen ins Französische übersetzte. Die Förster konnten zum Theil nur ihre Namen schreiben.

In der gleichen Verordnung wurde allen nicht zum Adel
gehörigen Personen das Recht zu jagen überhaupt entzogen.
Der Adel durfte auf Raubzeug nur zwei, auf Hasen und Hühner
nur eine Stunde von den Grenzen der königlichen Forste
jagen. Das Jagen auf in die Aehren schiessenden Aeckern und
in belaubten Wäldern wurde auch ihm untersagt.

Wer Rodstücke in der Hart bei Mülhausen und in ihrer
Umgebung besass, musste bei Strafe der Einziehung dem Oberforstmeister ein Verzeichnis derselben einreichen. Alle Waldungen im Elsass ohne Ausnahme sollten binnen sechs Monaten
vermessen und kartiert sein.

Schafe und Ziegen durften in die Waldungen des Königs,
der Territorialherrrn (Seigneurs), der Kirchen und Gemeinden
nicht mehr eingetrieben werden. Die der Territorialherren
und Gemeinden wurden in Bezug auf die Holznutzung vorerst denselben Bedingungen unterworfen wie die königlichen
Forsten. (St.-A. DD 37, 36.) Bald darauf verbot, bei
3000 fl [1] Strafe und Einziehung des Holzes, ein Staatsratsbeschluss von 1695 allen Waldbesitzern ohne Ausnahme, einen
Schlag in Hochwaldungen, am Oberholz im Mittelwald oder
in Tannen und dergleichen (aucuns bois de Futaye, Balivaux
sur taillis, Arbres sapins) zu machen, bevor derselbe von den
Beamten des Forstamts besichtigt sei. (St.-A. DD 24, 1.)[2]

[1] Von 1695 ab ist unter fl immer das französische Pfund «livre
tournois» = 0,777 ℳ zu verstehen. 1 Gulden galt 2 fl.

[2] Im Oberelsass hatte das Forstamt bereits 1694 selbständig auf
Grund der Ordonnanz ein ähnliches Verbot erlassen. Die waldbe-
sitzenden Gemeinden um die Hart, fassten dieses Verbot als eine Besitzergreifung durch den Staat auf und beschwerten sich später bei dem
Statthalter, dem Herzog von Orléans, das Forstamt eigne sich ihre versteinten Gemeindewaldungen an, obwohl sie dieselben für 300,000 +
99,000 fl zurückgekauft hätten. (St.-A. DD 37, 35). Diese 399,000 fl
waren euphemistisch «dons gratuits» genannte Steuern, die auf das
Elsass umgelegt waren, und zu deren Sicherung der König, wie es
scheint, Beschlag auf das Einkommen aus den Waldungen gelegt
hatte. Nach ihrer Zahlung entzog, wie wir sehen werden, der Staatsrat die Privat- und Gemeindewaldungen der Einwirkung des Forstamtes.

Darauf hin verbot 1695 der inzwischen in Dienst getretene Forstmeister Perreaud der Stadt die Nutzung selbst von Dürrholz auch in dem Burgbannwalde, dem nicht gerodeten Teile des früheren Stöcky, welches die Stadt bis dahin in unbestrittenem Besitze gehabt hatte. (St.-A. DD 34, 1.)

Durch dieses gleichzeitige Verbot der Holznutzung im Forste und im Burgbann war die Stadt und mehr noch die noch ganz an den unmittelbaren Bezug des Holzes im Walde gewöhnte Bürgerschaft auf das äusserste in ihren Lebensgewohnheiten gehemmt.

Die Stadt liess sich deshalb herbei, dem Intendanten Lagrange unter Protest einen Teil ihrer Rechtstitel, insbesondere die Schenkungsbriefe von 1347 und 1349, die Bestätigung derselben von 1436 und einige Grenzprotokolle als Beweis, dass sie einen eigenen Wald besitze, vorzulegen.

Perreaud fand jedoch diese Besitztitel für ungenügend; er wiederholte deshalb am 14. September 1695 das Verbot der Holznutzung und verbot der Stadt ausserdem die Anstellung eines Försters « pour la garde de la partie de la forêt, qu'ils prétendent leurs appartenir en propre ». (St.-A. DD 34, 13.) Ob die Stadt unter diesem von ihr in Anspruch genommenen Teile des Forstes den ihr unzweifelhaft zugehörigen Burgbannwald oder den Bürgerwald verstanden wissen wollte, in welchem ihr nach der Waldordnung nur das Mastrecht allein zustand, ist aus den betreffenden Urkunden nicht ersichtlich.

Wie es scheint, hat die Stadt schon damals absichtlich diese Frage offen gelassen, um aus der Aehnlichkeit der Namen, die sie in ihren Eingaben gleichmässig mit « forêt des bourgeois » übersetzte, gelegentlich Kapital zu schlagen. Sie vermengte anfangs absichtlich die Frage des Burgbannwaldes mit der Frage des Burgerwalds und wollte zunächst nur anerkannt sehen, dass ein Teil des auf der linken Moderseite gelegenen Waldes ihr Alleineigentum sei. Da auf Seite des Königs niemand da war, der das thatsächliche Rechtsverhältnis kannte, so gelang es vielleicht, sich später Burgerwald und Burgbannwald als zusammengehörig zugesprochen zu sehen.

Gleichzeitig suchte sie sich durch trotz des Verbotes fortgesetzte Hauungen in beiden Waldteilen im Besitze ihrer in Anspruch genommenen Eigentumsrechte zu erhalten, bezw. sich in diesen Besitz zu setzen.

Für den Burgbannwald sehr gelegen kam ihr noch 1695 ein Schreiben des Herrn v. Pontchartrain, der, wie es scheint, im Staatsrate ständiger Referent in Forstsachen war, worin er dem Oberforstmeister Gallois mitteilte, dass auf Befehl des Königs denjenigen Waldbesitzern im Elsass, welche Volleigentümer ihrer Waldungen seien, die Verfügungsfreiheit über dieselben zurückgegeben werden könne, wenn sie sich in Bezug auf die Holznutzung der Ordonnanz von 1669 fügten, d. h. durch Einführung einer jährlich gleichen Hiebsfläche die Nachhaltigkeit der Nutzung sicherten. Diesen Brief liess der Rat anfangs 1696 Perreaud zustellen und erhob auf Grund desselben Einspruch gegen jeden Eingriff des Forstamtes in die Bewirtschaftung des Burgbannwaldes (St.-A. DD 21) und in einer anderen Eingabe (St.-A. DD 39, 38) auch in die Bewirtschaftung des ihr allein gehörigen Burgerwaldes, den man immer mit dem Burgbannwald verwechsle. In letzterem hätten immer die Adeligen als Burgleute ihr Holz geholt.

Inzwischen war im Herbst 1695 im Forste der erste nach den Bestimmungen der Ordonnanz von 1669 eingezeichnete Schlag in dem durch das Réglement des coupes von 1670 bestimmten Umfange von 150 arpents = 71 ha — und zwar in einem Stücke in dem zum Burgerwald gehörigen Forstorte Sandlach an der Südgrenze des Forstes gegen die Feldmark von Hagenau — auf dem Stocke versteigert worden.[1]

Die Stadt hatte sich dadurch nicht abhalten lassen, in allen Teilen des Burgerwaldes teilweise recht umfangreiche Schläge zu machen. Am 1. März 1696 wurde von den Beamten des inzwischen etablierten Forstamtes Ortsbesichtigung abgehalten und dabei festgestellt, dass an verschiedenen Stellen 26, 7, 29,

---

[1] Das Versteigerungsprotokoll selbst habe ich nicht auffinden können, wohl aber das Ausschreiben des Grandmaître und das Schlagauszeichnungs- und Vermessungsprotokoll.

100, 320, 140, 70 Stämme frisch abgehauen waren. Der städtische Förster Diedrich hatte sie angeschlagen, und die Holzempfänger hatten das Holz an die Stadt bezahlt.[1] Einer derselben erklärte, 1000 Klafter von der Stadt gekauft zu haben. Daraufhin verurteilte das Forstamt die Stadt am 5. März 1696 zu einer Geldstrafe von 6000 ₰, zu 6000 ₰ Werts- und Schadensersatz und zur Einziehung des Holzes. (St.-A. DD 35, 27).

Schon vorher, am 14. Januar 1696, hatte die Stadt demselben eine längere Erklärung über ihren Waldbesitz und einige weitere Besitztitel vorgelegt und dabei darauf aufmerksam gemacht, dass in dem Briefe Kaiser Sigmunds von 1434[2] ein Wald erwähnt sei, « la forest des bourgeois qui leur appartient et laquelle est située au milieu de la forêt qui est indivise » und ein anderer « forêt des bourgeois », der ringsum versteint sei und dessen Steine gegen den Forst den Reichsadler, gegen den städtischen Wald das Stadtwappen trügen (St.-A. DD 35, 1). Auch bei dieser Gelegenheit hatte die Stadt es unterlassen, die Waldordnung von 1435 herauszugeben, in welcher die Rechtsverhältnisse jenes « forêt des bourgeois qui est située au milieu de la forêt », des « Mittelstücks » der Schenkung von 1349 klar dargelegt sind.

Die Stadt war nahe daran, durch diese Unredlichkeit ihre Eigentumsrechte am Forste ganz zu verlieren. Der Oberforstmeister de Gallois gab am 15. Februar 1696 ein Gutachten ab, dem wir Folgendes entnehmen:

Die alten Titel sprechen nur von dem Rechte der Hut und der Mastnutzung, nicht vom Eigentum; 1680 habe die Stadt noch um die 1000 Eichen gebeten. Der Herzog Mazarin habe 1694 erklärt, früher seien im Forste überhaupt keine Schläge gemacht worden, der Wald habe nur zur Jagd gedient; er selbst habe nach dem Tode des Kardinals Mazarin Schläge ohne Regel gemacht und an

---

[1] Einer hatte für 7 Eichen von zusammen 38 Fuss Umfang 40 ₰, ein anderer für jede Eiche 2 ₰, für Kiefern 10 sols für den Fuss Umfang bezahlt.

[2] I. Teil (Heft VIII), S. 42.

Fremde verkauft, ohne dass von Teilen die Rede war. Auch Monclar habe für mehr als 100,000 ₰ Holz an Holländer verkauft. Die Stadt habe sich nicht beschwert und nichts von diesen Verkäufen erhalten. Die Titel beweisen nicht das Eigentum der Stadt am Burgerwald, der Brief von 1337 [1] beziehe sich nur auf das Mastrecht, der Burgerwald sei versteint, weil nur dort die Bürger das Mastrecht hätten, vielleicht auch weil sie dort auf Bedarf zur Holznutzung berechtigt gewesen seien. Bei Erteilung der Erlaubnis zum Fällen der Eichen in den Jahren 1680 bis 1685 sei die Bedingung gestellt worden, dass der königliche Intendant den Versteigerungen beiwohne, ein Beweis, dass die Stadt nicht als Eigentümerin betrachtet wurde.[2]

Es sei der Stadt also nur das Recht der Mastnutzung zuzuerkennen. Das Recht der Mithut und der Gerichtsbarkeit sei mit der Einrichtung des Forstamtes unvereinbarlich: in den meisten Fällen wäre der Rat sonst gleichzeitig Richter und Partei. Das Dürrholzrecht und das Recht auf mortsbois[3] (Taubholz oder Unholz) könne ihr der König zugestehen, im Burgerwald liege noch für zehn Jahre hinaus dürres Brennholz auf dem

[1] Was die Stadt mit diesem im I. Teile (Heft VIII), S. 23 in seinen Hauptsätzen abgedruckten Briefe ausser dem Rechte der Mithut eigentlich beweisen wollte, ist unklar; noch unklarer ist aber, wie Gallois daraus den Beweis des Mastrechts für die Hagenauer ableiten konnte. Offenbar waren er und seine Beiräte des Deutschen nicht genügend mächtig, um die Urkunde zu verstehen.

[2] 1680 hatte der König der Stadt erlaubt, 1000 Eichen im Forste «dans la moitié qui leur appartient» zu verkaufen (DD 23); ebenso 1687 2000 Eichen «dans la forêt et dans son district» (DD 37).

[3] Die Ordonnanz von 1669 verstand darunter ausser Weiden, Saalweiden und Erlen nur wertloses Strauchwerk, wie Schwarz- und Weissdorn, Hollunder, Ginster, Wachholder und Brombeeren. Auf diese neun Holzarten war der Ausdruck ursprünglich nur in der holzarmen Normandie beschränkt. Im holzreicheren Südwesten rechnete man früher auch die Hainbuche, Birke, Aspe und den Ahorn dazu. Zahlreiche Ordonnanzen von 1376 bis 1533 beschränkten aber für ganz Frankreich den Begriff auf die in der «Charte normande von 1315» namhaft gemachten Holzarten. In Hagenau hatte man zum Taubholz bis dahin alle Holzarten mit Ausnahme der Eiche, Buche, Birke, Apfel- und Birnbaum und der Kiefer gerechnet.

Boden, das nutzlos verfaule. Die Bauholzrechte seien durch die Ordonnanz von 1669 überhaupt aufgehoben. (St.-A. DD 35, 7.)

Dieses von Gallois an Herrn v. Pontchartrain erstattete Gutachten war der Stadt mitgeteilt worden.

Dieselbe wandte sich nun an den Staatsrat mit der Bitte um Anerkennung ihrer Rechte als Alleineigentümerin des Bürgerwaldes, «forêt des bourgeois séparée d'avec celle qui est indivise par des bornes marquées aux armes de la ville», sowie des Burgbannwalds «du tiers des champs et paturages appelés Stöcky ou Sigelmatt situés dans la forêt», als Miteigentümerin und als Inhaberin der Rechte auf Rauh- und Schmalzweide, auf die Hälfte des Erlöses aus dem an Nichtberechtigte überlassenen Teile der Mast, auf Bau- und Brennholz nach Bedarf und auf Teilung der Forststrafen in dem Reste des Forstes.

Um diese Klage nach Möglichkeit zu betreiben, wurde der Stettmeister Wolbert nach Paris geschickt. Derselbe legte Herrn v. Pontchartrain eine lange Entgegnung des Gallois'schen Gutachtens vor, in welcher, wie aus einem seiner Briefe (St.-A. DD 36, 27.) hervorgeht, u. a. behauptet ist, der der Stadt allein gehörige Burgerwald sei nicht wie Gallois angebe ein Drittel, sondern ein Zehntel des Forstes;[1] wenn Mazarin Holz verkauft habe, ohne auf dem Waldhause Rechnung zu stellen, so werde «sich der Rat an ihm erholen»; Monclar habe man gewähren lassen, weil er mit dem Gelde die Landvogtei wieder aufgebaut und die Stadt von der Einquartierung befreit habe; 1680 habe man den König als Miteigentümer um die Erlaubnis, Holz nach auswärts zu verkaufen, bitten müssen. Wenn der Forst nicht gemeinschaftlich sei, warum teile man dann die Frevel? Die Ordonnanz von 1669 gehe die Stadt Hagenau nichts an; das Forstamt wolle die Stadt aus dem Walde treiben. Da liege der Hase im Pfeffer.

Auch sonst enthalten die Wolbert'schen Briefe viel Interessantes. Er hatte, als er sich dem Anwalte vorstellte, welcher die

---

[1] Nach der Vermessung von 1699 betrug seine Fläche 13,519, die des ganzen Forstes mit Einschluss des Königsbücker Waldes 32,232 arpents.

Stadt vor dem Staatsrat vertreten sollte, einen ärmlichen Anzug gewählt, um für seine Stadt Mitleid zu erregen, wurde aber sofort bedeutet, dass in Paris nur derjenige etwas erreiche, der viel Geld springen lasse. Seit er den Untersekretären des Herrn Dubuisson, der dem Staatsrate über die Sache zu referieren habe, je einen Louisdor verehrt habe, verspreche man ihm goldene Berge. Wenn die Sache nicht auf die lange Bank geschoben werden solle, müsse er 30 Dublonen Trinkgeld geben. Die Stadt möge nach einem Aktenstücke suchen, in welchem irgend ein Landvogt von Bürgerwald oder Stadtforst spreche, und in ihren Eingaben die Teilung der Frevel nicht zu sehr betonen. «Wenn man gestehe, dass sie auch im Bürgerwalde geteilt wurden, so sei bewiesen, dass die Steine um den Burgerwald nur den Eckerich trennen.» (St.-A. DD 36.)

Nach 183tägiger Anwesenheit in Paris erwirkte er denn auch am 28. August 1696 einen Staatsratsbeschluss folgenden Inhalts: «Le Roy en son conseil, ayant égard à la requeste *a maintenu* et gardé les supplians *en la possession* et jouissance *de la moitié de* la dite *forest d'Haguenau* par indivis avec sa Majesté et en consequence ordonne que leur sera *annuellement délivré moitié du prix des bois* qui y seront vendus, *les gages et droits* qu'il conviendra payer aux officiers et gardes qui seront préposés par sa Majesté pour veiller à la *garde, conservacion, police* et *amenagement de la dite forest et droits usagers* sy aucuns sont d'eux, *préalablement déduits*, les a pareillement *maintenus* et gardés *en la possession du droit de panage* et *pasturages* pour leurs bestiaux exceptez les bestes blanches dans les cantons de la dite forest qui leur seront désignés par les officiers de la maitrize d'Haguenau aux lieux deffensables, les a dechargez des condamnacions contre eux prononcées par la dite sentence de la Maitrize d'Haguenau du cinquième de Mars 1696 par grace sans tirer à consequence, *les a deboutez du surplus des demandes* portées par la dite demande. (St.-A. DD 36, 78.)

Durch diesen in den vorgeschriebenen Formen gefassten

Beschluss des Staatsrates war also die Stadt in letzter Instanz als Miteigentümerin zur Hälfte des gesamten Forstes und als weide- und mastberechtigt anerkannt, die Gehalte der Beamten des Forstamtes und etwaige Berechtigungsabgaben sollten aber ihr allein zur Last fallen. Dagegen war sie durch den Schlusssatz des Urteils mit ihrer Klage auf Anerkennung als Alleineigentümerin des Bürgerwaldes und des «dritten Teils der Aecker und Weiden im Stöcky», also auf den Burgbann sowie auf Anerkennung ihrer sämtlichen Holzrechte und auf die Hälfte der Strafen für Forstvergehen im Forste, wie es schien endgültig, abgewiesen.

Sie beruhigte sich aber, wie wir sehen werden, bei diesem Urteil nur in Bezug auf das Alleineigentum am Bürgerwald und auf die Teilung der Ruggelder sowie in Bezug auf das un beschränkte Beholzigungsrecht nach Bedarf.

Ihre Eigentumsrechte an dem Stöcky aber suchte sie — und das ist für die Unklarheit, welche damals über die Flächen, wegen welcher man im Streite lag, auf Seiten der französischen Behörden herrschte, bezeichnend — mit Erfolg dadurch zu wahren, dass sie, wie wir sehen werden, die ihr von der höchsten Instanz des Königreiches trotz Vorlage ihrer Rechtstitel abgesprochenen Rechte auf «ein Drittel der Felder und Weiden», welche Stöcky genannt werden, nunmehr unter dem Titel «Alleineigentum am Burgbannwald» bei einem Gerichte niedriger Instanz einklagte.

Beschränkte Holzrechte hat sich die Stadt später wieder erstritten; gegen die Aufbürdung der Gehalte des Forstamtes hat sie dagegen später wiederholt, aber stets vergebens Einspruch erhoben.

Der Aufenthalt Wolberts, der 7 ₰ Tagegelder bezog, hatte 2420 ₰ 13 sols gekostet.[1] Die Kosten wurden zum Teil auf die

---

[1] Für die Hinreise in «Extrakutsche» liquidierte Wolbert 138 ₰, für die Heimreise «auf der Landkutsch» 65 ₰, an Trinkgeldern an Beamte war er 410 ₰ losgeworden, an «Briefpostgeld» hatte er 34 ₰ 14 s ausgegeben.

Zünfte, die «Schürmbverwandten», die Vororte Kaltenhausen und Schirrieth sowie auf die Juden ausgeschlagen.[1]

Auf Grund dieses Staatsratsbeschlusses, welcher in seinem Schlusssatze der Stadt das Beholzigungsrecht ganz absprach, verbot Perreaud am 26. November 1696 jede Nutzung von Windfall- und Dürrholz im Forste, weil dasselbe auf Befehl des Herrn von Pontchartrain versteigert werden sollte. (St.-A. DD 34, 15.)

Die Stadt ersteigerte einen Teil desselben für 1000 ₰. Sie liess davon 390 Klafter für den eigenen Gebrauch aufarbeiten und erlöste aus dem Reste 512 ₰ 6 β 3 ₰.[2]

Nach Zustellung des Staatsratsbeschlusses vom 28. August 1696 kamen vor dem Forstamte auch die zahlreichen Strafanzeigen zur Verhandlung, welche während des Jahres 1696 gegen verschiedene Private errichtet worden waren, weil sie von der Stadt Hagenau Holz gekauft oder als Berechtigungs-

---

[1] Am meisten zahlten die Gärtner mit 75, dann die Krämer mit 50, am wenigsten die Barbierer und Fischer mit je 2 von 502 fl.; die «armen Konstoffler» zahlten 4, die reichen 10, die Juden 30 fl. (St.-A. DD 47.)

[2] Nach der etwas unklaren Abrechnung über die Einnahme und Ausgabe für dieses Holz (St.-A. DD 47, 2.) wurden damals für das Klafter (= 3,58 Raummeter) an Hauerlohn 3 β 9 ₰ (= nicht ganz 0,15 Mark) bezahlt. Die dürren Eichen, die darunter waren, verkaufte die Stadt für 7 ₰ 6 ₰ bis 2 ₰, die Kiefern für 2 ½ bis 5 β pro Stück. Für das Klafter aufgearbeiteten Holzes wurden 10 β, für nicht aufgearbeitetes 2 β, für 1000 Rebstecken 6 β, für 1000 Brettstecken 8 fl. 3 β 4 ₰ bezahlt. Dagegen mussten die Empfänger für Kiefernstöcke 2 β, für Eichenstöcke 1 ½ β bezahlen, ein Beweis, dass das Stockholz damals verhältnismässig höher im Werte stand als jetzt.

Für das Recht, das ganze Jahr hindurch von dem von der Stadt ersteigerten Dürrholz zu holen, liess sich dieselbe 2 ½ bis 8 ₰ bezahlen. Wonach sich die Preisabstufung richtete, ist aus der Abrechnung nicht ersichtlich.

Unter den Ausgaben befanden sich 50 ₰ 5 β, welche den Herren vom Forstamte für Bereitung des Burgbanns, und 72 ₰ 10 β, welche verschiedenen Ratsherren für ihre Mühewaltung bezahlt, sowie 30 ₰, welche dem Forststaatsanwalte «verehrt» wurden. Von dem auf Rechnung der Stadt aufgearbeiteten Holze kamen 150 Klafter in die Kasernen, 120 Klafter in die Wohnungen verschiedener Offiziere.

bauholz angewiesen erhalten hatten. Das Forstamt begnügte sich damit, die Stadt in ersterem Falle zur Herausgabe der Hälfte des Kaufpreises, im anderen der Hälfte desjenigen Betrages, welchen sie sich für das Holz von Fremden hätte zahlen lassen, sowie in die Kosten zu verurteilen. (St.-A. FF 180.) Denjenigen, welche sich seinen Bedingungen unterwarfen, hatte es schon vorher die Abfuhr des anfangs mit Beschlag belegten Holzes gestattet. (FF 183.)

Nach den Sitzungsprotokollen des Forstamtes haben die Holzverkäufe der Stadt und die Abgaben von Bauholz noch bis tief in den Sommer 1696 stattgehabt,[1] und noch am 16. August 1697 erklärte ein Bauholzempfänger, der sich vorher zur Zahlung des Wertes des empfangenen Holzes verpflichtet hatte, vor dem Forstamte, Meister und Rat hätten ihn wissen lassen, dass er als Bürger von Hagenau nichts für das Holz zu zahlen habe.

Inzwischen fuhr das nach und nach vollzählig gewordene Forstamt fort, Ordnung im Forste zu schaffen. Es bestrafte 1697 einen Mann, weil er Holz verkauft hatte, das nicht die in der Ordonnanz vorgeschriebenen Masse hatte, und verbot in dem gleichen Jahre den Eintrieb von Rindvieh und Schweinen, so lange sich die Berechtigten nicht den durch die Ordonnanz vorgeschriebenen Förmlichkeiten unterwerfen. Es wies Ende 1697 zwei Köhler, die sich vor vier Jahren im Forste niedergelassen und von dem Zinsmeister des Herzogs Mazarin gegen Zahlung von 4 sols für das Klafter die Erlaubnis erhalten hatten, «de couper toutes sortes d'espèces de bois partout où bon leur semblera», aus dem Forste aus, liess ihre Hütten niederreissen und beschlagnahmte ihre gesamte Habe zur Sicherung der für Weidefrevel verfallenen Geldstrafen. Es verurteilte 1698 zwei Leute von Walburg, welche sich im Gründel Hütten gebaut hatten, dieselben niederzureissen, und schritt auf das strengste gegen die Einzelweide ein.

[1] Im ganzen hat die Stadt nach ihrer eigenen 1701 gemachten Angabe (FF 184, 56) von 1694 bis 1696 390 Klafter Holz, 13 Eichen und 684 Kiefern, verkauft und dem Forstamte nicht verrechnet.

Am 23. April 1698 erschien ein neuer Staatsratsbeschluss, welcher allen Angrenzern befahl, dem Forstamte ihre Besitztitel vorzuzeigen, und kurz darauf erfolgte um den ganzen Forst die Feststellung des Grenzverlaufs und die Bezeichnung der Punkte, an welche Steine gesetzt werden sollten. Eine vorläufige, allerdings sehr summarische Vermessung des Forstes war bereits 1697 in Angriff genommen worden. Nach derselben mass der Forst mit den von anderen in Anspruch genommenen Einsprüngen, u. a. mit dem Königsbrücker Walde, 32232 Waldmorgen (arpents) 89 Ruten.

Bei der Grenzfeststellung, zu welcher durchwegs die Vorsteher der angrenzenden Gemeinden zugezogen wurden, sowie die Kommission an ihre Gemarkung kam, bei welchen aber die Stadt nur bei der Abgrenzung gegen den Bann von Hagenau, also nur als Angrenzer, nicht aber als Miteigentümer vertreten war, verfuhr Perreaud nichts weniger als peinlich. Vielmehr ist wiederholt festgestellt, dass er die Pfähle, an deren Stelle die Steine gesetzt werden sollten, hart an schwere Eichen schlagen liess. Man folgte dem allgemeinen Verlaufe der Grenze, wie er durch die alten Traufbäume gegen Felder und Wiesen, durch Grenzsteine und Schalme gegen fremde Waldungen markiert war, und begnügte sich bei sehr gebrochener Grenzlinie mit der Versteinung der wichtigsten Punkte. Im Zweifel, namentlich da, wo der alte Waldsaum nicht mehr zu erkennen oder unterbrochen war, wurden Zeugen, insbesondere alte Förster über den ehemaligen Verlauf der Grenze vernommen. Für Eschbach heisst es, dort würde eine richtige Vermarkung 200 bis 300 Steine erfordern, das sei eine für die Gemeinde Eschbach unerschwingliche Ausgabe.

Gegen Schweighausen wurde die Grenze, so wie sie jetzt besteht, abgesteckt. Sie läuft eine Strecke weit in unmittelbarer Nähe der Strasse nach Bitsch, auf welcher man auch nach Pfaffenhofen gelangen kann, und zweigt dann einem Graben folgend links davon ab. Die früheren Beschreibungen sind aber zu unbestimmt, als dass mit Bestimmtheit gesagt werden könnte, ob dieser Graben derselbe ist, auf welchen sich das

Urteil von 1685 (Seite 26) bezieht. Die Stadt, welche bei der Absteckung dieser Grenzstrecke nicht vertreten war, behauptete später, das Forstamt habe zu Unrecht der Gemeinde Schweighausen dort einen grossen Teil des Forstes (400 Morgen) zugeschnitten, während umgekehrt der Ortsvorsteher von Schweighausen aufstellte, in der Nähe der Zinsel, wo der Graben fehlte, sei der Gemeinde ein Waldmorgen abgenommen worden. Er beruhigte sich aber, als ihm der 75 bis 80jährige ehemalige Förster Clauss die alten und neuen Schalme vorzeigte.

Längs des Moderthals sah Perreaud bis zur Grenze gegen Neuburg, weil ein alter Graben, die Moder selbst und ein Altwasser die Grenze bildeten, aus dem gleichen Grunde wie bei Eschbach von dem Setzen von Steinen ab.

Gegen Neuburg wurde nur ein einziger Stein an die Strasse gesetzt und mit dem Abte verabredet, dass der Waldstreifen zwischen dem Saume des Forstes und dem alten Graben, der sich dort finde, gerodet werden solle.[1]

Auf die früheren Grenzbeschreibungen wurde dabei nur ausnahmsweise Bezug genommen. Die vor 1609 zurückreichenden waren offenbar den Beamten des Forstamtes unbekannt.

In Bezug auf den Königsbrücker Wald und die beiden Wäldchen Hirzwäldel und Schiebellechthurst im Banne von Merzweiler wurde die Vorlage der Besitztitel von der Abtei und dem Grafen Leiningen-Westerburg vorbehalten, ihre Grenze gegen fremdes Eigentum und gegen den Forst aber vorläufig mit Pfählen bezeichnet. Der nach der Vermessung von 1697 952 Morgen umfassende Königsbrücker Wald wurde später durch Staatsratsbeschluss vom 17. Oktober 1729 dem Kloster endgültig zugesprochen; das Hirzwäldel und die Schiebellechthurst, zusammen 7 Morgen gross, blieben dagegen ohne

---

[1] Von Dauendorf führte damals ein «Kuhweg» in den Forst; derselbe war 1752 nur mehr ein Fusspfad; 1753 wurde die Gemeinde vom Forstamte verurteilt, diesen Pfad binnen 8 Tagen zu beseitigen.

Längs des Bannes von Neuburg berührte die Moder 1696 zweimal den Forst. Nach einer Bemerkung von 1752 ist dieselbe 1702 oder 1704 von den französischen Truppen verlegt worden.

Urteil im Besitze der Grafen von Leiningen, welche sie an Leute von Mertzweiler abtraten, die sie rodeten.[1] Auch für die zu dem Niedheimer von Wasenburg'schen Schirrhofe gehörige Schweinau und den Wieseneinsprung Lochmatt bei Schweighausen sowie für einige kleinere sichtlich ziemlich frisch gerodete Flächen namentlich bei Sufflenheim und Schirrein am Rande des Forstes verlangten die Sachverständigen Eigentumsbeweis. Derselbe scheint aber erbracht worden zu sein, wenigstens ist von diesen Vorbehalten später nicht mehr die Rede.

Die Grenze zwischen dem Forst einerseits und dem der Stadt gehörigen Burgbannwalde und dem Frauenwäldel anderseits wurde vorbehaltlich der Regelung der Eigentumsfrage, den alten Schalmen folgend, abgesteckt. Vom Frauenwäldel westlich wurde der auch jetzt die Grenze bildende sog. Kibelweg als Grenze gegen den Feldbann von Hagenau angenommen. Der Forststaatsanwalt behauptete, derselbe sei früher weiter südlich durch den Hof Densch gelaufen, und erhob deshalb Anspruch auf den nördlichen Teil dieses Hofes.[2] Der Besitzer

[1] Ein 1731 wiederholter Versuch des Forststaatsanwalts aus dem Jahre 1730, auf Grund der Grenzprotokolle von 1588 und 1609 «decouverts environ trois mois» die gerodeten Stücke von den Bauern wieder einzuklagen, scheint im Sande verlaufen zu sein. Das Forstamt verordnete zwar die Vorladung der Bauern und der Grafen von Leiningen, ein Urteil über das Eigentum an diesen Grundstücken aber folgte der Ladung nicht.

[2] Nach dem Schenkungsbriefe von 1349 (I. Teil S. 25 und 26) sollte der Brunnbach die Nordgrenze des von Hagenau zu rodenden Teiles des Mittelstücks bilden. Derselbe läuft zwischen dem Hundshofe und der Densch 100 bis 150 Meter südlich der 1698 abgesteckten Grenze. Der Anspruch des Staatsanwaltes war deshalb nicht ohne Berechtigung. Wie und wann das gleichfalls nördlich des Brunnbachs gelegene Frauenwäldel und das zwischen beiden gelegene Feld Alleineigentum der Stadt geworden ist, habe ich nicht ermitteln können. Ein 1698 zwischen dem Frauenwäldel und dem Forste vorgefundener Grenzstein trug die Jahreszahl 1528. 1521 hatte Karl V. der Stadt den Besitz des Stöcky bestätigt. Da wo der Brunnbach anfängt, die Südgrenze des Forstortes Sandlach zu bilden, kreuzte derselbe 1698 «le grand chemin qui va de Hagueuau à Pforzheim»

desselben scheint jedoch den rechtmässigen Erwerb nachträglich bewiesen zu haben.

Dagegen massen die Beamten des Forstamts den Ziegelmattwald, an dem Mietesheimer Gemeindewalde an der Banngrenze von Mertzweiler gelegen, d. h. die nach Osten vorspringende Ecke des Forstortes, der heute den Namen Oberwald führt, trotz Einsprache des Bürgermeisters von Mertzweiler, der denselben für seinen Landesherrn, den Grafen von Leiningen-Westerburg in Anspruch nahm, ohne weiteres dem Forste zu, weil er ebenso wie der angrenzende Bestand bestockt und von demselben durch keinerlei Grenzzeichen geschieden war.

Bei Absteckung der Grenze zeigte es sich, wie bereits erwähnt, dass eine Anzahl Wiesen im Forste, während Monclar Oberlandvogt war, also zwischen 1670 und 1690, von dem Zinsmeister v. Vorstedt gerodet und von ihm zu Gunsten Mazarins verpachtet worden war.[1] An dem Wege von Sufflenheim nach (Forstheim). Zwischen der Wörther und Surburger Strasse trat ein Weg in den Forst ein, der nach Wasburg führte. Von dem ersteren ist nördlich des Brunnbachs keine Spur mehr aufzufinden; von dem letzteren sind einzelne Strecken noch als Pfad unter dem Namen Zellpfad vorhanden.

[1] Zu diesen Wiesen gehört wahrscheinlich die heute noch bestehende Forstmatt auf dem rechten Zinselufer und sicher die Mathsthalwiese, ferner die jetzt wieder aufgeforstete Wiesenenclave in Oberstritten 279, die sich später im Besitz der protestantischen Pfarrei Rittershofen befand und von ihr erst 1855 wieder eingetauscht wurde. Einer weiteren Wiese auf dem linken Zinselufer wird in dem Grenzfeststellungsprotokolle Erwähnung gethan, welche gleichfalls von Vorstedt gerodet sein sollte. Dort liegt und lag von jeher im Forste nur eine Wiese — die Salzmatt, welche 1216 von Friedrich II. dem Kloster Neuburg geschenkt worden war. Ist die Angabe richtig, dass sie von Vorstedt gerodet ist, so steht zu vermuten, dass sie das Kloster während der Kriegszeiten unbenutzt gelassen hat, dass sie dadurch wieder zu Wald geworden war und von dem Landvogte in Besitz genommen wurde. 1728 gehörte dieselbe unter dem Namen Saltzbruch sicher wieder zum Forste. Ob mit der Wiese auf der rechten Zinselseite die Forstmatt oder die jetzt wieder aufgeforstete Gallenchristenmatt (in Distr. 93) gemeint ist, war schon 1753 zweifelhaft. Offenbar auf diese Wiesen bezieht sich ein Urteil des Forstamts vom 9. Juli 1696, wodurch mehrere Pächter, welche Wiesen im Forste

Königsbrück hatte derselbe ausserdem ein Wohnhaus für einen
Jäger auf Forstgrund erbaut und demselben die Benutzung eines
Rodstückes erlaubt. Auch sonst wurden bei Sufflenheim, Schirrein und Schirrhofen viele Uebergriffe teilweise neuesten Datums
festgestellt. In einem solchen Falle wurden auf der dem Forste
abgewendeten Seite des Rodstückes noch angeschalmte Eichen
vorgefunden. Die Absteckung der Grenze wurde deshalb dort
vorläufig ganz ausgesetzt.

Die Angrenzer wurden 1699 von Coulon auf Veranlassung des
Geometers Husson aufgefordert, an den dazu gemachten Löchern
die nötigen Grenzsteine anfahren zu lassen (St.-A. DD 39, 1).
Dieser Aufforderung entsprachen die meisten Gemeinden. Nur
Laubach und Surburg, Königsbrück sowie Schirrein und
Kaltenhausen verweigerten, die beiden letzten auf Befehl des
Rates von Hagenau, die beiden ersten, weil das Sache der
Jesuiten als Besitzer der Abtei Neuburg, bezw. des Landvogts
als Territorialherrn sei, die Anlieferung der Steine. Königsbrück
wollte den Ausgang des anhängigen Processes abwarten. Die
angelieferten Steine wurden 1699, wie es scheint auf Kosten
der Angrenzer, gesetzt.[1] Auf den vorhandenen Grenzsteinen
mussten dieselben das Stadtwappen und den Reichsadler durch
die bourbonische Lilie ersetzen. Die Besitzer der an den Forst
anstossenden Waldungen wurden auf Grund der Ordonnanz von
1669 (Tit. XXVII, 4) veranlasst, längs der Grenzen 4 Fuss
breite und 5 Fuss tiefe Gräben anzulegen und in diesem Zustande zu erhalten.

1698 wurde der landvögtische Zinsmeister aufgefordert, ein
Verzeichnis der bis dahin von ihm von Gemeinden und Privaten
erhobenen Gegenreichnisse für Forstnutzungen im Forste vor-

---

von Mazarin und der Stadt gepachtet hatten, verurteilt wurden, den
Pachtpreis mit 220 ₰ einem Herrn Lonot, »adjudicataire des domaines
du Roy«, zu bezahlen. (St.-A. FF 180.)

[1] Unter die Steine wurden auf der Seite der Forste 2 Stücke
Holzkohlen, auf der Seite der Angrenzer 2 bis 7 Ziegelstücke gelegt.
Surburg und Königsbrück verweigerten die Zustimmung zum Setzen
der Steine.

zulegen, und ihm die fernere Einziehung derselben verboten. Er entsprach der Aufforderung nur unter Protest und unvollkommen, offenbar um dem Landvogte einen Teil der Gefälle zu erhalten, so dass das Forstamt, welches dieselben durch Versteigerung an einen Generalpächter verwertet hatte, gezwungen war, in allen Gemeinden auf dieselben Beschlag zu legen und die Zahlung an den Landvogt bei Strafe doppelter Zahlung zu verbieten. Kurz vorher hatte Vorstedt von der hanau-lichtenbergischen Gemeinde Ueberach 12 ₰ für Ausübung der Weide erhoben. Es scheint demnach, dass nach Aufhebung der Berechtigungen der elf Gemeinden und ihrer Gegenleistungen an den Grafen von Hanau-Lichtenberg der Landvogt denselben die Weide gegen Entgelt gestattet hatte.

Gleichzeitig wurden die Mast- und Weideberechtigten angehalten, sich den Förmlichkeiten der Ordonnanz (Anzeige der Namen der Besitzer und der Zahl der einzutreibenden Stücke, Zeichnen derselben mit einem Brandzeichen, Anhängen einer Glocke, Einhalten bestimmter Wege und dergleichen) zu fügen. Eine Verordnung Perreauds von 1697 verbot den Mastberechtigten jeden Schweineeintrieb, so lange das vorgeschriebene Verzeichnis nicht eingereicht sei (St.-A. DD 37 und 64), eine andere des Oberforstmeisters vom 22. April 1696 beschränkte auf Grund der Ordonnanz von 1669 das Recht derjenigen, deren Mastrecht anerkannt war, zum Schweineeintrieb auf die Zeit vom 1. Oktober bis 1. Februar[1] und verbot ihn allen übrigen vollständig bei 100 ₰ Strafe und Einziehung der Schweine (St.-A. DD 64).

Als die Stadt im Juni 1698 trotzdem 600 Schweine eintreiben liess, beantragte der Foststaatsanwalt gegen Meister und Rat eine Geldstrafe von 100 ₰ und die Einziehung der Schweine. « Ils ne pêchent pas par ignorance, mais par malice et par un esprit de contradiction », behauptete er in der Sitzung. Da die Eckerherren die Schuld auf die Hirten schoben, verurteilte

---

[1] Nach der Waldordnung von 1435 endete die eigentliche Eckerzeit am 6. Januar alten Styls.

sie das Forstamt « par moderation pour cette fois seulement et sans tirer à conséquence pour l'advenir sous le bon plaisir de Sa Majesté et de Monsieur le Grandmaître » zu nur 5 ₰ Geldstrafe (St.-A. FF 182).

Die Stadt fügte sich nach längerem Sträuben nunmehr den erlassenen Anordnungen und meldete ihre Schweine ordnungsmässig an, nachdem ihr Gesuch, ihr einfach die Hälfte der Mast zu überweisen, vom Forstamte abschlägig beschieden war. Nach der Erfüllung dieser Förmlichkeit kam man überein, dass die Stadt ihre Schweine östlich der Surburger Strasse eintreiben, die Mast westlich derselben aber meistbietend verpachtet werden solle.[1]

Auch abgesehen von dieser Frage war damals die Haltung der Stadt dem Forstamte gegenüber nichts weniger als zuvorkommend.

Am 1. April 1696 musste Perreaud, nachdem die mündliche Aufforderung erfolglos geblieben war, die Stadt durch den Gerichtsvollzieher auffordern lassen, Leute zur Löschung eines schon seit 14 Stunden bei Schirrein wütenden Waldbrandes zu stellen (St.-A. DD 36, 8), und als der Oberforstmeister 1698 einen Sitzungssaal im Rathause für das Forstgericht und ein Zimmer mit vergittertem Fenster für die Registratur verlangte, verweigerte der Rat beides, und als das Forstamt trotzdem von dem Saale Besitz ergriff, fand der Gerichtsschreiber jedesmal die Thüre verschlossen. Er forderte freien Eintritt in den Saal und Abstellung der Tänzereien bei Hochzeiten ge-

[1] Wie es scheint, hat die Stadt damals diese Scheidung dadurch zu einer dauernden zu machen gesucht, dass sie längs der Surburger Strasse Grenzsteine setzen liess. Wenigstens finden sich dort eine Menge grosser früher sichtlich mit später ausgemeisselten Hoheitszeichen versehener Grenzteine von der Form der 1698 an den Grenzen des Forstes gesetzten, über deren Bedeutung die Akten keinen Aufschluss gaben. Das Forstamt hat der Stadt aber später bei jedem Mastjahre andere Waldteile zur Nutzung überwiesen.

Der Pachtertrag der damaligen Vollmast betrug 341 ₰. Die Mast in dem rund 116 ha grossen Forstorte Zang hat damals Mertzweiler für 75 fl. in Afterpacht genommen.

ringer Leute, die im Stadthause stattfänden (St.-A. DD 37). Die Stadt verweigerte die Herausgabe der Schlüssel und verbot den Schlossern der Stadt die Herstellung neuer (FF 83, 143), was um so auffallender ist, als in dem Stadtarchive (DD 42, 37) das Konzept einer nicht datierten Eingabe der Stadt aus jener Zeit vorhanden ist, in welcher sie dagegen Einspruch erhob, dass Perreaud irgend wo anders als « dans la maison de cette ville où on a accoutume de tenir la Waldhouse » und anders als in Gegenwart der vom Rate gewählten Waldherren tage.

Ebenso verbot der Rat 1698 den Bürgern der Stadt, für die Steigerer der Schläge Bürgschaft zu leisten, so dass ihm das Forstamt jede derartige Einmischung bei den gesetzlichen Strafen verbieten musste (FF 183, 145).

Auch die Stimmung der Bevölkerung war so schlecht wie möglich; nur richtete sich die Missstimmung der Bürgerschaft fast noch mehr gegen den Rat als gegen das Forstamt.

Am 22. Mai 1698 remonstrierte der erstere gegen einen Befehl des Intendanten Coulon de Lagrange, Leute zu entlassen, die er (der Rat) ins Gefängnis gesetzt hatte, weil sie Coulon um Erhaltung ihrer Forstberechtigungen gebeten hatten. Die Bürger revoltierten und zogen in Massen vor das Stadthaus, wenn Ratssitzung sei; sie würfen dem Rate vor, mit dem Forstamte unter einer Decke zu stecken und die Rechte der Stadt gegen persönliche Vorteile preiszugeben; sie hielten heimliche Konventikel und sammelten Gelder, deshalb habe er fünf zu je zwei Tagen verurteilt. Man möge den Bürgern das Dürrholz belassen, sonst wandern sie aus — namentlich nach Bischweiler, wo man die Leute in jeder Weise begünstige. Im vorigen Jahre habe die Stadt dasselbe für die armen Leute gekauft, jetzt solle keines mehr verkauft werden.

Wie es scheint, hat Coulon[1] daraufhin die Stadt aufge-

---

[1] Ob dieser Intendant Coulon de la Grange mit dem Intendanten Lagrange von 1696 und dem 1698 mit der Besichtigung des Hagenauer Forstamtes beauftragten Grandmaitre Edmond Coulon de la Grange aux bois et de Belval identisch ist, habe ich mit Bestimmtheit nicht ermitteln können. Fast scheint es so; denn sehr häufig

fordert, ihm in einer Denkschrift alle ihre Beschwerden gegen das Forstamt vorzutragen.

Von dieser Denkschrift sind mehrere unter einander verschiedene Entwürfe vorhanden, welche interessante Streiflichter auf die damaligen Zustände werfen.

In dem einen (St.-A. DD 37, 1) verlangte die Stadt

1. die Hälfte der von dem Forstamte bei Freveln im Forste ausgesprochenen Werts- und Schadensersätze (nicht mehr der Strafen);

2. man möge den benachbarten Gemeinden erlauben, das Holz aus ihren Waldungen und ihren auf Grund der Erklärung des Königs von 1687 gerodeten Grundstücken nach Hagenau zu verkaufen;

3. man möge den Bürgern von Hagenau gestatten, wie diejenigen anderer Gemeinden ihr Holz, Rinde, Kohlen u. s. w. zu kaufen, wo sie es fänden, ohne theuere «passeports» für die Fahrt durch den Forst bei dem Forstamte zu lösen;

4. das Weidevieh möge gratis gebrannt werden;[1]

5. die Processkosten des Forstamtes seien zu hoch; drei Leute seien solidarisch zu 3 ₰ verurteilt worden, das Forstamt habe dabei 128 ₰ 12 s 8 ₰ Kosten liquidiert;

6. keine Holzversteigerung solle künftig ohne Teilnahme des Rates stattfinden, wenn der Oberforstmeister sie nicht selbst abhalte;

7. man möge den Käufern der Holzschläge die Masse für das Brennholz und den Preis vorschreiben, den sie dafür verlangen dürfen;

wird in den städtischen Akten der Intendant Lagrange als Urheber von Massregeln genannt, zu denen nur der Grandmaître zuständig war. Zudem konnte damals in Frankreich eine Person beide Aemter gleichzeitig bekleiden. Uebrigens scheinen die Oberforstmeister sehr oft gewechselt zu haben. 1694 fungierte Gallois, 1697 de Monsaintpère, anfangs 1698 Coulon de la Grange als commissaires pour la réformation der elsässischen Forsten.

[1] Für die Aufstellung der Rollen, Brennen der Schweine etc. hatte der Substitut des Forststaatsanwalts 1697 108 ₰ Taggelder (12 ₰ pro Tag) liquidiert.

8. das Holz für die städtischen Mühlen und sonstigen Gebäude solle in natura und gratis geliefert werden; eine gleiche Menge sei «*au profit du Roy*» zu verkaufen;
9. man möge den Bürgern das Leseholz im Burgerwald lassen.

Eine andere (St.-A. DD 37, 9) verlangte die Teilung des Forstes zwischen König und Stadt und die Erlaubnis, die Schweine das ganze Jahr eintreiben zu dürfen, und frug an, an wen sich die Bürger zu wenden hätten, wenn sie Bauholz gebrauchten und in den Schlägen keines zu haben sei, und an wen die Stadt, um **Abrechnung über die Holzversteigerungen und ihren Ertrag zu erhalten**.[1]

In der endgültig abgeschickten Eingabe beschwerte sich die Stadt, dass sie noch nichts von den seit 1695 stattgehabten Holzverkäufen und nichts von den Werts- und Schadensersätzen erhalten habe. Sie forderte Befehl an das Forstamt, die Bürger der durch zweimalige grosse Brände und durch die ewigen

[1] Was letztere Forderung betrifft, so scheint das Forstamt mit den Ablieferungen auch an den Staat es nicht allzu eilig gehabt zu haben. Es sind zwei Urteile des Oberforstmeisters aus dem Jahre 1698 vorhanden, durch welche Beamten desselben verurteilt werden, von ihnen erhobene Straf- und Ersatzgelder herauszugeben. Nach demjenigen vom 24. April 1698 (St.-A. FF 182) hatte der Substitut des Staatsanwalts Brussault 287 ₰, der Gerichtsschreiber Bossual 560 ₰, der Garde-marteau Lambert 55 ₰, der Forstgerichtsbote Viel 80 ₰, der «commis greffier et receveur» Foisse 463 ₰. Die «articles par nous alloués pour la depense» waren dabei in Abzug gebracht. Ausserdem war eine Reihe von Strafurteilen nicht vollzogen. Der Oberforstmeister ordnete darauf an, dass nur der Sergent collecteur derartige Gelder erheben dürfe, und dass sofort eine Liste der nicht vollzogenen Urteile aufgestellt und die geschuldeten Beträge erhoben werden. Im Jahre 1700 wurde der Collecteur de Launay auf Befehl des Forstamtes ins Gefängnis gesetzt, bis er 279 ₰ Strafgelder, die er erhoben, aber nicht verrechnet hatte, ablieferte. Als Hebegebühr durfte er «2 sols par livre», also 10% des geschuldeten Betrags für sich behalten. Der 1696 ernannte, nach 14monatlichem Dienste ausgeschiedene Oberförster Arnold hatte Mitte 1698 noch keinen Gehalt erhalten. Der Forststaatsanwalt Lambert klagte 1717 gegen den Gerichtschreiber Bossual auf Zahlung von 62 ₰ Honorar, das er ihm seit 1696 schuldete.

Truppendurchzüge ruinierten Stadt die Dürrhölzer und «die neun Holzarten» (Seite 47 Anmerkung) im Forste holen zu lassen und ihnen das benötigte Bauholz anzuweisen, und verlangte, dass die jährlich zu machenden Schläge von 150 Morgen zwischen Staat und Stadt in natura geteilt würden. Schliesslich erbot sich die Stadt «de payer annuellement moitié des gages et droits des officiers suivant l'état qui en sera arrêté au conseil». (St.-A. DD 39, 45.)

Die Antwort auf diese Beschwerde war der Staatsratsbeschluss vom 30. December 1698, welcher die Ausführung desjenigen vom 28. August 1696 nach Form und Inhalt verordnete und die Stadt im übrigen vor den Oberforstmeister Coulon verwies, der über ihre Beschwerden eine Verhandlung aufnehmen und dem Staatsrate zur weiteren Entscheidung vorlegen sollte (St.-A. DD 37, 25).

Die Beschwerden der Stadt hatten damit noch kein Ende. Im Archive der Stadt ist (DD 37, 42) der Entwurf einer Eingabe vorhanden, welche die Eingeforsteten des Hagenauer Forstes mit denjenigen der Hart gemeinschaftlich, wahrscheinlich im Jahre 1699, machen wollten oder gemacht haben. Es wird darin um Abschaffung der Forstämter gebeten; die Bittsteller seien gerne bereit, den Beamten derselben die Kaufpreise für ihre Aemter zurückzuzahlen. Sie seien von denselben aller von den Oberlandvögten anerkannten Rechte beraubt worden; um in ihren Rechten zu bleiben, hätten sie statt 99,000 ₰ 300,000 ₰ zu zahlen. Trotzdem verschlechterten die Herren vom Forstamte, um sich für ihre Gehalte bezahlt zu machen, die Waldungen in unerhörter Weise. Der Hart, bis dahin eine der schönsten Waldungen Europas,[1] sei, wenn es so fort gehe, in 9 bis 10, der Hagenauer Forst in 20 Jahren abgehauen.[2]

---

[1] Bei dem flachgründigen, jede kräftige Entwicklung der damals wie heute dort vorherrschenden Holzarten hindernden Boden der Hart eine jedenfalls sehr kühne Behauptung!

[2] Die jährliche Hiebsfläche im Forst war nach dem seit 1695 thatsächlich eingehaltenen règlement des coupes 150 Morgen; bei einer Fläche desselben von 30000 Morgen die Umtriebszeit also 200 Jahre!

In allen [bis jetzt gemachten Schlägen finde man nichts als Brombeeren und Dornen. Dieselben hätten bis jetzt nicht einmal die Gehalte des Forstamtes aufgebracht. Die Stadt für sich reichte dem Höchstkommandierenden im Elsass, Generallieutenant Marquis d'Huxelles, am 6. Januar 1699 ein Verzeichnis der Bürger ein, welche seit Errichtung des Forstamtes die Stadt verlassen hatten (St.-A. DD 38, 6), und beschwerte sich in einer anderen Eingabe an einen Herrn de Barberieux vom 31. Mai 1699 (St.-A. DD 38, 18) weiter, dasselbe verlange gegen das Herkommen, dass die Fuhrleute ihre Pferde mit der Herde zur Weide treiben; es verbiete den Gerbern, Drechslern u. s. w., ihren Bedarf an Rinde, Kohlen und Holz auswärts zu kaufen und selbst auf den grossen Strassen durch den Forst zu fahren. Gestatte dasselbe es ja, so müsse vorher eine Eingabe gemacht und ein Passierschein gelöst werden, für den es sich nach Gutdünken 1 bis 32 ß zahlen lasse. Der König erhalte davon nichts. Das Forstamt verbiete jedermann, Holz auf dem städtischen Markte zu verkaufen, um so die Holzkäufer der Willkür der Coupenkäufer preiszugeben; es hindere die armen Leute, das in grosser Menge vorhandene Dürrholz zu holen, und lasse es lieber verfaulen und die jungen Pflanzen vernichten. Es verbiete sehr strenge den Eintrieb von Schweinen im Sommer und wolle ihn nur in Mastjahren und nur im Winter gestatten.[1]

In einer dritten Denkschrift von 1699 (St.-A. DD 38, 13) wiederholte der Rat diese Klagen und die früheren über die Höhe der Kosten des Strafverfahrens und die Nichtzuziehung des Rats zu den Holzverkäufen.

Wie es scheint, wurden diese Beschwerden auch der Klageschrift zu Grunde gelegt, als die Stadt am 4. Mai 1699 die Beamten des Forstamtes vor die Table de marbre in Metz — nach dem Staatsratsbeschlusse von 1694 die Berufungsinstanz für das Forstamt — laden liess (St.-A. DD 38, 14). In dieser Klageschrift waren auch die zahlreichen Beschwerden enthalten, welche die Stadt gegen das Forstamt wegen Beeinträchtigung ihrer Rechte auf den Burghannwald vorzutragen hatte.

[1] Der Nacheckerich war durch die Forstordnung von 1669 abgeschafft.

In Bezug auf denselben hatten sich im Februar 1699 die Schlagkäufer im Forste beschwert, dass **der erteilten Zusage zuwider** den elsässischen Gemeinden Holz nicht nur ins Elsass, sondern auch in die Stadt Hagenau zu verkaufen gestattet würde, und dass die Stadt selbst in dem vom Forste nicht getrennten Burgbann 1000 bis 1200 Klafter Holz habe hauen lassen und in die Stadt verkauft habe, wozu sie kein Recht habe, so lange die Streitfrage über den Besitz des Burgbannwaldes nicht entschieden sei. (St.-A. DD 38, 7.)

In der That lag die Stadt seit 1695 wegen dieses Waldes mit dem Forstamte in Streit. Damals hatte ihr Perreaud, wie bereits erwähnt, jede Holznutzung in demselben verboten, die ihm vorgelegten Titel auch als Eigentumsbeweis für den Burgbann für ungenügend erklärt und der Stadt verboten, Förster in demselben anzustellen. Er hatte dann am 17. Februar 1696 die Fuhren der Stadt festnehmen lassen, die dort Holz holten. Der Rat erhob dagegen bei Lagrange und Pontchartrain Einspruch und liess Perreaud durch den Gerichtsvollzieher auffordern, sich die Grenzen des Burgbanns vorzeigen zu lassen. Derselbe erklärte der Aufforderung nicht Folge leisten zu wollen. Die Stadt wolle mit Gewalt eine unentschiedene Sache entscheiden und volle Freiheit im Walde haben. Sie habe einen regelmässigen Schlag in Betrieb; dazu habe keine Gemeinde das Recht, so lange die Beamten des Forstamtes ihn nicht besichtigt hätten.

Die Stadt zeigte nun dem Kriegskommissär Aimier und dem Ingenieur de la Douze diese Grenzen vor, und beide stellten am 23. Februar 1696 fest, dass die zwischen Forst und Burgbann stehenden Steine und die Schalme alten Datums waren. De la Douze stellte einen Plan des Grenzzuges her (St.-A. DD 35).

Einige Tage später besichtigten die Beamten des Forstamtes die Grenze in Abwesenheit städtischer Vertreter und erklärten dieselbe für unsicher, was sie jedoch nicht hinderte, sie bei der allgemeinen Grenzfeststellung im Jahre 1698 wenn auch unter Vorbehalt anzunehmen und die Löcher für die Grenzsteine graben zu lassen.

Auf Grund des bereits erwähnten Pontchartrain'schen Briefes von 1695 (S. 44) hatte, wie wir gesehen haben, die Stadt anfangs 1696 gegen jeden Eingriff in die Bewirtschaftung des Burgbannes Einspruch erhoben. Das Forstamt hatte ihr dann auch, wie wenigstens die Stadt in einer Eingabe von 1699 (St.-A. DD 39, 16) behauptete, die Ausführung von Schlägen im Burgbann gestattet.

Auf die oben erwähnte Beschwerde der Schlagkäufer beschlagnahmte es aber am 3. Februar 1699 932 Klafter Holz, welche die Stadt im Burgbanne hatte fällen lassen, und verbot die Fortsetzung des Schlages. Motiviert wurde die Einziehung, abgesehen davon, dass der Schlag nicht vorher von dem Forstamte besichtigt worden sei, damit, dass das Holz gegen die Bestimmungen der Ordonnanz plenterweise (en jardinant) und unter Belassung 3 bis 5 Fuss hoher Stöcke und zum Verkaufe gehauen sei. (St.-A. DD 38, 7.)

Die Stadt wendete dagegen ein, das Holz sei nur für die eigenen Bedürfnisse der Stadt gefällt. Verkauft werde nur so viel, als zur Deckung der Kosten nötig sei. Das Forstamt gab darauf 332 Klafter für die Bedürfnisse der Stadt frei und gestattete auch später noch wiederholt einzelne Hauungen zu diesem Zwecke; ebenso verwies es die Mühlen mit ihrem Holzbedarf auf den Burgbann. Die Beschlagnahme der übrigen 600 Klafter wurde aber aufrecht erhalten. (St.-A. DD 38, 9 und 11).

Die Stadt legte deshalb bei der Table de marbre in Metz Berufung ein, erhob Einsprache gegen die stattgehabte Art der Abgrenzung des Forstes und klagte gleichzeitig auf Abstellung seiner oben (S. 61 ff.) erwähnten Klagen wegen des Forstes. Durch Urteil vom 15. Juli 1699 wurde sie zum Beweise durch Zeugen zugelassen, dass sie seit unvordenklichen Zeiten den Burgbann in Besitz habe und dort immer ihre «coupes ordinaires de taillis» gemacht habe.

In Bezug auf den Forst verfügte dieses Urteil, dass auf den Grenzsteinen über der Stadtrose das Wappen des Königs angebracht werden solle, und dass eine Untersuchung darüber angestellt werde, ob und welche Private oder Gemeinden

über die Grenze desselben hinausgegriffen haben (St.-A.
DD 38, 1).

Der letzte Teil dieses Urteils richtete sich gegen die
Gemeinde Schweighausen, welche 6 Grenzsteine an andere
Stellen als die 1698 bestimmten hatte setzen lassen und fand,
wie es scheint, Erledigung im Sinne der Stadt;[1] der zweite
stand im Widerspruch mit dem bereits erwähnten Befehle des
Grundmaître-Réformateur, der den Reichsadler und die Stadtrose durch die königliche Lilie zu ersetzen befohlen hatte,
und blieb, wahrscheinlich weil der Staatsanwalt Cassation eingelegt hatte, unbeachtet.

Der erste Teil des Urteils wurde aber alsbald ausgeführt,
obwohl er in direktem Widerspruch mit dem Staatratsbeschlusse
von 1696 stand, welcher die Stadt mit ihrer Klage auf Anerkennung ihrer Eigentumsrechte an dem Stöcky, zu dem der
Burgbannwald gehörte, abgewiesen hatte. In ihrer Eingabe an
den Staatsrat hatte der Rat von den Feldern und Weiden,
welche Stöcky genannt wurden, gesprochen, und den Eigentumsbeweis durch die Briefe von 1347 und 1521 (I. Teil S. 25
und 71) zu führen gesucht, jetzt hatte sie sich das Recht, das
Eigentum an derselben Fläche als Wald durch Zeugen zu beweisen, bei einem Gerichte niederer Instanz erstritten.

Der mit dem Zeugenverhör beauftragte Stellvertreter des
Oberforstmeisters (Lieutenant général) Sailler vernahm am
24. August 1699 eine Reihe von Personen, insbesondere
frühere städtische und landvögtische Förster,[2] welche übereinstimmend aussagten, der Burgbann sei gegen den Forst seit
alter Zeit mit sechs Steinen abgesteint. (St.-A. DD 38, 3.)

[1] Wenigstens stehen die Steine jetzt wieder an den 1698 bestimmten Punkten; seit wann ist nicht nachgewiesen.
[2] Nämlich Nicolaus Deiss, Mazarin'scher Förster, Philipp Reifsteck, Mazarin'scher Jäger, Jakob Spicher, Bartholomäus Geyer und
Martin Reifsteck, früher d'Harcourt'sche Förster, Johann Schliffer,
Johann Wolf Merkel, Johann Truiller, Andreas Miller, Michael Con-
vuiller, sämtlich früher städtische Förster. Der letztere nennt als
weitere Zeugen die früheren städtischen Förster Hans Oltz, Peter
Bott und Peter Ess.

Der Forststaatsanwalt legte noch am gleichen Tage Verwahrung gegen den Eigentumsbeweis durch Zeugen ein. Die Stadt müsse Titel besitzen, so gut wie über das Miteigentum am Forste, verleugne sie aber, weil sie beweisen würden, dass der Burgbann zum Forste gehöre. Die durch das Forstamt neuerdings vorgenommenen Abgrenzung desselben gegen den Forst habe er nicht nur nicht zugestimmt, sondern habe im Gegenteil förmlich Einspruch dagegen erhoben. Zur Mitteilung der Ergebnisse der Holzversteigerungen sei er nicht verpflichtet (St.-A. DD 39, 15).

Die Stadt erwiderte, der Forst sei versteint worden, ohne dass Titel verlangt wurden. Für so alten Besitz habe niemand Rechtstitel; die für den Burgbann seien bei dem Brande von 1677 zerstört worden, die für den Forst habe man damals nach Strassburg gerettet. Das Forstamt habe das Eigentumsrecht der Stadt anerkannt, indem es ihr Fällungen im Burgbann gestattet und ihn gegen den Forst abgegrenzt habe. Bei der Grenzfeststellung des Forstes sei nicht nach den Gesetzen verfahren worden; der Gemeinde Schweighausen seien 400 Morgen zugewiesen, die ihr nicht gehören. Wenn das Forstamt die Protokolle der Versteigerungen nicht herausgebe, so beweise das, dass ein Geheimnis dahinter stecke. (St.-A. DD 39, 16.)

Bei der Verhandlung selbst stellte der Staatsanwalt des Forstamtes in Abrede, dass die Stadt zur Vermarkung des Forstes nicht zugezogen worden sei. Die Forderung derselben auf Anerkennung eines Rechts auf boismorts und mortsbois im Forste sei lächerlich, nachdem die Stadt in dieser Hinsicht durch Beschluss des Staatsrats vom 28. August 1696 abgewiesen worden sei. Die Einziehung des Holzes im Burgbann sei gerechtfertigt, das Eigentum sei strittig; aber auch wenn es anerkannt sei, hätte der Wald nach der Ordonnanz erst vermessen und der Nachhaltigkeit entsprechend eingerichtet sein müssen, und selbst dann hätte man nicht plenterweise und mit 4 Fuss hohen Stöcken ohne Hoffnung auf irgend welchen Nachwuchs hauen dürfen. (St.-A. DD 39, 19, 20.)

Die Stadt replizierte, sie sei zur Versteinung des Forstes

nicht zugezogen worden;[1] trotz des Urteils der Table vom 15. Juli 1699 weigere sich das Forstamt, auf den Grenzsteinen um den Forst neben dem Wappen des Königs die Stadtrose anbringen zu lassen. Bei dem Staatratsbeschlusse von 1696 habe es sich nicht um morts-bois und bois-morts, sondern um Brennholz überhaupt gehandelt. Der Burgbann sei überhaupt kein Wald, sondern eine in der Ungunst der Zeiten unbenutzte, jetzt mit einigen schlechten Kiefern bewachsene Weide, von der kein Schriftstück existiere, das ihre Zugehörigkeit zum Forste beweise. Die Stadt sei deshalb nicht verpflichtet, regelmässige Schläge zu machen; sie habe vielmehr nach der Erklärung des Königs vom November 1687 das Recht, ihn wieder zur Weide zu machen. Die Kiefern schlügen überhaupt nicht aus.

Durch Urteil vom 15. September 1700 hob die Table de marbre die Einziehung der 600 Klafter auf und bestätigte die Stadt im Besitze des Burgbanns. Auf die Klage der Stadt auf Anerkennung ihres Rechtes auf bois-morts und morts-bois, also auf Dürrholz und Unholz ging das Gericht nicht ein, verfügte aber, dass der Stadt alljährlich über den Ertrag der Schläge Rechnung gestellt werde.

Ein zweites Urteil vom 19. Januar 1701 befahl auf Klage der Stadt die Vermarkung des Burgbannes, welche der Forststaatsanwalt unter dem Vorwande verweigert hatte, das Urteil von 1700 setze den Verlauf der Grenzen nicht fest. (St.-A. DD 39, 33—36.)

Inzwischen war die Stadt, wie in dem Staatsratsbeschlusse von 1717 (St.-A. DD 40, 16) erwähnt ist, vom Staatsrate durch Beschluss vom 29. November 1700 mit ihrer Klage um Anerkennung als Alleineigentümerin des Bürgerwaldes nochmals abgewiesen worden und wurde 1701 von Perreaud aufgefordert,

---

[1] Bei der Abgrenzung des Forstes gegen den Hagenauer Bann war die Stadt durch den Stettmeister Baron von Krebs und den «Adjutant» Schulmeister vertreten, bei derjenigen gegen die übrigen Gemeinden nicht. Sie war also nur als Angrenzerin, nicht als Miteigentümerin zugezogen.

den Bürgern mitzuteilen, dass sie keine Windbruchhölzer holen dürfen, nachdem der Staatsrat die Stadt mit ihrem Gesuche um Anerkennung eines Rechtes darauf abgewiesen habe (St.-A. DD 40, 7). Allem Anscheine nach war in diesem vom Staatsrate als « Conseil privé », d. h. in seiner Eigenschaft als Cassationshof gefällten Urteile der Stadt ausserdem das Recht auf Dürr- und Unholz abgesprochen, und der auf die Grenzsteine bezügliche Teil des Urteils der table de marbre von 1699 aufgehoben worden.

Ueber den Erfolg der übrigen Beschwerden der Stadt, insbesondere auch gegen das am 24. Oktober 1699 (St.-A. DD 38, 5) an alle Gemeinden erlassene Verbot, Holz an jemand anders als die Unternehmer der Befestigungsarbeiten zu verkaufen und nicht «au profit du Roy» verkauftes Holz durch den Forst zu transportieren, geben die Urkunden keinen Aufschluss; ebensowenig darüber, ob und wie das Forstamt der Stadt über die Verkäufe von 1695 bis 1701 Rechnung stellte. Sie behauptete später von derselben die Hälfte des Reinertrags unverkürzt erhalten zu haben.

Jedenfalls ruhte der Streit während der ganzen Dauer des spanischen Erbfolgekrieges. Vom 19. Juli 1702 bis 2. Mai 1704 hielt das Forstamt sogar überhaupt keine Gerichtssitzungen mehr ab, weil, wie es in ihrem Protokollbuche, dem «Registre d'audiences, affaires du Roy et de parties à parties» heisst: «les officiers ont abandonné la ville d'Haguenau à l'occasion des ennemis», und vom 13. Juni 1704 bis 15. Juni 1711 fehlen in demselben alle und jede Einträge.

An diesem Tage wurde, wie es scheint, nach einer Unterbrechung von sieben Jahren wieder die erste Gerichtssitzung abgehalten. Das Gericht bestand aus den Herren Theodor von Vorstadt,[1] königlicher Rat, «inspecteur et conservateur», Dorsner, Lieutenant, Gosset, Garde-marteau, und Augustin Saussure, Staatsanwalt, mit Ausnahme Dorsners lauter homines novi. Erst am 3. Juli

---

[1] Ob dieser Vorstadt der frühere Mazarin'sche Zinsmeister Vorstedt ist, ist aus den Akten nicht ersichtlich.

1711 erscheint Perreaud wieder in den Registern. Zur Verhandlung kamen in den ersten Sitzungen Anzeigen der Förster La Save, Toussaint, la Chenaye, Bertrand und Hoffmann aus den Jahren 1707 bis 1710. Dieselben scheinen demnach, im Gegensatz zu den höheren Beamten, ihre Stellen auch während des Krieges innegehabt zu haben. Die Angeklagten wurden trotz des Nachweises, dass sie das Holz zur Reparatur von den Truppen zerstörter Zäune und dergleichen und teilweise mit Erlaubnis der Förster geholt hatten, wenn auch nur zu Ordnungsstrafen, ein Mann von Schirrein, der den Förster mit Waffen bedroht hatte, dazu verurteilt, den König um Gnade zu bitten. Vom 26. Januar 1712 bis 20. Januar 1713 wurden die Sitzungen abermals unterbrochen, und erst von da an trat das Forstamt wieder in volle Thätigkeit.

Von 1702 bis 1713 einschliesslich — die Stadt behauptete in einer späteren Eingabe sogar bis 1714 — kamen im Forste «à cause de la guerre» nicht einmal die regelmässigen, durch das réglement des coupes vorgeschriebenen Schläge zur Ausführung. Es fehlten sowohl die Beamten, welche sie auszeichneten, wie die Leute, welche das Risiko tragen wollten, sie in den unruhigen Zeiten zu kaufen.

Um den Eingeforsteten in der Zwischenzeit die Deckung ihres Holzbedarfes zu ermöglichen, stellten die Beamten des Forstamtes, so lange sie in Hagenau anwesend waren, den Leuten Erlaubnisscheine aus, welche sie ermächtigten, Holz zu eigenem Bedarf zu hauen. In diesen Scheinen war die Menge und Qualität des zu fällenden Holzes angegeben.

Hie und da wurde die Erlaubnis wohl auch nur mündlich und von den Förstern eigenmächtig erteilt. So wurde durch Urteil vom 29. December 1713 der Förster La Save verurteilt, der Staatskasse 15 ₰ an die Staatskasse abzuführen, die er im Verlauf von sieben Jahren nach und nach von einem Manne aus Sufflenheim für die Erlaubnis, «des bois tombé par terre» zu holen, erhalten hatte.

Da über die stattgehabte Nutzung anfangs keine Kontrole geführt wurde, so konnten Missbräuche nicht ausbleiben. Perreaud verordnete deshalb am 7. März 1714, dass zu eigenem

Gebrauche kein Holz irgendwelcher Art mehr gefällt werden dürfe ohne schriftliche Erlaubnis, in welcher die Menge und Qualität des abzugebenden Holzes angegeben sei, und dass die Abfuhr des gefällten Holzes erst stattfinden dürfe, wenn es durch die Förster nachgemessen und nachgezählt sei. Dieselben hatten darüber eine Verhandlung aufzunehmen und dem Gerichtschreiber zu übergeben (St.-A. FF 186).

Die Abwesenheit der Forstbeamten wurde namentlich von den Bewohnern von Sufflenheim, Schirrhofen und Schirrein zu ausgedehnten Rodungen von Forstland benutzt. Nächsten Anlass dazu gab der Bau der Schleusen an der Moder, welche 1704 von den französischen Truppen zu dem Zwecke angelegt wurden, die sogenannten Moderlinien durch Ueberschwemmung des Vorlandes verteidigungsfähiger zu machen. Die tiefgelegenen Teile der Bänne dieser Dörfer wurden dadurch unter Wasser gesetzt, die Leute siedelten sich deshalb im Forste an.

Ein Erlass des Oberforstmeisters vom 1. December 1714 forderte die Bürgermeister dieser Gemeinden auf, die Früchte der Grundstücke, welche sie «au Rin de la forêt d'Haguenau» gerodet hatten, «au profit du Roy» einzuernten,[1] offenbar in der Absicht, die gerodeten Grundstücke selbst wieder für die Forstverwaltung in Besitz zu nehmen. Ein Staatsratsbeschluss vom 11. Juli 1716 überliess dieselben jedoch den Besitzern, unter der Bedingung, dass sie pro Morgen eine jährliche Abgabe von 6 Sols an die Staatskasse zu zahlen hatten. Motiviert war der Beschluss damit, dass die 1704 angelegten Stauvorrichtungen noch beständen und die alten Wohnstätten der Leute nach wie vor unbewohnbar machten.

Die auf diese Weise dem Forste entfremdete Fläche betrug nach dem Staatsratsbeschlusse 368 Morgen 57 Ruten Feld und Baustellen und 14 bis 15 Morgen Wiesen. Sie umfasste die hoch-

---

[1] Als die Zeit der Ernte herannahte, erklärten sich die Bürgermeister bereit, dieselbe auf eigene Kosten auszuführen und für jeden »arpent ou acker« bei Gerste und Roggen 3, bei Welschkorn »blé de Türcky« 2½ Säcke Früchte abzuliefern, was ihnen zugestanden wurde.

gelegenen Teile der Bänne von Schirrein, Schirrhofen und Sufflenheim und allem Anscheine nach auch die Enclaven Oberfeld und Wiedenmatt, deren Entstehung nur auf diese Weise erklärlich ist.

Vom Jahre 1714 ab sehen wir das Forstamt wieder in voller Thätigkeit und sofort beginnen wieder die Streitigkeiten zwischen ihr und dem Rate der Stadt. Wohl wurde noch am 6. März 1714 ein Bürger von Hagenau, der einen stehenden dürren Stamm gehauen hatte, auf die Einrede hin, dass er als Bürger der Stadt das Recht habe, dürres Holz, einerlei ob liegend oder stehend, zu seinem Gebrauche zu hauen, ausser Verfolgung gesetzt.

Aber bereits am 14. Juli 1715 wurde ein anderer Bürger der Stadt zu 3 ß Strafe verurteilt, weil er gegen das Verbot, das man hatte bekannt machen lassen, einen Handkarren Dürrholz im Forste geholt hatte.

Das Forstamt erkannte 1715 also das von der Stadt in Anspruch genommene Recht auf Dürr- und Unholz nicht an. Es scheint daraus hervorzugehen, dass der nicht mehr erhaltene Staatsratsbeschluss vom 29. November 1700 die Stadt auch mit dieser Klage abgewiesen hatte.

Während der Jahre 1715 bis 1717 häuften sich die Verurteilungen von Hagenauer Bürgern wegen Holens von Dürrholz immer mehr. Dabei waren die Strafen im Verhältnis zu denjenigen, welche wegen grossartiger, heute kaum mehr vorkommender Holzdiebstähle ausgesprochen wurden, unverhältnismässig hoch. So wurde in derselben Sitzung, in welcher das eben erwähnte Urteil gefällt wurde, für das Fällen einer grünen Eiche von 8 Fuss Umfang eine Strafe von nur 5 ß ausgesprochen, während die Hagenauer, wenn sie einen Karren Dürrholz holten, bis zu 30 ß Strafe[1] und ebensoviel Werts-

---

[1] Die Strafen wechseln zwischen 1 und 7 ß 10 s. für den Handkarren und 5 und 30 ß für den Pferdekarren Dürrholz. Nach welchen Grundsätzen diese Abstufung erfolgte, ist aus den Strafverzeichnissen nicht ersichtlich.

ersatz zahlen mussten. Dagegen wurde 1716 ein Mann von Dürrenbach wegen des gleichen Vergehens zu nur 1 1/2 ₶ Strafe verurteilt.

In derselben Sitzung bestritt der königliche Anwalt die Existenz eines der Stadt gehörigen Burgbannwaldes und behauptete «qu'il n'en doit point avoir pendant que la dite ville est par indivis avec Sa Majesté».

Eine Klage der Böttchermeister der Stadt auf Anerkennung ihres alten Rechts, «de faire couper pour chacun d'Eux annuellement Deux chariots de bois propres à faire des cercles sans être tenu d'en payer aucune chose», hatte das Forstamt bereits am 30. December 1713 abgewiesen. An dieses Recht scheinen sie aber selbst nicht recht geglaubt zu haben. Sie wandten sich bereits 1717 mit der Bitte an den Rat, beim Forstamte zu beantragen, dass sie die benötigten Reifstangen gegen Bezahlung erhalten.

Mit Rücksicht auf die feindselige Haltung des Forstamtes wandte sich die Stadt 1716 mit einer neuen Klageschrift an den König und beschwerte sich unter anderem darüber, dass ihr das Forstamt die sämtlichen Bezüge seiner Beamten auf ihre Hälfte von dem Ertrage des Forstes anrechne, während dieselben bis 1702 vom Gesamtertrage abgezogen und erst die so berechneten Reinerträge hälftig geteilt worden seien[1] (St.-A. DD 47, 7).

[1] Ob diese Angabe richtig ist, habe ich nicht ermitteln können. Eine Abrechnung aus 1696 bis 1702 ist nicht vorhanden, in den Eingaben an den König aus jener Zeit hat der Rat stets darüber geklagt, dass das Forstamt überhaupt nicht mit ihm abrechne.

Bei diesem Processe hatte sich der Rat in Paris durch Herrn von Vorstedt vertreten lassen. Der Intendant d'Angervilliers setzte 1718 die ihm zustehenden Gebühren von 1880 ₶ auf 1000 ₶ herab, weil er in Paris nur die Geschäfte des Rates, nicht die der Stadt besorgt habe. Derselbe stellte sich damit auf den Standpunkt einer Reihe missvergnügter Bürger, welche unter der Führung von Johann Georg Pettnesser und Leonhard Joly in Paris auf eigene Faust um ihre Waldrechte Process führten. Erst als dieselben 1721 die Wahl des Rates durch die Bürgerschaft forderten, welche seit 1688 nicht mehr zur Erneuerung des Rats zugezogen war, stellte sich der Intendant auf die Seite des Rates.

Inzwischen hatte der Oberforstmeister Coulon endlich den ihm 1698 aufgegebenen Bericht über die Rechte der Hagenauer im Forste, soweit darüber nicht durch die Staatsratsbeschlüsse von 1696 und 1700 endgültig entschieden war, erstattet. Auf seinen Antrag erkannte der Staatsrat am 6. November 1717:

«Le Roy en son conseil conformement à l'avis du dit Sieur Coulon, Grandmaître, ordonne que le dit arrêt du 28 Août 1696 sera éxecuté selon sa forme et teneur, que par les officiers de la dite maîtrise de Haguenau il sera délivré aux habitants de la dite ville, dans les endroits non dommageables de la dite forêt et où il n'y aura point de taillis, des arbres chênes et pins, même les chablis propres aux bâtiments preférablement aux autres arbres qui seront debout, pour être employés aux réparations de leurs maisons et bâtiments et ce sur le devis des charpentiers, le certificat des magistrats de la dite ville et après l'estimation de la valeur des dits arbres, faite par les officiers de la maîtrise dont ils dresseront un Etat qu'ils remettront au Grandmaître en exercice des eaux et forêts du Département, pour le montant du prix des dits arbres être retenu tous les ans par le Receveur général des bois, sur la moitié appartenant aux dits habitants; Permet Sa Majesté par grace et sans tirer à consequence aux dits habitants de prendre pour leur chauffage dans la dite forêt, les bois morts gisants et hors d'état de pouvoir servir à autre usage qu'à brûler, sans neansmoins qu'ils puissent les convertir en bois decorde dans la dite forêt, ni prendre sous prétexte de bois de chauffage des arbres morts en estant, ni des chablis propres à bâtir, à peine d'amende suivant l'ordonnance et d'être déchu à l'avenir de cette grâce . . . . deffend Sa Majesté le droit de recours pour la glandée, à peine de 100 livres d'amende et confiscation des porcs (St.-A. DD 37, 34).

Durch diesen Staatsratsbeschluss, welcher noch einige andere auf die Bewirtschaftung des Forstes bezügliche Vorschriften enthielt, von welchen später die Rede sein wird, war das Recht der Stadt auf den Mitgenuss des Nacheckerichs, welches sie sich im Laufe der österreichischen Periode allerdings im Widerspruch mit den Waldordnungen erworben hatte, formell endgültig beseitigt, wenn auch noch nachweislich bis gegen Ende des Jahrhunderts die Schweineherden der Bürger mit Genehmigung des Forstamts in allen Mastjahren auch nach dem 1. Februar ebensogut in den Wald getrieben wurden als die Schweine der Forstbeamten selbst.

Dagegen hatte die Stadt, welcher der Staatsratsbeschluss von 1696 das unbeschränkte Recht auf Holz nach Bedarf abgesprochen hatte, durch diesen Beschluss neben dem Bauholzrechte mit gewissen Einschränkungen das Recht wieder erworben, ihren Brennholzbedarf mit liegendem, zu Nutzzwecken untauglichem Dürrholz zu decken, und ihre Bürger haben auf Grund dieses Rechtes noch lange Jahre sehr starke zu Boden liegende Dürrhölzer geholt, und wenn solche Stämme nicht von selber zu Boden kamen, durch Feuer nachgeholfen, wenn auch in solchen Fällen und ebenso wenn das Holz zu Klafterholz aufgespalten wurde, im Falle der Entdeckung regelmässig Bestrafung eintrat. Sie hatte ferner sich selbst und ihren Bürgern den Naturalbezug des benötigten Bauholzes aus dem Forste gesichert. Der Wert desselben wurde ihr aber auf ihren Anteil am Reinertrage des Forstes angerechnet. Die Stadt selber hatte 1698 vorgeschlagen, eine den Bauholzabgaben an die Bürger entsprechende Holzmenge zum Vorteile des Königs zu verkaufen.

Das durch die Staatsratsbeschlüsse von 1696 und 1717 geschaffene Rechtsverhältnis war demnach das folgende:

1. Eigentümer des Forstes waren der König und die Stadt gemeinsam je zur Hälfte. Sie teilten die Einnahmen aus den Holzverkäufen und aus den Nebennutzungen zu gleichen Teilen. Der gleiche Grundsatz galt für die Ausgaben, soweit sie überhaupt zur Anrechnung kamen, mit Ausnahme der Gehalts-

bezüge der am Forstamte beschäftigten Beamten, welche der Stadt allein zur Last fielen.[1]

2. Das Recht der Forstgesetzgebung, die Forstgerichtsbarkeit, der Vollzug der Foststrafurteile; die Forstpolizei und die Forstverwaltung, stand dem König und den von ihm eingesetzten Behörden allein zu, ohne dass der Stadt irgend ein Einfluss auf den einen oder anderen dieser Dienstzweige ausüben konnte. Wurde die Stadt über wirtschaftliche Fragen z. B. über auszuführende Hauungen, Kulturen oder Wegbauten überhaupt gefragt, so kann das nur mündlich und nur ausnahmsweise geschehen sein. In den Akten findet sich kein Nachweis solcher Anfragen;

3. Die von den Forstgerichten erkannten Geldstrafen flossen ausschliesslich der Staatskasse zu, welche auch die in den Urteilen über Forstfrevel ausgesprochenen, logischerweise eigent-

---

[1] Die einzigen Ausgaben, welche damals neben den Gehältern u. s. w. des Forstamts verrechnet wurden, waren die Gehaltsbezüge der Kontrollbehörden des Forstamts. In den reinen Staatsforsten wurde zur Aufbringung der ersteren nach der Ordonnanz von 1669 ein Zuschlag von 5%, der «1 sol par livre», zur Herbeischaffung der letzteren auf Grund der Dekrete vom Februar 1704 und März 1706 ein weiterer Zuschlag von $5^5/_6\%$ (die «14 deniers par livre») zu den primitiven Kaufpreisen der Schläge und Nebennutzungen erhoben. so dass, wer einen Schlag für 6000 ₰ nominell ersteigerte, thatsächlich $6000 + 300 + 350 = 6650$ ₰ zu zahlen hatte. In Hagenau wurde der «sol par livre» hälftig zwischen beiden Parteien geteilt, während die «14 deniers» von dem Rohertrage des Forstes vornweg abgezogen wurden, so dass die Stadt damals thatsächlich nicht nur in den Gehaltsbezügen der Beamten des Forstamts die sämtlichen persönlichen Kosten der Verwaltung und des Forstschutzes zu zahlen hatte, sondern in ihrem Anteile an den 14 deniers eine auf $5^5/_6\%$ ihres Anteils an den primitiven Kaufpreisen fixierte Beisteuer zu den Gehältern der Direktions- und Kontrollbehörden zu leisten hatte. Hauerlöhne waren. nicht zu verrechnen, da das Holz ausnahmslos zu Selbstgewinnung verkauft wurde, die Kultur- und Wegbaukosten aber bezahlten, wenn sie überhaupt entstanden, gleichfalls die Holzkäufer als auf den von ihnen gekauften Losen liegende Lasten. Da sie den Wert derselben bei Bemessung ihrer Gebote in Anrechnung brachten, participierten Staat und Stadt zu gleichen Teilen an den dadurch veranlassten Mindererlösen.

lich beiden Parteien zukommenden Werts- und Schadensersätze einzog, ohne der Stadt darüber Rechnung zu stellen;

4. In dem beiden Parteien gemeinschaftlichen Forste besassen die Bürger der Stadt das Recht der Rindviehweide (pâturage) und der Mastnutzung (panage) nach Bedarf sowie das Recht auf liegendes zu Nutzzwecken unbrauchbares Dürrholz zur Deckung ihres Brennholzbedarfs, ohne dasselbe indessen zu Klafterholz aufarbeiten zu dürfen und zwar all diese Rechte in derselben Weise, wie andere Nutzungsberechtigte in fremdem Walde;

5. Die Bürger der Stadt und die Stadt selbst erhielten ihren Bedarf an Bauholz zur Selbstnutzung im Forste angewiesen. Da aber der Wert desselben der Stadt auf ihre Hälfte angerechnet wurde, hatte dieses Recht nur mehr den Vorzug bequemeren und durch Ersparung der Unternehmergewinne der Holzhändler billigeren Bezugs.

Die Abrechnung zwischen Staat und Stadt wurde alljährlich von dem Staatsrate festgesetzt. Derselbe verfuhr aber bei Aufstellung derselben nicht immer in loyaler Weise. Sehr häufig rechnete er der Stadt unter dem Titel «gages et vacations des officiers de la maitrise» höhere Beträge an, als wirklich verausgabt waren. Ausserdem erscheint der Wert der Berechtigungsbauhölzer in diesen Abrechnungen wohl in den Abzügen der Stadt von ihrem Anteile, nicht aber in der Bruttoeinnahme, so dass, wenn in den Beträgen, welche als Wert des der Stadt gelieferten Holzes eingesetzt sind, nicht von vornherein die auf die Stadt treffende Hälfte desselben in Abzug gebracht ist, die Stadt für dieses Holz thatsächlich das Anderthalbfache des Taxwertes an die gemeinsame Kasse vergütet, bezw. dem Staate dieses Holz so bezahlt hat, als wenn der Forst dem Staate allein gehört hätte.[1]

---

[1] Betrug der reelle Wert des Berechtigungsbauholzes 1000 ₰, so waren von diesen 1000 ₰ 500 Anteil der Stadt, und der Staat war voll entschädigt, wenn ihm die Stadt 500 ₰ vergütete. Wurde ausserdem für 10,000 ₰ Holz verkauft, so war im ganzen für 11,000 ₰ Holz abgegeben, von welchen dem Staate abgesehen von den Ge-

Ausserdem machte aber der zu Ludwigs XV. Zeiten allzeit geldbedürftige Staat von dem so festgesetzten Anteile der Stadt an den Erträgen des Forstes unter den manchfachsten Vorwänden noch weitere Abzüge.

So hielt der Generaleinnehmer 1722 von diesem Anteile aus den Jahren 1719 bis 1721 ein Zehntel zurück, um damit die vor Gestattung der Dürrholznutzung gegen Einwohner von Hagenau wegen Dürrholzfrevel ausgesprochenen Geldstrafen im Gesamtbetrage von 6397 ₰ (nach anderen Angaben 6445 ₰ 10 sol.) zu bezahlen.

Trotz des Einwandes der Stadt, dass diese Strafen durch den Staatsratsbeschluss von 1717 erlassen seien, dass das Forstamt die Macht habe, die Strafen selber einzuziehen, und dass zwei Drittteile der Verurteilten Fremde seien, wurde dasselbe 1722, und obwohl der König für 1723 die Einziehung des Zehntels nachgelassen hatte, auch 1724 und 1725 bis zur völligen Zahlung der Strafen einbehalten. Dagegen setzte der Staatsrat 1720 den Betrag von 7198 ₰ als Wert von 1909 Eichen und 202 Kiefern, welche zu Palissaden für Strassburg gefällt worden waren, der Gesamteinnahme zu, so dass damals die Stadt ihren Anteil an den zu Kriegszwecken gefällten Hölzern erhielt.

Diese Abzüge führten zu erneuten Reklamationen der Stadt. Sie wandte sich 1725 mit einem neuen Gesuche an den König, in welchem sie nochmals verlangte, dass die Gehaltsbezüge der Beamten des Forstamts und die Bauholzabgaben von beiden Parteien gleichmässig getragen werden. Der Staatsratsbeschluss vom 4. December 1731 wies aber die Klage ab und verordnete die Ausführung des Beschlusses von 1717 nach Form und Inhalt.

hältern 5500, der Stadt 4500 zustanden. Der Staatsrat rechnete aber wie folgt: Einnahme aus verkauftem Holz 10,000 ₰, Anteil der Stadt 5000, hievon ab der Wert des Bauholzes, mit 1000 ₰ bleiben 4000 für die Stadt. Diese 4000, von 10000 abgezogen, bleiben Anteil des Staates 6000 ₰. Es ist merkwürdig, dass die Stadt gegen diese Art der Rechnung niemals reklamierte.

In den Motiven dieses im Stadtarchiv unter DD 37, 34 aufbewahrten Beschlusses behauptete der Staatsrat geradezu, die Stadt habe vor 1696 wohl das Recht der Mithut, nicht aber das Miteigentum besessen, alle desfallsigen Entscheidungen seit französischer Zeit seien irrtümlich. Die Stadt habe erst 1696 durch die Gnade des Königs Miteigentumsrechte erlangt und zahle die persönlichen Verwaltungskosten als Entschädigung für die ihr eingeräumten Berechtigungen.

Ein weiterer Staatsratsbeschluss vom 20. Mai 1734, die Liquidation der Schulden der Gemeinde Hagenau betreffend, bestätigte die Beschlüsse von 1696, 1717 und 1731, beschränkte im Interesse der Stadt die Bauholzrechte der Mühlen und Werke auf diejenigen, deren Eigenthümer zu den der Stadt zur Last liegenden gewöhnlichen Steuern beitragen[1] und verfügte, dass die Tagegelder der Beamten des Forstamtes für Anweisung der Berechtigungsbauhölzer zwar von dem Anteile der Stadt an dem zur Schuldentilgung zu verwendenden Ertrage des Forstes abgezogen, vom Rate aber auf die Bauholzempfänger umgelegt werden solle.

Ob das auch mit den Taggeldern geschah, welche seit 1720 auch die Ratsmitglieder für Besichtigung der baubedürftigen Häuser liquidierten, habe ich nicht ermitteln können.

Neue Streitigkeiten zwischen der französischen Regierung und der Stadt entstanden, als durch Staatsratsbeschluss vom 17. November 1733 und vom 29. August 1741 eine Kriegssteuer von 10% des Ertrages aller Grundstücke ausgeschrieben wurde und 1743 der Generaleinnehmer die Zahlung dieses Zehntels von den Erträgen des Forstes für die Jahre 1734 bis 1736 sowie 1741 und 1742 forderte, obwohl der Staatsrat durch Beschluss vom 5. Dezember 1741 das Elsass gegen

---

[1] Durch diesen Beschluss waren die zahlreichen steuerfreien Beamten in der Stadt, sowie die wahrscheinlich damals gleichfalls noch steuerfreien Klöster und Burgmänner von der Bauholzberechtigung ausgeschlossen.

Zahlung eines «don gratuit» von 900,000 ₰ von der Zahlung des Zehntels entbunden hatte. Diese 900,000 ₰, behauptete die Stadt in ihrer Eingabe von 1743, seien auf die Provinz ausgeschlagen worden und die Stadt habe ihren Anteil daran bezahlt, worauf ihr der Staatsrat durch Beschluss vom 4. Februar 1744 die Zahlung des Zehnten erliess.[1] Dagegen blieb das 1745 von der Stadt gestellte Verlangen, dass ihr ihr Anteil an dem auf 26 672, nach anderen Angaben 33 491 ₰ geschätzten Werte des Holzes vergütet werde, welches 1743 und 1744 zur Herstellung von Palissaden für Hagenau, Fortlouis und Drusenheim gefällt worden war,[2] erfolglos.

Diese Abweisung traf die Stadt um so härter, als sie 1744 an die Oesterreicher 27 500 ₰ Schatzung hatte zahlen und den Generälen derselben zusammen 13 584 ₰ «verehren» müssen; ausserdem hatte sie, wie sie in ihrer Eingabe von 1743 (St.-A. BB 127) hervorhob, seit langen Jahren mehr als ihren ganzen Anteil an den Erträgen des Forstes zu Bauten für den Staat (Magazine u. dgl.) verwenden müssen.

Ein 1742 ausgebrochener langwieriger Streit zwischen dem Stadtrate und dem Forstamte über Rang und Vortritt verlief, wie es scheint, im Sande. Der Rat hatte als Inhaber des Territorialrechtes den höheren Rang beansprucht.

[1] Für diesen günstigen Bescheid, der der Stadt 3746 ₰ ersparte, beschloss der Rat dem Controleur général 24 ₰ pro Jahr zu «verehren». (St.-A. BB 128.)

[2] Diese Fällung ist in doppelter Hinsicht interessant, einmal deshalb weil aus dem Verzeichnisse hervorgeht, dass unter 1138 am Eichgraben (etwa 176 ha) gefällten Eichen sich 3 von 18, 46 von 16, 18 von 15, 149 von 14, 316 von 12 und 474 von 10 Fuss Umfang, $1/2$ Fuss vom Boden gemessen befanden, dass also auf dieser Fläche 1006 zu Nutzzwecken taugliche Eichen standen, deren Durchmesser am Stocke über einen Meter betrug und dann weil hier zum ersten Male ein Massstab für die Bemessung des Holzpreises nach der Masse gegeben ist. 1644 Eichen hatten zusammen 17 894 Fuss Umfang und wurden auf 21,530 ₰, also auf rund 1,20 ₰ pro Fuss Umfang, 616 Kiefern von 625 Fuss Umfang dagegen merkwürdigerweise auf 937 ₰ 10 s, also auf 1,50 ₰ pro Fuss Umfang geschätzt.

Von da bis zum Jahre 1769 scheint der Streit zwischen der Stadt und dem Forstamte geruht zu haben. 1748 wehrten sich sogar der Oberforstmeister d'Auxy und die Stadt gemeinsam und wie es scheint mit Erfolg gegen das Verlangen des Kriegsministers, im Forste abermals 8000 Palissaden hauen zu lassen. (St.-A. DD 45.)

Er entbrannte aufs neue, als 1778 die Stadt einen Teil des Burgbannwaldes mit Genehmigung des Oberlandvogts dem Stettmeister Lacquiante gegen Zahlung einer jährlichen Rente von 10 sols pro Morgen abtrat und das Forstamt das auf der abgetretenen Fläche gehauene Holz im Anschlagspreise von 415 fl. 5 ß mit Beschlag belegte.

Schon vorher war wiederholt gegen Leute, welche mit Erlaubnis des Rats im Burgbann Holz geholt hatten, und gegen diesen selbst, wenn er für den Bedarf der Stadt dort Holz fällen liess, Strafanzeige gemacht worden, so 1759 gegen jemanden, dem der städtische Förster dort eine Eiche angeschlagen hatte, und 1769 gegen den Rat wegen Fällung von 112 Kiefern und 12 Eichen und wegen Grabens von Lehm. In beiden Fällen hatte der Forststaatsanwalt behauptet, der Burgbann gehöre zum Forste und im zweiten eine Strafe von 2300 ₶ beantragt.

Das Forstamt hatte aber damals die Sache auf 6 Monate vertagt und später einschlafen lassen. Früher hatte es bei ähnlichen Versuchen des Staatsanwalts wiederholt auf Freisprechung erkannt.

Als aber 1781 und 1782 der Garde général adjoint Hartwich den Burgbannförster Speck abermals wegen Fällungen für die Stadt angezeigt hatte, stellte sich das Forstamt auf die Seite des Forststaatsanwalts, welcher die Zuständigkeit der Table de marbre zu den Urteilen von 1700 und 1701 bestritt, und verurteilte die Stadt von 1781 bis 1786 in mehreren Urteilen wegen solcher Fällungen im Burgbann zu 1913 ₶ 10 sols Strafe, ebensoviel Werts- und Schadensersatz und in die Kosten.

Die Stadt hatte die Zuständigkeit des Forstamts bestritten, weil über das Eigentumsrecht ein Rechtsstreit anhängig sei. (St.-A. DD 42.)

Vor welchem Gerichte dieser Rechtsstreit ausgefochten und wie er entschieden wurde, habe ich nicht ermitteln können. Nach dem Grenzfeststellungsprotokolle von 1842 hat die Vermarkung des Burgbannes gegen die Stadt 1784 stattgehabt.
Wie es scheint hatte sich die Stadt beschwerend an den Staatsrat gewendet. Denn 1788 berichteten die Eckerherren (directeurs de la glandée) dem Rate, der Forstmeister Callot habe ihnen erklärt, mit Rücksicht auf die von der Stadt gegen das Forstamt eingereichte Beschwerde thue er nichts mehr für dieselbe. Er gebe kein Holz weder für die Hütten, noch für die Pferche, noch auch für die Hirten, lasse auch keine Schweine in den Wald. Sie schlugen vor, nunmehr auch dem Forstamte das «droit de glandée», d. h. die an die Beamten bis dahin für die Besichtigung der masttragenden Bestände und für das Brennen der Schweine bezahlten Tagegelder zu verweigern, was für die höheren Beamten des Forstamtes 224 ℔ ausmache;[1] ausserdem habe man den Förstern bisher 2 sols für jedes Schwein als «pretendu droit de marque» und dem Oberförster für das Anschlagen des für die Pferche u. s. w. nötigen Holzes jedesmal wenn er in den Wald gehe 30 ℔ zahlen müssen. Auf diese Gelder habe das Forstamt kein Recht. (St.-A. DD 64.)

Ob und wie dieser Streit zum Austrag kam, ist in den Urkunden nicht nachgewiesen. Vermutlich war darüber noch nicht entschieden, als die Forstämter, nachdem ihnen bereits durch Erlass des Königs vom Mai 1788 die Forstgerichtsbarkeit entzogen worden war, durch das Gesetz vom 29. September 1791, die Einrichtung der Forstverwaltung betreffend, aufgehoben wurden.

Neben diesen Streitigkeiten zwischen dem Forstamte und der Stadt liefen während dieser ganzen Zeit zahlreiche Kompetenzstreitigkeiten zwischen dem Forstamte und den verschiedenen Provinzialbehörden des Landes.

---

[1] Nämlich 24 ℔ für den Forstmeister, je 36 ℔ für seinen Stellvertreter, den Staatsanwalt und den Garde-marteau und je 24 ℔ für den Gerichtschreiber und den Oberförster.

Bei Einrichtung des Forstamts war in den Jahren 1694 und 1695 demselben die volle Gerichtsbarkeit in allen mit den Forsten des Unterelsass irgend im Zusammenhange stehenden Fragen übertragen worden. Dasselbe erkannte deshalb auch in den ersten Jahren seines Bestehens über alle Zuwiderhandlungen gegen die Forstordonnanz, welche in Gemeinde- und Privatwaldungen begangen wurden, und unterhielt zu dem Ende selbst in Bergzabern und Germersheim eigene Förster. Es beschwerte sich aber bereits 1698 beim Oberforstmeister, dass der Conseil souverain, der Unterlandvogt und zahlreiche Bürgermeister sich der Ordonnanz zuwider in Forstsachen mischten.

Durch Staatsratsbeschluss vom 29. November 1700 war jedoch die Wirksamkeit der beiden elsässischen Forstämter auf die Hart bei Mülhausen und den Hagenauer Forst beschränkt und ihnen bei 500 ℔ Strafe «la connaissance des matières concernant les bois appartenant aux particuliers et aux communautés laïques et même aux beneficiers» verboten worden.[1] Das Forstamt, welches sich bis dahin sehr eingehend mit der Reformation dieser Waldungen beschäftigt und eine Menge von Bürgermeistern wegen eigenmächtiger Fällungen im Gemeindewald verurteilt hatte, kümmerte sich jetzt nicht mehr um dieselben. Auch ist von den Förstern in Germersheim und Bergzabern nicht mehr die Rede.

Die Aufsicht über Gemeinde- und Privatforste liessen die Intendanten von da an durch von ihnen ernannte Forstinspektoren («des espèces de gruyers, qu'ils appèlent inspecteurs», nannte sie das Forstamt) ausüben, während die Gerichtsbarkeit in denselben den ordentlichen Gerichten erster Instanz, in zweiter Instanz den Unterlandvögten, in letzter dem conseil souverain d'Alsace in Colmar zustand.

---

[1] Nach der Eingabe eines Einwohners von Oberhofen von 1752 war diese Loslösung der Gemeindewaldungen von der Zuständigkeit der Forstämter «à un titre très onereux» erfolgt. Es scheint demnach, dass die mehrerwähnten 300,000 + 99,000 ℔, durch welche sich die elsässischen Gemeinden «ihre Waldungen zurückkauften», der Preis derselben gewesen sind.

Es konnte nicht ausbleiben, dass es in sehr vielen Fällen zweifelhaft blieb, ob das Forstamt oder diese Behörden zuständig waren. Bezeichnend ist es jedoch für jene Zeit, dass in solchen Fällen jeder Teil das Urteil des anderen für null und nichtig erklärte und die Ausführung der Anordnungen des anderen bei hohen Strafen verbot.

Einigermassen nachgiebig erwies sich das Forstamt selbst gegen rechtswidrige Eingriffe der Militärverwaltung. So sprach es 1711 Bürger von Surburg frei, welche auf Befehl des Marschalls de Bezons im Forste 16 oder 17 Wagen Stangen zur Wiederherstellung der Heerstrasse gehauen hatten, und begnügte sich 1745 mit der Verurteilung des «chef des conducteurs des caissons de vivres» zur Bezahlung von 22 Klafter von seinen Leuten gestohlenen Holzes an die Käufer des betreffenden Schlages. 1746 wurde jedoch der Kommandant von Fortlouis genötigt, die Strafe zu zahlen, zu welcher das Forstamt einige Leute verurteilt hatte, welche auf seinen Befehl im Forste 90 Erlen zum Räuchern von Speck gehauen hatten.

Schärfer ging es den Civilbehörden gegenüber vor. So verurteilte es 1717 einen Bürger von Schweighausen, der auf Befehl des Intendanten zur Instandsetzung der Heerstrasse von Hochfelden nach Schweighausen im Forste Holz gehauen hatte, trotz der Verwendung des Intendanten zu der gesetzlichen Strafe von 1200 $ und verbot 1723 den Sufflenheimern bei einer Strafe von 500 $, die Felder zu bebauen, welche der Unterlandvogt Hatzel bei Absteckung der Banngrenze von Sufflenheim als zum Banne desselben gehörig bezeichnet hatte.

Umgekehrt verbot 1728 der Conseil souverain dem Forstamte, dem Grafen von Hanau die Erhebung von Flossgeldern bei Oberhofen und Mertzweiler zu verbieten, erklärte 1745 ein Urteil des Forstamtes für null und nichtig, durch welches der Gemeindeförster von Oberhofen zu 50 Thaler Schadensersatz an den König verurteilt worden war, weil er dem Förster Geiger zu Sufflenheim auf dem Banne von Oberhofen sein Gewehr abgenommen hatte, und bestätigte umgekehrt das Urteil des Hanauischen Gerichts, welches Geiger wegen Wilddieberei verurteilt hatte.

Mit dem Grafen von Hanau war das Forstamt auch 1731 in Streit geraten, als dessen Jäger auf dem Banne von Oberhofen einen Hund totgeschossen hatte und das Forstamt ihn zur Rechenschaft ziehen wollte. Der Graf verbot ihm, der Vorladung Folge zu leisten.

Am heftigsten wurde der Streit zwischen dem Forstamte und den Verwaltungsbehörden, als dasselbe 1752 die Unterhaltung von Lagerplätzen mit fremdem Holze in 4 Stunden Umkreis um den Forst in der Absicht verbot, auf diese Weise den Wettbewerb der übrigen elsässischen Waldungen mit dem Forste unmöglich zu machen und so den Rückgang der Rente aus dem Forste[1] aufzuhalten, und als es in den folgenden Jahren alles Holz auf den Lagerplätzen einzog und in den Einzelfällen bis zu 500 ₰ Strafe aussprach. Der Anfang wurde mit einem Transporte Holz gemacht, welches Herr von Dürckheim auf der Moder durch die Stadt hatte flössen lassen. Der Intendant de Luzé verbot aber bei 500 ₰ Strafe jedermann, sich dieses Holz anzueignen und generalisierte das Verbot 1658, als die Einziehung der auf diesen Lagerplätzen sitzenden Holzvorräte in weitem Umkreise um den Forst fortdauerte, indem er den Eigentümern den Verkauf des beschlagnahmten Holzes ausdrücklich gestattete und noch in dem gleichen Jahre den Beamten des Forstamtes den Vollzug der auf die Holzlagerplätze bezüglichen Urteile «à peine de désobéissance» verbot und den Forststaatsanwalt zur Verantwortung vor sich lud.

Der Streit währte bis 1765 und endete mit einer Entscheidung des Ministers de Beaumont, welcher sämtliche Konfiskationen aufhob (St.-A. FF 188); aber noch 1771 beschwerte sich der Erbprinz von Hessen-Hanau beim Staatsrate über den ihm durch dieselben verursachten Schaden. Der Staatsrat gestattete ihm 1774, ein Lager von Holz aus seinen Wäldern zu unterhalten.

Ein Kompetenzstreit mit dem Unterlandvogte entstand

---

[1] 1749 waren bei dem Verkauf von 200 Morgen Schläge 45,425, 1753 dagegen nur 26,489 ₰ erlöst worden.

bereits 1698, als derselbe einen Förster 9 Tage gefangen gesetzt hatte, weil er 18 Ziegen, die er im Forste weidend betroffen hatte, beschlagnahmte. Das Forstamt verurteilte den Unterlandvogt zu einer Strafe von 100 ₰ und 60 ₰ Schadensersatz; ob er die Strafe bezahlt hat, ist nicht zu ermitteln gewesen. Ein anderer brach aus, als 1703 der Förster Arth von einem gewissen Kaufmann aus Ueberach zwischen Bitschhofen und Ueberach schwer verwundet wurde. Da in den Sitzungsprotokollen des Forstamtes ein Urteil gegen Kaufmann nicht eingetragen ist, scheint der Landvogt in demselben obgesiegt zu haben.

Auch über die Jagd erhoben sich manche Streitigkeiten. Die Forstordonnanz von 1669 behält das Jagdrecht in den königlichen und ungeteilten Waldungen dem Könige vor. Der Oberforstmeister hatte demgemäss auch 1699 eine Verordnung erlassen, welche jedermann das Tragen von Gewehren und das Jagen im Forste verbot. Stillschweigend hatte man aber, wie es scheint, die Mazarin'schen Jäger bei Ausübung der Jagd gewähren lassen, ihnen aber die Berechtigung zur Besorgung des Jagdschutzes aberkannt.

Wenigstens beschwerte sich 1700 der Mazarin'sche Zinsmeister von Vorstedt bei dem Forststaatsanwalt, seit ihn die Herren vom Forstamte in der Obsorge für die Jagd gestört haben, könne jedermann jagen und alles werde zu Grunde gerichtet. Früher habe man Schweine, Hirsche und Rehe schiessen können, weil niemals weibliches Hoch- und Rehwild geschossen wurde; jetzt bemühten sich seit 8 Monaten die Mazarin'schen Jäger vergebens, ein Wildschwein zu erlegen.

Da die dem Forstamte unterstehenden Förster, wie aus der Antwort des Staatsanwalts hervorgeht, anfangs keine Flinte führen durften, konnte der von ihnen ausgeübte Jagdschutz auch bei dem besten Willen und bei mehr Zeit kein wirksamer sein.[1] Während des spanischen Erbfolgekrieges

---

[1] Dieses Verbot wurde erst 1717 durch einen Staatsratsbeschluss beseitigt, welcher den Förstern gestattete, zu ihrem Schutze Gewehre zu tragen.

scheinen indessen wenigstens die adeligen Burgmänner wieder ungehindert im Forste gejagt zu haben. Denn als der Herzog von Orleans, als Regent von Frankreich, am 25. August 1720 dem Fürsten von Birkenfeld (Herzog von Pfalz-Zweibrücken-Birkenfeld) das ausschliessliche Jagdrecht im Forste verliehen hatte und der 1715 nach Herzog Mazarins Tode zum Oberlandvogt ernannte Graf Chatillon sich 1724 beschwerte, dass die birkenfeld'schen Jäger die Hunde, die sie ohne Knüppel antreffen, tot schössen, wurde durch Zeugenvernehmung festgestellt, dass die Jäger des Stettmeisters Niedheimer von Wasenburg fortgesetzt im Forste jagten und die Jagd absichtlich ruinierten, um sie dem Fürsten zu verleiden.[1] Diese Jäger wurden 1724 und 1725 vom Forstamte wiederholt wegen unbefugten Jagens verurteilt, obwohl Niedheimer mit Perreaud verschwägert war; der Rat der Stadt nahm aber noch 1725 für sich und die Burgmänner als Miteigentümer das Recht in Anspruch, im Forste zu jagen. Er habe die Jagd nötig, um den Truppenführern Wild zu liefern. Herrn von Monclar habe er zwar seinerzeit das ausschliessliche Jagdrecht, aber nur unter der Bedingung zugestanden, dass er ihm Wild liefere. Unter Herzog Mazarin und nach seiner Zeit habe er aber das Jagdrecht immer ausgeübt. (St.-A. DD 25.)

Das von dem Oberlandvogt in Anspruch genommene Jagdrecht scheint das Forstamt 1718 indessen nicht mehr anerkannt zu haben. Wenigstens liess es 1718 die Jäger des Grafen von Chatillon wegen Jagens im Forste protokollieren und verlangte, als der Graf sein Jagdrecht geltend machte, Vorzeigung seiner Titel. Unter den auf Antrag des Oberlandvogts vor dieser Zeit wegen Jagdfrevels verurteilten Personen befand sich 1717 auch ein Beamter des Forstamtes, der bald darauf abgesetzte Oberförster Biloq. Der Herzog von Pfalz-Birckenfeld hatte die Jagd noch 1762 im Besitze.

---

[1] Die birkenfeld'schen Jäger beschwerten sich bitter darüber, dass von Niedheimer von jungen Frischlingen die Bachen wegschiessen lasse. Dadurch seien in kurzer Zeit 20 Frischlinge eingegangen.

Das anfangs gespannte Verhältnis des Forstamts zu dem Oberlandvogte Grafen Alexis von Châtillon scheint sich später besser gestaltet zu haben. Denn als 1744 der Müller auf der Uhrbrückermühle 30 Eichen und 15 Kiefern zum Wiederaufbau der landvögtischen Mühle bei Mommenheim verlangte, bewilligte das Forstamt die Abgabe dem Oberlandvogte zu Liebe. Eine von der Hand des Forstmeisters herrührende Notiz am Rande des Gesuchs lautet: «Je ne crois pas qu'on puisse refuser en considération de Monseigneur le duc de Chatillon.» Der Wert des Holzes wurde jedoch der Stadt Hagenau auf ihren Anteil angerechnet.

Dagegen verwahrte sich die Stadt 1762, wie es scheint mit Erfolg, beim König gegen die Abgabe von 100 Eichen an den Herzog von Pfalz-Birkenfeld, welcher dieselben auf Grund eines ihm angeblich 1720 verliehenen Rechtes für Instandhaltung seines Schlosses in Bischweiler und einiger Höfe verlangt hatte. (St.-A. DD 47.)

Es kann dem Forstamte die Anerkennung nicht versagt werden, dass es namentlich in den ersten Jahren seiner Wirksamkeit seiner überaus schwierigen Aufgabe in vollstem Masse gerecht geworden ist.

Kaum ein Jahr nach seiner Etablierung waren die ausserordentlich verwickelten Eigentumsverhältnisse am Forste geregelt, nach zwei Jahren war der Verlauf seiner Grenze festgestellt und aktenmässig festgelegt, wo die Grenze strittig war. In wenig Jahren war der Umfang der auf dem Forste bestehenden Berechtigungen ermittelt und der Entstehung neuer durch Verjährung ein Riegel vorgeschoben.

Die Mittel, welche das Forstamt zur Erreichung dieser Ziele anwendete, waren allerdings despotisch und entsprachen nicht immer der Billigkeit. Sie waren aber unter den damaligen Verhältnissen vollständig gerechtfertigt und verloren durch die Art ihrer Durchführung viel an ihrer Härte.

Hätte beispielsweise das Forstamt bei Feststellung des Grenzverlaufs sich auf Verhandlungen mit den einzelnen Angrenzern einlassen wollen und hätte es andere als die Forstgerichte in dieser Hinsicht als zuständig anerkannt, so hätte bei der Vielherrlichkeit der Umgebung von Hagenau und dem langsamen Geschäftsgange der Gerichte jener Zeit ein Vierteljahrhundert nicht hingereicht, um den Grenzverlauf endgültig festzustellen. Die Bestimmung aber, dass die angrenzenden Gemeinden die Grenzsteine zu liefern und zu setzen und die Besitzer der anstossenden Waldungen die Grenzgräben auf ihrer Seite und auf ihre Kosten anzulegen hatten, erschien dadurch weniger hart, dass der Staat die Kosten der Grenzfeststellung allein bezahlte, und dass er bei derselben die Grenze hart an die längs des Waldsaumes stehenden Stämme verlegte, während doch wohl in den meisten Fällen die wirkliche Grenze einige Meter weiter feldeinwärts verlief.

Ebenso hätte die Feststellung des Umfanges der Rechte am Forste, welche die Stadt Hagenau in jener Zeit in thatsächlichem Besitze hatte, die eingehendsten statistischen Untersuchungen über den Ertrag jeder einzelnen dem Landvogte einer-, der Stadt andererseits zustehenden Nutzungen erfordert, für welche zuverlässige Grundlagen überhaupt nicht vorhanden waren; eine ganze Reihe von Rechten, wie das unbeschränkte Recht des Eintriebs von Rindvieh und Schweinen und das auf eigenmächtige Fällungen im Forste, war zudem unvereinbar mit einer geordneten Forstwirtschaft.

Es war deshalb ein sehr glücklicher Gedanke, diese Einzelrechte mit einem Federstriche aufzuheben und durch die Anerkennung der Stadt als Miteigentümerin des Forstes zur Hälfte zu ersetzen.

Die Stadt ist dabei wahrlich nicht zu kurz gekommen. Von der Holznutzung, welche mit Einführung der Schlagwirtschaft zur weitaus wichtigsten Nutzung des Forstes geworden war, hatte die Stadt, so lange die Forstordnung in Geltung war, nur den kleineren Teil bezogen; insbesondere blieben ihre und ihrer Bürger Naturalbezüge an Holz, selbst in der Zeit ihrer grössten Blüte, in der Regel wohl gegen die Holzmassen zurück, welche der Landvogt und seine Leute als Fron- und Gegenholz, die Bauern der Reichspflege und die der

11 hanauischen Dörfer, letztere als Pfand für eine Schuld des Reiches an ihren Territorialherrn, als Berechtigungs- und Quasi-Berechtigungsholz bezogen hatten. Jetzt, wo die Stadt nur noch $1/8$ ihrer früheren Einwohnerzahl enthielt, war das Missverhältnis noch grösser geworden. Dazu kommt, dass alle Holzabgaben nach der herrschenden Regel je zur Hälfte im städtischen und im landvögtischen Teile bewirkt werden mussten, so dass sie, da der erstere der kleinere war, die Mastnutzung im städtischen Teile mehr als in landvögtischen schädigten.

Da der König, indem er die Ordonnanz von 1669 im Forste einführte, für den Staat auf alle Naturalbezüge von Holz aus dem Forste verzichtet und gleichzeitig alle Bau- und Brennholzrechte der Landvogteidörfer und diejenigen der hanauischen Dörfer, letztere gegen Abschaffung der Fronden, abgeschafft hatte, war die anfängliche Nichtanerkennung der Holzrechte der Hagenauer und die spätere Ueberbürdung der Berechtigungsbauholzabgaben auf den Anteil der Stadt am Ertrage des Waldes gerechtfertigt. Zudem ist ihr später ein beschränktes Brennholzrecht wieder eingeräumt worden.

Sie bezog in der Hälfte des Gelderträges des Forstes ein mehr als vollwertiges Aequivalent ihrer früheren Naturalbezüge an Holz. Von den Gegenreichnissen für das abgegebene Holz aber hatte früher der Landvogt in der Form des Küchengeldes den grösseren Teil bezogen.

Ebensowenig war die Stadt dadurch geschädigt, dass sie über den Eckerich im Burgerwald, wie früher erwähnt, etwa $2/5$ des Forstes, nicht mehr frei verfügen, d. h. keine fremden Schweine mehr in denselben einschlagen konnte.

Infolge des Staatsratsbeschlusses von 1696, welcher ihre ursprünglich auf den Burgerwald beschränkte Mastberechtigung auf den ganzen Forst ausdehnte, wurde der wirkliche Bedarf der Bürger insoferne leichter als früher gedeckt, als ihnen, wenn die Mast des Burgerwaldes nicht ausreichte, jetzt auch der Rest des Forstes zur Verfügung stand; an Mastgeld für fremde Schweine bezog die Stadt aber jetzt sogar verhältnismässig mehr als früher. Denn während bis dahin nur der

Teil des Eckerichs zu Gunsten der Stadt verpachtet, bezw. durch Einschlagen fremder Schweine genutzt werden konnte, welcher von dem Anfalle des Burgerwaldes nach Deckung des eigenen Bedarfs übrig blieb, bezog sie jetzt die Hälfte der Pachtgelder für die nach Deckung ihres eigenen Bedarfs übrig bleibende Mast im ganzen Forste. Die Stadt konnte sich deshalb die Beschränkung ihres Mastrechts auf ihren eigenen Bedarf wohl gefallen lassen.

Auch die Weidenutzung hatte durch die Beschränkung auf den eigenen Bedarf für die Stadt nichts an Wert verloren. Es ist in den Archiven kein Nachweis vorhanden, dass die Stadt jemals fremde Herden von Rindvieh und dergleichen in den Forst hatte treiben lassen; die Beschränkung der Berechtigung auf den eigenen Bedarf der Einwohner von Hagenau fixierte also nur den thatsächlichen Zustand; nur die Abschaffung der Einzelweide, eine nach Einführung der Schlagwirtschaft unentbehrliche Schutzmassregel für den Wald, mag namentlich den «Höflern» manchmal recht unbequem gewesen sein. Dagegen hatte die Stadt denselben Vorteil wie der Staat von dem Verzichte des letzteren auf die Verpachtung der Weide an fremde Gemeinden.

Die Einnahme aus den Forststrafgeldern, welche von Anbeginn der Stadt nur zum Teile zustand, hatte durch die Verschlechterung des Münzfusses jede Bedeutung verloren. Sie wurde schon in der österreichischen Periode fast ganz durch die Ausgaben aufgezehrt, welche auf dem Waldhause gemacht wurden.

Der Widerstand der Stadt gegen all diese Aenderungen war deshalb an und für sich wenig begründet; er fand seine Erklärung nur in den wirtschaftlichen Unbequemlichkeiten, welche der durch dieselben erzwungene plötzliche Uebergang von der Natural- zur Geldwirtschaft namentlich in jener Zeit mit sich brachte, in welcher das Geld ausserordentlich rar war. Diese Unbequemlichkeit war viel grösser für den einzelnen Bürger als für die Stadt als solche, für welche die Einführung der grossen Holzverkäufe alsbald Geldmittel in bis dahin unbekanntem Umfange flüssig machte. Sie war dadurch in die Lage gesetzt, ihren eigenen Bedarf an Holz durch Ersteigerung von Schlägen billig zu decken, wenn sie von diesem Mittel auch nur einmal Gebrauch machte. Für den Bürger blieb dieser Ersatz für die Naturalbezüge aus dem Forste anfangs aus; er figurierte in seinem Haushalte höchstens in der Form einer Minderleistung an das städtische Gemeinwesen, welches ohne die zunehmende Einnahme aus dem Walde die Steuerschraube von Jahr zu Jahr hätte stärker anziehen müssen.

Wohl mit Rücksicht darauf hat der Staatsrat 1717, wenn auch nur auf Kosten der Stadt, das Bauholzrecht erneuert.

Ob die Ueberbürdung der Beamtengehalte auf die alleinige Rechnung der Stadt gerechtfertigt war, mag dahingestellt bleiben. In den ersten Jahren nach Einführung der Forstämter, in welchen die Einnahmen aus dem Forste verhältnismässig gering waren, musste sie die Stadt notwendig als eine grosse Unbilligkeit empfinden. Mit dem Steigen der Erlöse aus den Holzverkäufen bei gleichbleibenden Gehalten glich sich aber das Missverhältnis zwischen den Anteilen der Stadt und des Staates mehr und mehr aus, und die Besoldung der Forstbeamten aus dem Anteile der Stadt gewann mehr und mehr die Natur einer billigen Entschädigung des Staates dafür, dass er durch hälftige Teilung der Bruttoerlöse der Stadt mehr zugestanden hatte, als sie vor 1696 besass.

Dagegen widersprach der Umstand, dass der Staatsrat später der Stadt häufig höhere Beträge als Gehaltsbezüge der Beamten anrechnete, als er verausgabt hatte, und die Art der Anrechnung des Bauholzes der Billigkeit.

Dadurch, dass die gesetzlich zur Besoldung der Kontrollbeamten bestimmten 14 deniers par livre vor der Teilung von dem Gesamterlöse abgezogen wurden, zahlte die Stadt während dieser Periode grundsätzlich auch die Hälfte dieser Besoldungen, welche jetzt dem Staate allein zur Last fallen. Sie zahlte diese Hälfte thatsächlich, wenn der Ertrag der 14 deniers mit der Höhe der Besoldungen auf Heller und Pfennig übereinstimmte, dagegen mehr als die Hälfte, wenn nach Bezahlung der Besoldungen ein Rest übrig blieb, und weniger, wenn die 14 deniers dazu nicht ausreichten.

In Jahren, in welchen, wie 1700 bis 1713, gar keine Schläge im Forste gemacht wurden, musste der Staat diese Besoldungen aus anderen Einnahmen bezahlen, die Stadt trug dazu nichts bei. Ebensowenig scheint die Stadt in solchen Jahren die Beamten des Forstamtes besoldet zu haben.

Allem Anscheine nach erhielten in solchen Jahren selbst die wenigen Beamten, welche auf ihren Stellen ausgeharrt hatten, überhaupt keine Besoldungen und keine Reise- und Taggelder und sonstige Gebühren.

Die ersteren waren ausserordentlich niedrig. In der vom Staatsrate aufgestellten Abrechnung mit der Stadt für 1751 sind die von der Kasse vorgelegten Gesamtbezüge der einzelnen wie folgt berechnet:

	Gehalt	Nebenbezüge
1. Forstmeister Perreaud	240 ₰	369 ₰ 5 s.
2. Stellvertreter Dorsner	84 » 8 s.	67 » 12 »
3. Staatsanwalt Böhm	154 » 12 »	273 » 18 »
4. Garde marteau Hannonq	154 » 12 »	259 » 18 »
5. Gerichtsschreiber Böhm	56 » — »	205 » — »
6. Garde général Kolb	150 » — »	— » — »
7. 10 Förster zusammen	500 » — »	218 » — »
8. dem Receveur particulier pour les taxations de 35,511 ₰ 2 s. à raison de 3 deniers par livre	— » — »	443 » — »
9. dem Feldmesser	— » — »	101 » — »
10. dem Concierge de l'auditoire	— » — »	6 » — »

In den Nebenbezügen ist bei dem Staatsanwalt ein Aversum von 20 ₰, bei dem Garde marteau und Gerichtsschreiber je 6 ₰ für Druckkosten, bei letzterem ausserdem 20 ₰ für Papier und bei den Förstern 108 ₰ für ihren Brennholzbedarf enthalten.

Die in dieser Nachweisung, der einzigen, in welcher die Bezüge der einzelnen Beamten getrennt aufgeführt sind, enthaltenen Zahlen scheinen indessen nicht die normalen gewesen

zu sein; denn in der Abrechnung für 1749 sind als wirkliche
Ausgabe an Gehalt für sämtliche Beamten 2155 ₰ 7 s. 11 ₰,
an Taggeldern 1473 ₰ 8 s. verrechnet, während von dem Anteile
der Stadt 2582 ₰ 15 s. 10 ₰ Gehalt und 4815 ₰ 18 s. angerechnet
sind. In vorstehender Abrechnung summieren sich die Gehalte
auf nur 1339 ₰ 10 s., die Nebenbezüge auf 1942 ₰ 13 s.

Ebenso ist im Ernennungsdekret des Forstmeisters Perreaud
von 1695 sein Gehalt auf 300 ₰ angegeben, und den gleichen
Gehalt erhielt der 1696 ernannte erste Oberförster. 1779 betrug
das Gehalt des Oberförsters und Strafgelderhebers 250 ₰ «sans
aucune deduction», das des Forstmeisterstellvertreters 100 ₰.

In besonderen Fällen wurden den Beamten persönliche
Zulagen gewährt, welche der Stadt nicht angerechnet wurden,
so 1758 dem Stellvertreter 22, dem Staatsanwalte 55, dem
Garde marteau 33, dem Gerichtsschreiber 44 ₰. 1775 erhielt
der Forstmeister Perreaud eine Gratifikation von 600, der Feldmesser Kolb eine solche von 200 ₰.

Dienstwohnungen und Dienstländereien besassen die Forstbeamten jener Zeit nicht; zur Deckung ihres Brennholzbedarfs
bezogen aber die Förster 1751 eine Geldentschädigung von durchschnittlich 10,80 ₰, also etwa 8,40 ℳ in unserem Gelde. Den
höheren Beamten stand ein Anspruch auf Besoldungsholz nicht
zu. Die Ordonnanz von 1669 hatte die bei den älteren Forstämtern bestehenden Ansprüche darauf in Geld umgewandelt,
den nach 1669 errichteten Forstämtern solche aber nicht mehr
eingeräumt. Wenn es in den Bestallungen der Beamten des
Fortamtes Hagenau noch 1783 figurierte, so ist das nur ein
Beweis dafür, dass diese Schriftstücke Jahrhunderte lang nach
derselben Schablone abgefasst wurden, ohne dass auf die inzwischen eingetretenen Aenderungen irgend welche Rücksicht
genommen wurde.

Dagegen waren sämtliche Forstbeamten frei von Steuern[1]
mit Ausnahme der Kopfsteuer und frei von Einquartierungen.

---

[1] 1745 und 1758 wurde indessen von den Inhabern käuflicher
Aemter eine 3 bis 5 % von dem Werte derselben betragende

Die Stellen vom Gerichtsschreiber aufwärts waren von Anbeginn erblich und verkäuflich. Die Stelleninhaber oder deren Erben schlugen dem Könige ihre Nachfolger vor, die er nach Zahlung eines Achtels («le huitième denier») des Kauf- oder Anschlagspreises bestätigte.

Hatte der Erbberechtigte das gesetzliche Alter zur Wahrnehmung des Amtes (25 Jahre) noch nicht erreicht, so wurde wie 1754 zu Gunsten des jungen Gosset ein Stellvertreter einberufen, der auf seine Rechnung amtierte. Damals war der Anwalt v. Wimpfen vom Conseil souverai d'Alsace «à cause du deffaut d'âge du Garde marteau» vom Forstmeister als dessen Stellvertreter berufen worden. 1743 wurde vom Conseil souverain der damalige Garde marteau Hannonq verurteilt, der Witwe Gosset im Namen ihres unmündigen Sohnes die Akten herauszugeben. Ausnahmsweise dispensierte der König wohl auch von der gesetzlichen Vorschrift. So wurde 1753 dem damals erst 21 Jahre 6 Monate alten Johann Noel Gosset das Amt als Garde-marteau endgültig übertragen. Bis zur Vollendung des 25. Jahres ruhte aber sein Recht auf beratende Stimme im Kollegium und auf Vorsitz bei Gerichtssitzungen in Abwesenheit von Forstmeister und Stellvertreter. 1784 bestätigte der König den erst 20 Jahre alten Förster Klipfel als Nachfolger seines Vaters.

Später hat sich auch für die unteren Stellen nach und nach eine Art Präsentationsrecht der abgehenden Beamten herausgebildet. So bat 1754 der Förster Labastran, einen gewissen Stooss zu seinem Nachfolger zu ernennen. Die Oberförster Huber und Biloq wurden indessen bereits 1713 zu diesem Amte ernannt «pour en jouir héréditairement». Von 1763 ab waren auch die Försterstellen verkäuflich. In allen von dieser Zeit datierten Bestallungen[1] ist ausdrücklich erwähnt, dass sie ihr

Steuer, wohl als « don gratuit », erhoben. Ausserdem musste der Neuernannte bei Antritt der Stelle ein Achtel des Kaufpreises als einmalige (Mutations-) Steuer zahlen.

[1] In denselben ist der Ernannte immer als «notre bien aimé» bezeichnet; der Schluss lautet, wenn die Ernennung vom König ausgeht, immer «car tel est notre plaisir».

Amt von ihren «à titre de survivance» angestellten Vorgängern oder deren Erben erkauft oder ererbt und die Mutationsgebühr an den König ($^1/_8$ des Kaufpreises) bezahlt haben.

Um das ererbte oder erkaufte Amt ausüben zu können, mussten der Forstmeister und sein Stellvertreter sowie der Forststaatsanwalt mit einer akademischen Würde bekleidet (gradués) sein. War es der Inhaber der Forstmeisterstelle nicht, so hatte er nur beratende Stimme. Von den Förstern wurden nach einer Bestallung von 1698 «bonnes vie, mœurs, capacité, suffisance, probité, Religion catholique apostolique et Romaine» verlangt.

Mit der «capacité» scheint man es indessen namentlich im Anfang nicht allzu scharf genommen zu haben. Einige der 1696 angestellten Förster konnten nur ihren Namen schreiben, die letzten städtischen Förster im Forste waren auch dazu nicht im stande. Später waren sämtliche Förster im stande, ihre Strafanzeigen vollständig niederzuschreiben; manche derselben thaten es aber nur in deutscher Sprache. Der 1754 im Amt befindliche Förster Carlen war der französischen Sprache überhaupt nicht mächtig. Dagegen war katholisches Bekenntnis bis zum Schlusse der Periode für alle Forstbeamten ohne Ausnahme unbedingtes Erfordernis. In keiner einzigen Bestallung — die letzte erhaltene datiert aus dem Jahre 1789 — fehlt die Bemerkung, dass der Ernannte nachgewiesen habe, dass er katholisch sei. In der Verhandlung über die Vereidigung des Oberförsters Redwitz von 1711 ist ausdrücklich betont, dass er die Bescheinigung «de l'abjuration par luy faite le 25 Mai 1688 de la religion lutherienne» beigebracht habe.

Ausser diesen persönlichen Eigenschaften wurde von manchen Beamten die Stellung einer Kaution verlangt. Bei den Förstern betrug dieselbe bereits 1750 300 ₰. Oberförster Hartrich stellte 1782 eine solche von 2500 ₰ und zwar in liegenden Gütern.

Das Forstmeisteramt blieb bis um 1780 in den Händen der Familie Perreaud, die Stelle des Garde marteau in denen der Familie Gosset. Oberförster Kolb, wie es scheint, ein Verwandter und Erbe Hubers, war von 1726 bis 1782 im Besitze des Amtes. Er vererbte dasselbe auf seinen Enkel Hartrich, der ihm seit 1780 als Gehilfe (Garde général adjoint) beigegeben war.

Die übrigen Aemter gingen vielfach von Hand zu Hand. So wurde beispielsweise die Stelle des Forstmeisterstellvertreters 1750 durch den Rat zu Gunsten der Erben Dorsner für 12,200 ₰ an Franz Joseph Ignaz Roth versteigert. Die Käufer waren meist «avocats» am Conseil souverain in Colmar, also Juristen. Ob sie sich auf ihre Stellung im Forstdienste irgendwie vorbereitet hatten, darüber fehlt jeder Nachweis.

1771 wurden die verschiedenen Stellen unter Benützung der thatsächlich bezahlten Kaufpreise wie folgt abgeschätzt:

1. das Forstmeisteramt auf . . . . 61,992 ₰ 4 s. 2 ₰
2. das Amt des Stellvertreters auf . 13,700 » — » — »
3. »   »   » Staatsanwaltes (1758
   verkauft) auf . . . . 28,000 » — » — »
4. das Amt des Garde marteau auf . 22,986 » — » — »
5. »   »   » Gerichtsschreibers
   (1768 durch Ehevertrag übernommen) auf . . . . 18,500 » — » — »

Der Gerichtsvollzieher gab den Wert seines Amtes auf 2000, der Feldmesser auf 8000 ₰ an. Der Réarpenteur soucheteur hatte das seinige 1771 mit Einschluss von 500 ₰ Kosten für 5500 ₰ gekauft, der Oberförster schätzte das seinige auf 1400, der Strafgelderheber auf 4000, der Förster Klipfel auf 800 ₰.

Aus diesen Schätzungen dürfte hervorgehen, dass wenigstens die höheren Beamten wahrscheinlich direkt von den Parteien noch andere Beträge erhoben, welche beim Forstamte nicht gebucht wurden.[1]

[1] Der Oberförster hatte ein Viertel der Strafen — ob auch der Werts- und Schadensersätze, ist ungewiss — in seiner Eigenschaft als Strafgelderheber zu beanspruchen. In den Bestallungen ist die Höhe der Einzelbezüge in der Regel nicht angegeben. Es heisst dort meist nur, dass der Ernannte dieselben «honneurs, pouvoirs, libertés, fonctions, autorités, privilèges, immunités, prérogatives, prééminences, rangs, séances, gages, journées, chauffages, vacations et autres droits, fruits, profits, revenus et émolumens», wie sein Vorgänger geniessen solle.

Die Zahl der im Forste selbst beschäftigten eigentlichen Förster betrug 1696 sechs, 1698 acht und nach der erwähnten Abrechnung von 1751 zehn. Im Jahre 1752 sind aber von 16, 1756 und 1764 sogar von 20 verschiedenen Förstern Strafanzeigen erstattet worden. Ob sie sämtlich gleichzeitig im Dienste waren, ist nicht zu ermitteln gewesen. Unter den Förstern von 1651 finden sich nur zwei (Eisenmenger und Sorck), deren Namen 1752 nicht mehr vorkommen. Es ist daher wenig wahrscheinlich, dass die Vermehrung der Namen der Förster ausschliesslich auf häufigen Abgängen beruht. Allem Anscheine nach wurde das Forstschutzpersonal damals um eine Anzahl ambulanter Forstaufseher verstärkt, welche nicht wie die eigentlichen Förster eigene Schutzbezirke hatten. Es spricht dafür auch die in jener Zeit sich auffallend mehrende Zahl gemeinsamer Strafanzeigen mehrerer Förster.

Die Förster wohnten in Mietwohnungen oder eigenen Häusern in den Dörfern um den Forst herum, einer 1752 sogar in Sulz u. W., ein anderer in Gunstett, ein dritter, der allerdings beritten war, 1753 in Kühlendorf. Der Oberförster Huber wohnte 1723 in dem in der Luftlinie 14 Kilometer vom Forste entfernten Dorfe Weihersheim in einem eigenen Hause, ebenda wohnte 1747 sein Nachfolger Kolb. In den Bestallungen von 1750 ab ist indessen den neu ernannten Förstern verboten, weiter als eine halbe Stunde von ihrem Schutzbezirke Wohnung zu nehmen. Die höheren Beamten hatten Wohnsitz in Hagenau, waren aber manchmal viele Monate von dort abwesend; so wohnte der Staatsanwalt Lottinger 1717 und 1718, der Forstmeister 1758 und 1759 fast keiner Sitzung bei, der Forstmeister hatte damals seinen Wohnsitz in Paris.

Ein grosser Teil der Beamten hatte gleichzeitig noch andere besoldete Aemter inne, so war der erste Forstmeister Perreaud von 1702 bis 1717 gleichzeitig Stettmeister[1] von Hagenau, sein ältester Sohn Franz Zenobie ausserdem «chargé de distribution du sel

---

[1] Die Zahl derselben betrug seit 1718 nur noch drei, die der Ratsmitglieder 6, die sich durch Cooptation ergänzten. Unter dem Vorwande, dass die Abnahme der Bevölkerung eine grössere Zahl

pour le Grandbaillage». Der erstere nahm seine Entlassung als Stettmeister, als ein Staatsratsbeschluss von 1719 beide Aemter für unvereinbar erklärte, behielt sich aber den Ratsbecher, das Salz und das übliche Weihnachtsgeschenk vor, sein Sohn aber blieb es, obwohl Schultheiss und Rat vom Könige seine Absetzung verlangt hatten, weil die Vereinigung beider Aemter unstatthaft und er ein Vetter des Stettmeisters Niedheimer von Wasenburg sei und vor seiner Wahl zum Stettmeister versprochen habe, seine beiden anderen Aemter niederzulegen. Der Rat selbst zog sein Gesuch zurück, als ihn Perreaud in der Sitzung darüber zur Rede stellte. Auch der letzte Perreaud[1] war von 1746 bis zu seinem Tode Stettmeister. Ebenso scheint der letzte Forstmeisterstellvertreter Dorsner zugleich Mitglied des Stadtrates gewesen zu sein. Wenigstens ist die Unterschrift des Ratsherrn Dorsner von derjenigen des Forstbeamten nicht zu unterscheiden. Auch der Förster Bertrand versah 1724 gleichzeitig das Amt eines Ortsvorstehers (Prévôt) von Ueberach.

Die Disciplin unter den Beamten wurde mit wechselnder Strenge gehandhabt; sie war, wenn man nur die Zahl der Verurteilungen in Betracht zieht, zeitweise eine recht scharfe. Dienstenthebungen kamen zwar auch bei schweren Dienstvergehen selten vor, dagegen wurden von dem Forstamte als Disciplinarhof häufig Geldstrafen ausgesprochen, welche die Gehaltsbezüge der Verurteilten manchmal um das 4- bis 20fache überstiegen, und welche, wenn sie überhaupt zur Erhebung kamen,

der Ratsmitglieder nicht gestatte, hatte die französische Regierung die Verminderung derselben vorgenommen, die Marschalkstellen abgeschafft und den seit 1688 eingerissenen Gebrauch der Cooptation trotz des Protestes der Bürgerschaft bestätigt.

[1] Im ganzen waren drei Perreaud Forstmeister in Hagenau. Der erste hiess Etienne (Stephan), der sich 1696 mit einer Tochter des Stettmeisters Niedheimer von Wasenburg vermählte und am 5. Mai 1741 starb; ihm folgte sein Sohn Anton Zenobie, der am 5. Oktober 1746 mit Tod abging. Sein Nachfolger war sein 1710 geborener Bruder Franz Ignaz (1780). 1783 wurde Franz Xaver Callot Forstmeister, der das Amt 1783 von den Erben Perreaud erkauft hatte.

darauf schliessen lassen, dass die Beamten Einnahmequellen besassen, über welche die Akten keinen Aufschluss geben. Umgekehrt beschränkten sich die Urteile manchmal auf das Verbot, es wieder zu thun. So hatte der Oberförster Huber 1723 zum Wiederaufbau seines 1720 abgebrannten Hauses in Weihersheim gebeten, ihm das Holz auf dem Fusse der Bürger von Hagenau zu geben. Der Garde marteau Gosset hatte ihm dazu, ohne die Genehmigung abzuwarten, 36 Eichen und 15 Kiefern angeschlagen. Huber hatte sie hauen lassen und wurde nun von dem Forstamte zu 400 ₰ Geldstrafe verurteilt. Das Holz wurde konfisziert, dem Garde marteau aber wurde nur verboten, sich hineinzumischen.

In demselben Jahre hatte derselbe Gosset Leuten von Mertzweiler gegen ein Frühstück gestattet, 4 Eichen von zusammen 46 Fuss Umfang zu hauen. Sie wurden zu 184 ₰ Strafe und ebensoviel Werts- und Schadensersatz verurteilt, hatten aber Regress auf Gosset. 1716 wurde der Förster Lachenaye, der jemand erlaubt hatte, Holz zu hauen, auf Klage des Thäters verurteilt, die gegen diesen wegen Forstdiebstahls erkannte Strafe zu zahlen.

Besonders zahlreich sind die Verurteilungen von niederen Beamten in den Jahren 1713 bis 1715. Sie beziehen sich durchwegs auf kleine Holzverkäufe durch die Förster während der Kriegszeit. So wurde 1715 der Förster Lasave verurteilt, an die Staatskasse 15 ₰ abzuführen, die er sich in sieben Jahren von einem Manne nach und nach für die Erlaubnis hatte zahlen lassen, auf den Boden gefallenes Holz zu holen. Am tollsten scheint es in dieser Hinsicht der Oberförster Biloq getrieben zu haben. Er wurde 1715 interdiciert, nachdem sämtliche Förster erklärt hatten, unter ihm als einem Unwürdigen nicht dienen zu wollen. Er hatte noch 1715 einer Menge von Gemeinden gegen Bezahlung die Erlaubnis erteilt, Dürrholz im Forste zu holen, und einem Manne sein Gewehr abgenommen, weil er geglaubt habe, derselbe habe gewildert.

Wegen Holzverkaufs und Fällens von Holz für zwei Bäder, die er in Surburg und Hoffen unterhielt, wurde 1738 der Förster

Schwender, aus unbekannten Gründen 1752 der Förster Enginger abgesetzt. 1747 wurde gegen den Förster Jaeck, weil er von mehreren Leuten Geld angenommen und dafür keine Strafanzeigen gegen sie gemacht hatte, auf Amtsentsetzung erkannt; vier Wochen später war derselbe aber wieder im Amte. Förster Brotzy wurde im gleichen Jahre wegen eines ähnlichen Falles auf 14 Tage suspendiert; eine ganze Reihe von Förstern wurden gleichfalls 1747 sowie 1750 zu Strafen bis zu 160 ℔ verurteilt, weil sie Frevelstöcke nicht rechtzeitig gefunden und darüber keine Verhandlung aufgenommen hatten. 1752 wurden wegen des gleichen Vergehens die Förster Himiob, Enginger, Brotzy, Lustig, Rischmann, Hofmann, Labustral, Carlen, Scharrenberger und Wencker, also 10 von 18 während dieses Jahres im Amt befindlichen Förstern,[1] zu Strafen von 9 bis 298 ℔ verurteilt, bei Rischmann betrug die Strafe sogar 409, bei Wencker gar 1027 ℔ und ebensoviel Ersatz. Der Förster Moser musste wegen Nachlässigkeit 1785 720 ℔ Strafe zahlen.

Einen Teil des von den Frevelstöcken in Wenckers Begang herrührenden Holzes hatte der Staatsanwalt, einen anderen der Garde marteau Hannonq erhalten. Dass gegen diese beiden eingeschritten wurde, ist nirgends gesagt. Dagegen wurde der Forstmeisterstellvertreter Dorsner in dem gleichen Jahre zu 300 ℔ Strafe verurteilt, weil er einem Drechsler von Hagenau gestattet hatte, einen ganz gesunden Eichenwindfall als Rechtholz nach Hause zu fahren. Das Urteil wurde von der Table de marbre bestätigt.

Ein eigentümliches Urteil erging 1721. Der Staatsanwalt zeigte an, zwei Förster seien mit einem gewissen Zinder mit der Meldung zu ihm gekommen, es sei bei Mertzweiler viel Dürrholz vorhanden und sei dort dem Diebstahle ausgesetzt. Er habe daraufhin das Holz sofort für 50 ℔ an Zinder verkauft, der es für 240 ℔ weiter verkauft habe. Wegen dieser Täuschung wurden Zinder und die Förster zu 10 ℔ Strafe verurteilt.

---

[1] Die übrigen hiessen Art, Anton Jaeck, Joseph Jaeck, Reifsteck, Bertrand, Berenbach, Tiercet, Isenmann.

Was die Ausübung der Strafgerichtsbarkeit durch das Forstamt betrifft, so beschränkte sich dieselbe anfangs, wie es scheint, absichtlich auf die Ahndung von Vergehen, welche in der Zuwiderhandlung gegen von dem Oberforstmeister und Forstmeister erlassene und überall bekanntgemachte Gebote und Verbote bestanden. In den Jahren 1696 und 1697 sind in den Sitzungsprotokollen des Forstamts fast nur Verhandlungen gegen die Bürgermeister von Gemeinden enthalten, welche in ihren Waldungen eigenmächtig Holz gehauen oder bei der Ausübung ihrer Weideberechtigungen die vorgeschriebenen Förmlichkeiten nicht erfüllt hatten. Wo das Forstamt guten Willen fand, sprach es die Angeklagten «für dieses Mal» frei.

Nur begann es damals schon den Forst von Leuten zu säubern, welche im und am Walde wohnten und dort holzverzehrende Gewerbe trieben. Den Anfang machte es 1697 mit den von Vorstedt in die Struth eingesetzten Köhlern, welche durch Weidenlassen von Rindvieh und Ziegen grossen Schaden im Walde gemacht hatten; ihnen folgten 1698 die Bewohner der Hütten im Gründel und 1753 vier Kienrussbrenner von Ober- und Niederbetschdorf sowie von Schwabweiler, welche zum Gebrauche ihrer Oefen Stockholz gefrevelt hatten. Alle diese Leute wurden zu der gesetzlichen Geldstrafe und dazu verurteilt, ihre im Forste und näher als eine halbe Stunde (lieue) vom Forste gelegenen Hütten und Oefen abzureissen. Die Oberbetschdorfer erhoben Einsprache, wurden aber abgewiesen, obwohl ihre Oefen damals bereits 26 Jahren bestanden und sie sich erboten, das Stockholz wie früher zu bezahlen. 1754 wurde ein Schlagsteigerer, der sich eine Hütte im Walde erbaut hatte und angab, seit 30 Jahren darin zu wohnen, verurteilt, dieselbe in Monatsfrist abzureissen.

Der Müller Rod «au moulin proche de la ville» wurde 1717 zu 1000 ₰ Strafe und 1000 ₰ Ersatz verurteilt, weil er in seiner Mühle ein Sägewerk aufgestellt hatte. Zwei Staatsratsbeschlüsse von 1716 und 1717 hatten befohlen, alle Sägemühlen um den Forst abzureissen, deren Besitzer für den Betrieb derselben keine gültigen Rechtstitel besitzen. Noch 1723 waren diese Titel jedoch noch nicht sämtlich vorgelegt. Einem Müller wurde in diesem Jahre verboten, Holz zu schneiden, so lange er seine Titel nicht eingereicht habe.

Nicht minder streng verfuhr das Forstamt gegen Gewohnheitsfrevler. 1725 wurden zwei Leute von Schirrein, weil im wiederholten Rückfalle, und zwei Leute von Hagenau, 1726 abermals zwei Hagenauer wegen gewerbsmässigen Forstdiebstahls zum Zwecke des Verkaufs verurteilt, an einen anderen, vom Forste mindestens 7 Stunden entfernten Ort zu verziehen. Ein ähnliches Urteil erging 1783 gegen einen gewissen Gross. Andere wurden 1723 verurteilt «de tenir prison en tel fin que de raison».

Gegen die namentlich bei Schirrein und Sufflenheim auch nach 1716 vorkommenden Usurpationen schützte das Forstamt den Forst dadurch, dass es die Betreffenden verurteilte, die auf dem Neuland erbauten Häuser wieder abzureissen. Solche Urteile ergingen 1711, 1717, 1737, 1741, 1745 und 1788. Der letzte Verurteilte reichte ein Gesuch an den Staatsrat ein, in welchem er bat, ihm die gerodete Fläche gegen Grundzins als Eigentum zu überlassen. Von den Prämonstratensern, die am Bruderhaus Rodungen gemacht hatten, wurde 1715, von dem Pächter einer bei Surburg in den Forst einspringenden Wiese 1717 Vorzeigung ihrer Rechtstitel verlangt. Als das Forstamt 1731 die Schibelechthurst und das Hirzwäldel als zum Forste gehörig beanspruchte, wurde den Bauern, welche nachwiesen, dass sie dieselben 1723 von den «Seigneurs» in Oberbronn gekauft hatten, verboten, irgend etwas in diesen inzwischen zum grössten Teile gerodeten Flächen vorzunehmen und den Seigneurs etwas zu zahlen. Der Staatsanwalt hatte 1000 ₰ Strafe, Rückgabe des Holzes und Ansaat der Rodflächen mit Eicheln auf Kosten der Bauern beantragt. Die Seigneurs wurden vorgeladen; da sie aber nicht erschienen, verlief die Sache im Sande. Bei kleinen Grenzüberschreitungen wurde der Angrenzer verurteilt, einen Grenzgraben anzulegen.[1] Wo dieselben häufiger

---

[1] Ein solcher Befehl erging 1742 gegen die Gemeinde Mertzweiler. Die Gemeinde erhob gegen denselben Einspruch, weil die

vorkamen, wurde der ganzen Gemeinde aufgegeben, sich gegen den Forst durch Anlage von Gräben abzugrenzen. 1753 wurden die Jesuiten in Walburg zu 200 ₰ Strafe verurteilt, weil sie beim Reinigen des Grenzgrabens im Glaswinkel das darauf stehende Holz (200 Wellen) gehauen hatten. Unbefugte Rodungen auf dem Alleineigentum der Stadt versuchte der Staatsrat — dem Wunsche der Stadt entsprechend — dadurch rückgängig zu machen, dass er Vorlage der Titel forderte. Der Rat selbst beschloss 1719, nach Einbringung der ersten Ernte die Viehherden der Stadt auf solche Rodstücke zu treiben.[1] Später scheint jedoch die Aufsicht des Rates über den städtischen Grundbesitz eine sehr lässige gewesen zu sein. Denn 1759 verlangte der Intendant mit Rücksicht auf die in dieser Beziehung herrschende Unordnung die Aufstellung und Evidenthaltung eines Verzeichnisses der städtischen Grundstücke.

Auch im Forste war, obwohl die sämtlichen Bestallungen

Ordonnanz von 1669 die Anlage von Grenzgräben nur denjenigen Angrenzern auflege, welche mit Wald an die Staatsforsten anstossen. Der Einspruch scheint Erfolg gehabt zu haben, denn in den Jahren 1782 und 1783 wurde den Schlagkäufern die Anlage neuer Grenzgräben gegen Mertzweiler aufgegeben. Die Gräben sollten 2626 Ruten lang, 4 Fuss breit und 5 Fuss tief gemacht und 1 1/2 Fuss von den Grenzsteinen entfernt angelegt werden.

[1] Während der ganzen Periode scheinen in der ganzen Umgebung des Forstes, namentlich aber auf dem Banne von Hagenau, ausgedehnte Rodungen stattgehabt zu haben. In seiner Eingabe von 1731 klagte der Rat sehr über eigenmächtige Rodungen von städtischem Eigentum und verlangte, dass sie den Privaten wieder abgenommen werden, da der von denselben angebotene Grundzins niedriger sei als die Einnahme, welche die Stadt beziehen würde, wenn sie selbst gerodet hätte. Die an den Forst anstossenden Wiesen auf dem Banne von Biblisheim, links der Sauer, wurden 1774 gerodet. 1774 erbot sich ein gewisser Cerf Ber, 400,000 ₰ und ausserdem jährlich 8 ₰ pro Morgen zu zahlen, wenn ihm gestattet würde, 3000 Morgen des Forstes auf emphyteutischen Vertrag zu Wiesen zu machen. In demselben Jahre baten die Gemeinden Schirrein und Schirrhofen um Abtretung von 330 Morgen Forstlandes längs ihrer Bänne gegen Zahlung eines Grundzinses von 6 sols pro Morgen. Die Gebote wurden einregistriert; eine Entscheidung auf dieselben erfolgte aber nicht.

der Förster die Bestimmung enthielten, dass dieselben alle drei Monate Bericht über den Zustand der Grenze zu erstatten hätten, die Aufsicht über die Vermarkung zeitweise ungenügend. 1777 beschwerte sich ein Angrenzer darüber, dass viele Grenzsteine verschwunden seien.

Wegen gewöhnlicher Forstfrevel ergingen von 1696 bis 1701 sehr wenig Strafurteile. Von Bedeutung ist nur ein Urteil gegen die Gemeinde Eschbach, wodurch dieselbe wegen Eintriebs von 115 Stück Rindvieh in junge Schläge «par grace» zu einer Strafe von nur 100 ₰ verurteilt wurde, sowie eine ganze Reihe von Urteilen wegen Einzelweide und wegen Kohlenbrennens. Auch wegen unbefugten Holens von Erde im Forste wurden damals einzelne verurteilt. Neun Töpfern von Sufflenheim wurde dagegen die Abfuhr von ohne Erlaubnisschein gegrabener Erde ausnahmsweise gestattet; einem Töpfer von Scheidhofen erst, nachdem er den «prix de convention» bezahlt hatte.

Umsomehr beschäftigte sich das Forstamt von 1714 an mit derartigen Uebertretungen. Wohl wurde noch im März dieses Jahres ein Mann, der einen dürren Stamm gehauen hatte, auf die Einrede ausser Verfolgung gesetzt, dass er als Bürger von Hagenau das Recht habe, stehendes oder liegendes Dürrholz zu seinem Gebrauche zu fällen, und zwei andere, welche gemeinsam zwei Eichenwindfälle von 9 Fuss Umfang gehauen und verkauft hatten, nur zu 4 ₰ Strafe verurteilt. Aber bereits am 14. Juli 1715 wurde ein Hagenauer wegen Hauens eines Handkarrens voll Dürrholz «contre les deffenses que l'on a fait publier» zu 3 ₰ Strafe verurteilt. Nichthagenauer mussten für das gleiche Vergehen 5 ₰ Strafe zahlen. In jener Zeit verfuhr das Forstamt, den klaren Bestimmungen der Ordonnanz von 1669 zuwider, bei Abmessung des Strafmasses ganz nach Gutdünken. An demselben Tage, an welchem jene Urteile ergingen, wurden, wie bereits erwähnt, wegen viel schwererer Vergehen gegen Nichthagenauer viel mildere Strafen ausgesprochen.

Nach Erlass des Staatsratsbeschlusses von 1717, welcher den Hagenauern das Recht auf liegendes, zu Nutzzwecken untaugliches Dürrholz unter gewissen Vorbehalten wieder einräumte, hörten zwar die Verurteilungen der Bürger wegen Holens von liegendem Dürrholz zu eigenem Gebrauche auf; ja das Forstamt begnügte sich, als 1728 der Stettmeister Niedheimer von Wasenburg für die Stadt schwere stehende Dürrhölzer, darunter Eichen von 9 bis 12 Fuss Umfang, im Forste hauen liess, zu bestimmen, dass der Wert dieses Holzes der Stadt angerechnet würde. Es sprach sogar, dem Wortlaute des Staatsratsbeschlusses von 1717 zuwider, 1725 einen Bürger von Hagenau frei, als er eine dürre Aspe von 5 Fuss Umfang fällte, «vu que c'est un arbre de peu de consequence», und 1729 zwei andere, als sie stehendes faules Holz fällten. Ein anderer wurde 1747 auf Grund seiner Berechtigung als Hagenauer freigesprochen, weil zwei von ihm gefällte Buchen nur zum Brennen tauglich und faul waren, ein dritter 1755, als er Stockholz holte.

Nach 1731 war es aber, wenn stehendes Dürrholz gefällt wurde, Regel, dass Verurteilung erfolgte; ebenso schon früher, wenn, was damals besonders 1729 und 1751 häufig geschah, von Hagenauer Bürgern hohle dürre Eichen durch Feuer zum Falle gebracht wurden. Sehr energisch wurde ausserdem namentlich gegen Leute von Schirrein und Kaltenhausen eingeschritten, welche als Bürger von Hagenau liegendes Dürrholz als Berechtigungsholz holten und es dann nach auswärts, insbesondere nach Bischweiler und Herlisheim verkauften. 1725 hatte das Forstamt solche Verkäufe bei 500 ℔ Strafe verboten und 1774 das Verbot erneuert.

Dagegen blieb das vom Forstamte auf Antrag der Holzhändler 1728 erlassene Verbot an die Bürger von Hagenau, den in der Stadt wohnenden Juden irgend welches Holz zu verkaufen, «sauf aux dits juifs de s'en pourvoir ainsi ce comme jls aviseront bon être», auf dem Papiere stehen. Wenigstens ist kein Strafurteil auf Grund dieses Verbotes erlassen worden. Die Händler hatten auf eine Steigerung ihres Holzabsatzes durch dasselbe um 2000 Klafter gerechnet.

Ausser Berechtigungsholz wurde während dieser Periode auch viel gestohlenes Holz nach auswärts verkauft. Insbesondere scheinen die Schirreiner dieses Geschäft gewerbsmässig und vorzugsweise bei Nacht betrieben zu haben. In einzelnen Fällen waren auf einmal 16 Klafter Holz gestohlen und verkauft worden. 1742 stahl ein Mann von Schirrein in einer Nacht 18 Eichen von 2½ Fuss Umfang und führte sie nach Bischweiler (Strafe 572 ℔). Zu den beliebtesten Frevelobjekten gehörten damals starke Kiefern, die man zu Rebpfählen aufspaltete, Birken- und Haselreifstecken, Eichenlohrinde[1] und auffallenderweise, vielleicht in Erinnerung an das alte Recht auf Taubholz, Aspenholz.

Die Strafe für Reifstangen war, da sie nach der Ordonnanz von 1669 in geradem Verhältnis zu dem Umfange der gestohlenen Hölzer stand, im Verhältnis zu dem Werte der gestohlenen Ware ungemein hoch. 1733 wurde ein Mann wegen Holens von 600 Haselreifstecken zu 60 ℔ Strafe und ebensoviel Wertsersatz verurteilt. Wegen Holens von zwei Bündeln Erbsenreisig wurde 1727 eine Strafe von 2 ℔ ausgesprochen.

Unverhältnismässig hoch waren die Strafen ferner wegen Stockholzfrevels. 1727 wurde jemand wegen Holens eines dürren Eichenstockes von 5 Fuss Umfang zu 10 ℔, ein anderer wegen Ausgrabens von «une mechante souche de 4 pieds de tour, pourrie en dedans» zu 3 ℔ Strafe verurteilt.

Zum Fortschaffen des gestohlenen Holzes bedienten sich die Frevler um die Mitte des Jahrhunderts neben den Karren (cha-

---

[1] Beim Bezug der Lohrinde waren unter der Herrschaft des Forstamtes die elsässischen Gerber vollständig auf die Gemeinde- und Privatwaldungen angewiesen. In allen Bedingnisheften der Holzverkäufe von 1715 bis 1789, die mir zu Gesicht gekommen sind, ist vorgeschrieben, dass sowohl im Hochwalde wie im Schlagholze die Fällung vor dem 15. April, also zu einer Zeit vollendet sein muss, in welcher sich die Eiche noch nicht schält. Die Gerber von Bischweiler benützten deshalb wohl oder übel auch die Rinde im Winter oder — wie 1715 — auch die im August gefällter Eichen von 4 bis 5 Fuss Umfang. Nur aus dem Jahre 1718 steht urkundlich fest, dass im Forste Eichenlohrinde — ob im Saft? — von den Schlagkäufern selbst gewonnen wurde, ohne dass dieselben gestraft wurden. 1728 wurde dagegen ein Schlagsteigerer verurteilt, weil er am 16. April zwei stehende Eichen geschält hatte.

riot) und Handkarren (charette) mit Vorliebe der Esel, welche in den Jahren 1750 bis 1755 in grosser Zahl beschlagnahmt wurden. 1750 beauftragte das Forstamt die Förster, in solchen Fällen die Sättel und Geschirre der Esel zu zerbrechen.

Am ärgsten waren selbstverständlich die Holzdiebstähle zum Verkauf in Kriegszeiten, so 1704 bis 1711 und 1743 und 174

Sehr häufig waren während der ganzen Periode die Strafurteile wegen unbefugten Weidens von Rindvieh und Pferden, die namentlich die hanauischen Dörfer bei Ausübung ihrer Berechtigung mit Vorliebe in die jungen Schläge eintrieben. Die Strafe betrug gewöhnlich in solchen Fällen 5 ß, manchmal auch nur 2 ß für jedes Stück Vieh. Dem, wie es scheint, von alters her übernommenen Unfug der Hirten, das dürre Gras zur Verbesserung der Weide anzuzünden, suchte das Forstamt 1701 durch ausdrückliches Verbot und der Staatsrat 1717 dadurch zu steuern, dass er verbot, auf abgebrannten Flächen in den sechs dem Brande folgenden Jahren das Vieh zur Weide zu treiben. Strafanzeigen wegen Eintriebes ganzer Schafherden, welche 1696 bis 1698 häufig vorkamen, wurden an der Grenze gegen Schirrein vereinzelt noch 1747 gemacht. Wegen Einzelweide von 21 Schweinen wurde ein Mann von Kaltenhausen 1757 zu 63 ß Strafe verurteilt. Bei Rindviehweide erfolgte Verurteilung wegen Eintriebs in nicht fährige Orte.

Das erste Urteil wegen Sammelns von Leseholz (« mauvais bois par terre ») stammt aus dem Jahre 1726; das erste wegen unbefugter Gräserei im Forste datiert aus 1730, die Frevler hatten das Gras in jungen Schlägen gesichelt. Von 1750 an wurden derartige Urteile häufig. Sie bezogen sich aber damals durchwegs auf Grasholen in jungen Schlägen. 1759 wurden zum ersten Male Leute von Eschbach wegen Gräserei in den Forstorten, in welche die Berechtigten ihr Vieh eintrieben, verurteilt. Aus dem Jahre 1747 stammt die erste Verurteilung wegen unbefugten Sammelns von Eicheln. Die erste Strafanzeige wegen Holens von Laub wurde im Juli 1756 gemacht, endete aber mit Freisprechung. Dagegen wurde 1760 ein

Köhler wegen Entwendung von Laub[1] zum Decken seiner Meiler zu 20 ℔ Strafe verurteilt. Wegen unbefugten Grabens von Sand, Kies und Erde erfolgten 1722 die ersten Verurteilungen.

Im Verhältnis zu den bei eigentlichen Forstdiebstählen ausgesprochenen Strafen[2] streng waren teilweise die Urteile gegen Schlagsteigerer, welche den Bedingnisheften der Versteigerung zuwidergehandelt hatten. So musste ein Holzhändler, der einen als Ueberhälter ausgezeichneten, aber vom Winde geworfenen Stamm von 8 Fuss Umfang aufgearbeitet hatte, 50 ℔ Strafe und ebensoviel Schadensersatz zahlen, obwohl er für den gezeichneten einen anderen ihm gehörigen Stamm hatte stehen lassen. 1751 wurde ein anderer zu 600 ℔ Strafe verurteilt, weil er in einem Schlage 10 Ueberhälter, 8 Eichen von 6, 8, 12, 15 und 20 und 2 Buchen von 6 Fuss Umfang gefällt hatte. Der Händler redete sich aus, nach dem Bedingnishefte habe er 20 Ueberhälter pro Morgen stehen zu lassen; es sei aber eine grössere Anzahl als solche ausgezeichnet. Jetzt seien noch mehr als 30 überzählig. Der Staatsanwalt hatte eine Strafe von 4650 ℔ beantragt. In einem anderen Falle aus dem gleichen Jahre hatte derselbe wegen Fällung von 12 Ueberhältern eine Strafe von 5315 ℔ beantragt, das Forstamt aber nur eine solche von 600 ℔ ausgesprochen. Im gleichen Jahre musste ein Holzhändler, welcher den Eckbaum seines Schlages hatte fällen lassen, 100 ℔ Strafe zahlen. Dergleichen Urteile sind in manchen Jahren ganz besonders zahlreich. Wie es scheint, war in den Vorjahren weniger strenge Aufsicht geführt worden, so dass die Holzhändler sich sicher fühlten und glaubten, sich solche Uebergriffe ungestraft erlauben zu dürfen.

Bei Widersetzlichkeiten und Beleidigungen gegen Forst-

---

[1] Ob es sich in dem ersten Falle um Streu- oder Futterlaub handelt, steht nicht fest. In beiden Protokollen steht feuillage; die Köhler verwenden zu dem angegebenen Zwecke dürres, abgefallenes Laub.

[2] 1751 wurde ein Mann, der zwei Eichen und zwei Kiefern von je 8 Fuss und eine Kiefer von 16 Fuss Umfang gestohlen hatte, zu nur 97 ℔ 10 s. Strafe verurteilt.

beamte erfolgte durch das Forstamt manchmal recht gelinde Bestrafung; so wurde 1717 ein Mann von Eschbach, der einen Förster im Forste geprügelt hatte, zu 10 ₰ Strafe und 3 ₰ Schmerzensgeld verurteilt. Dagegen wurde ein anderer, der 1727 einen Förster in der Sitzung des Forstgerichtes gröblich beleidigt hatte, sofort mit 8 Tagen Gefängnis bestraft.

Wegen falscher Namenangabe wurde 1739 gegen einen Frevler auf eine Gefängnisstrafe von 24 Stunden erkannt. Erstattete ein Privatmann eine falsche Anzeige, was 1725 wiederholt vorkam, so wurde er jedesmal zu einer Geldstrafe von 7½ ₰ verurteilt. Gegen Knechte, welche ohne Wissen ihrer Herrschaft für diese Holzdiebstähle begangen hatten, wurde wiederholt auf Gefängnis «en tel fin que de raison» erkannt.

Bei Nachtfreveln wurden dem protokollierenden Förster jedesmal Wagen und Geschirr zugesprochen, die Pferde, Ochsen und Esel «au profit du Roi» eingezogen.

Von 1715 ab wurde über die Einnahme aus den Forststrafen genau Buch geführt. Ging eine Strafe nicht ein, so musste die Zahlungsunfähigkeit von dem Oberförster, dem Gemeindevorsteher und dem Ortspfarrer bescheinigt werden. Die Bescheinigung diente als Rechnungsbeleg. Kamen die Bestraften später zu Vermögen, so wurde die Strafe nachträglich eingezogen. So zahlte 1746 ein Bürger von Hagenau 154 ₰ Strafe, zu denen er 1721 rechtskräftig verurteilt worden war.

War Vermögen vorhanden, so wurde dasselbe im Falle nicht rechtzeitiger Zahlung der Strafe gepfändet. So liess das Forstamt 1754 einem Manne in Gumbrechtshofen wegen einer Strafschuld von 120 ₰ sein Haus versteigern. Käufer wurde zu diesem Preise der Oberförster Kolb.

Bemerkenswert ist, dass das Forstamt — und zwar bei nicht kriminellen Fällen ohne Einsprache des Landvogts — nicht nur über Forstvergehen, sondern überhaupt über jede im Forste begangene Gesetzesübertretung Recht sprach. Bei Jagdsachen ist das erklärlich, obwohl in Frankreich damals Jagd und Forstwirtschaft nicht in dem innigen Zusammenhange standen wie in Deutschland. Dass aber das Forstgericht als solches zuständig war und nicht nur die Geldstrafe aussprach, sondern der Beschädigten auch Schmerzensgeld bewilligte, wenn ein Bauer, wie es 1746 geschah, eine Frau im Walde prügelte, dürfte in Alt-Deutschland kaum vorgekommen sein. [1]

Die Strafen für einfache Jagdfrevel betrugen 20 bis 100 ß und Einziehen des Gewehrs. 1720 wurde der Hirt von Walburg zu 6 ß Strafe verurteilt, weil er drei Frischlinge gefangen hatte. Wegen Jagenlassens eines Hundes im Forste war 1754 gegen jemand Strafanzeige gemacht worden. Derselbe wurde für dieses Mal freigesprochen, aber sofort wurde das Verbot erlassen, im Forste Hunde mitzuführen, die nicht einen wenigstens 18 Zoll langen Knüppel anhängen haben.

Bei Abmessung der Strafe verfuhr das Forstamt trotz der bindenden Vorschriften der Ordonnanz von 1669 nach Gutdünken, nicht allein indem es im Anfange seiner Wirksamkeit und nach Kriegszeiten häufig «aus Gnade und nur für dieses Mal» freisprach, oder wie 1696 bis 1698 nur auf kleine Ordnungsstrafen erkannte, oder wie 1742 bis 1744 eingegangene Strafanzeigen überhaupt nicht zur Verhandlung brachte, sondern auch indem es, wie bereits früher erwähnt, bei einem und demselben Vergehen sehr verschieden hohe Strafen aussprach[2] und manchmal jahrelang — so in den 1750er Jahren — es unterliess, neben der Strafe auf Werts- und Schadensersatz zu erkennen.

In Bezug auf die Frage, wem die nach der Ordonnanz bei Forstdiebstählen auszusprechenden Werts- und Schadensersätze zustanden, scheint die Rechtsprechung des Forstamts eine wechselnde gewesen zu sein. 1698 klagte die Stadt beim Staatsrat, dass ihr das Forstamt einen Anspruch darauf ab-

---

[1] Das Urteil fiel, obwohl die misshandelte Jüdin einige Tage das Bett hüten musste, recht gelinde aus. Die Strafe betrug 6, das Schmerzensgeld 16 ß.

[2] Die Angeklagten gebrauchten, wohl mit Rücksicht auf diese Verschiedenheit in der Rechtssprechung, manchmal merkwürdige Mittel, um sich beim Forstamte in Gunst zu setzen. So erbot sich 1749 ein Frevler in der Sitzung, im Falle der Freisprechung für die Herren vom Forstamte nach Marienthal zu wallfahrten.

spreche, 1768 vernichtete umgekehrt die Table de marbre ein Urteil des Forstamts und verbot ihm, die Werts- und Schadensersätze und die Konfiskationen zu jemands Vorteil, als «au profit du souverain seul» auszusprechen. Auch sonst war die Rechtssprechung des Forstamtes in Strafsachen keineswegs eine konstante. Insbesondere waren seine Ansichten über den Umfang der den Hagenauer Bürgern 1717 eingeräumten Dürrholzrechte, wie aus den oben S. 73 erwähnten Urteilen hervorgeht, zu verschiedenen Zeiten verschiedene. Ausserdem scheinen die Förster zeitweise Auftrag gehabt zu haben, gegen jeden Frevel von nicht zu Boden liegendem Dürrholz einzuschreiten, und zu anderen Zeiten wieder, sie stillschweigend von Hagenauern zu dulden. Wenigstens vergingen oft Jahre, bis derartige Fälle wieder zur Verhandlung kamen, während sie sich in anderen häuften.

Den Gebrauch des Hakens zum Abreissen d ü r r e r Aeste scheint das Forstamt bei Hagenauern während der ganzen Zeit seines Bestehens stillschweigend geduldet zu haben, obwohl der Staatsratsbeschluss von 1717 das Recht derselben auf zu Boden liegendes Holz beschränkt. Die einzige Bestrafung eines Hagenauers wegen Gebrauchs des Hakens, die ich habe auffinden können, datiert aus 1753 und betraf grüne Aeste; der Bestrafte behauptete vor Gericht, die Hagenauer hätten immer das Recht gehabt, Holz mit dem Haken zu reissen. In derselben Sitzung wurde eine Frau von Walburg zu 20 sols Strafe und 7 ₰ 17 s. Kosten verurteilt, «pour avoir arraché des petites branches seques pour en faire un fagot». 1752 war ein Mann von Gründel, der einen Karren auf dem Boden herumliegendes Holz geholt hatte, freigesprochen, weil er weder Axt noch Hippe bei sich hatte.

Der Satz des Staatratsbeschlusses von 1717, welcher den Nacheckerich bei 100 ₰ Strafe und Einziehung der Schweine verbot, kam wohl nie zur Ausführung. Von 1727 bis zum Schlusse der Periode sind nach den Eckerrechnungen in jedem Mastjahre die Schweine manchmal bis Ende März auch in den Nachecker getrieben worden, und sämtliche Forstbeamten, der Forst-

8

meister an der Spitze, liessen ihre Schweine mit eintreiben, und zwar vom Garde marteau abwärts ohne Eckergeld und Hirtenlohn zu bezahlen. Im Februar 1748 stellte der Staatsanwalt den Antrag, den Nacheckerich zu verpachten. Ob es geschah, ist nicht ersichtlich.

Auch darüber, wer an den Rechten der Hagenauer teil hatte, waren die Ansichten des Forstamtes zu verschiedenen Zeiten verschieden. Die Schirreiner wurden, wenn sie Holz holten, das die Hagenauer zu holen berechtigt waren, bald verurteilt, bald als Bürger von Hagenau freigesprochen. Den Bürgern von Schirrhofen, welches die Stadt 1636 mit dem ganzen Schierriet an den Stettmeister Niedheimer von Wasenburg für 350 fl. verkauft hatte, und welches im Besitz dieser Familie geblieben war, als die Stadt 1686 Schirrein zurückkaufte, sprach das Forstamt 1727 das Dürrholzrecht wohl deshalb ab, weil der Staatsratsbeschluss von 1717 nur von den Bürgern von Hagenau spricht, was die Einwohner von Schirrhofen damals nicht mehr waren, und weil es der Ansicht war, dass durch diesen Beschluss nicht eine alte Berechtigung erneuert, sondern eine neue eingeräumt wurde.

Von Freisprechungen von Einwohnern irgend einer anderen Gemeinde als Hagenau, Schirrein und Kaltenhausen auf Grund in Anspruch genommener Beholzigungsrechte habe ich in den Sitzungsprotokollen des Forstamtes keinen Nachweis finden können, ob deshalb weil diese Gemeinden insbesondere die gegen Zahlung des Piel- und Laubgeldes oder, wie es früher hiess, des Küchengeldes bewirkten Holzabgaben von vornherein als freiwillige ansahen oder weil sie sich bei der Abschaffung der Holzrechte durch die Einführung der Ordonnanz beruhigten, ist aus den Archiven nicht zu ermitteln. Thatsache ist, dass, wenn gegen sie Strafanzeigen wegen Holens von Holz, zu dessen Bezug die Hagenauer berechtigt waren, zur Verhandlung kamen, jedesmal Bestrafung erfolgte, und dass sie sich in den Verhandlungen auf alte Rechte niemals beriefen.

Ob die Bewohner von Sufflenheim unter der Herrschaft des Forstamtes die ihnen in dem Vertrage von 1508 einge-

räumten und während der Revolutionszeit bestätigten Holzrechte
noch in Besitz hatten, ist aus den vorliegenden Urkunden nicht
festzustellen. Wohl wurden wiederholt, so 1746, Leute von
Sufflenheim verurteilt, weil sie «une charretée de bois mort»
geholt hatten. Es geht aber aus diesen Urteilen nicht hervor,
ob es sich um liegendes oder stehendes Dürrholz handelte. Den
Einwand, auf Dürrholz berechtigt zu sein, haben die Sufflenheimer damals nicht erhoben. Das gleiche gilt von dem im Jahre
XIV anerkannten Rechte dieser Gemeinde auf das Graben von
Thonerde. Es liegen keine, weder freisprechende noch verurtei-
lende, Erkenntnisse gegen Sufflenheimer wegen Grabens von Thon
vor, ob deshalb weil sie damals im Forste keine Thonerde holten,
oder weil sie nicht protokolliert wurden, ist aus den Sitzungsprotokollen des Forstamtes nicht ersichtlich. Ebensowenig steht
fest, ob dasselbe die Weideberechtigungen der 11 hanau-lichtenbergischen Dörfer anerkannt hat. Wie bereits erwähnt, waren
sämtliche Forstrechte dieser Gemeinden 1686 gegen Abschaffung
der Gegenleistung abgeschafft worden.

Das scheint indessen die Gemeinden nicht abgehalten zu
haben, dieselben bis zur Etablierung des Forstamtes auszuüben.
Noch am 6. August 1696 verbot Perreaud den Hirten von
Eschbach, Mertzweiler und Forstheim die Ausübung der Weidenutzung im Forste, so lange sie selbst nicht vereidigt und ihre
Herden nicht gebrannt seien, und noch am 8. Mai 1698 wurde
die Gemeinde Eschbach zu 100 ₰ Strafe verurteilt, nicht weil
sie ihre Herde von 115 Stück überhaupt in den Forst eintrieb,
sondern weil sie dieselbe in jungen Schlägen weiden liess.
Es ist aber in hohem Grade wahrscheinlich, dass das Forstamt die Rechte nicht mehr anerkannte, als die Gemeinden auf
Grund der Verordnung des Oberforstmeisters 1697 ihre Rechtstitel
vorlegen mussten.

Wenigstens handelte es sich bei den zahlreichen Bestrafungen
von Angehörigen dieser Gemeinden wegen Weidefrevels stets
um den Eintrieb einer geringen Anzahl von Rindern und
Pferden in die Schläge, ohne dass jemals die Ausrede gebraucht
wurde, das Vieh sei bei Ausübung der Weideberechtigung an

erlaubten Orten dem Hirten aus der Gemeindeherde entlaufen, eine Ausrede, mit welcher die Leute, wo Weideberechtigungen bestehen, immer bei der Hand sind.

Dass in dem Lehensbriefe der Gräfin Charlotte Christine von Hanau-Lichtenberg[1] von 1717 noch « le droit de pâturage et de prendre du bois dans la forêt de Haguenau, dont les habitans de Mertzwiller et autres villages ont toujours joui et dont ils payent une reconnaissance à la maison de Hanau » als Teil ihres Lehens erwähnt ist (Batt II 434), beweist nicht das Gegenteil.

Das Forstamt hat, wie wir sehen werden, auch andere in neueren Lehensbriefen vom Könige bestätigte Forstberechtigungen nicht anerkannt, wenn sie durch die Einführung der Ordonnanz abgeschafft oder 1697 nicht ausdrücklich erneuert worden waren. Zu ersteren gehörten in dem gegebenen Falle die Holzrechte, zu den letzteren, allem Anscheine nach, die Weideberechtigung, obwohl später anerkannt wurde, dass die Gemeinden dieselben bis 1773 in ungestörtem Besitze hatten.

Jedenfalls wurden diese Rechte auf Antrag des Landgrafen Ludwig IX. von Hessen-Darmstadt durch Urteil des Conseil souverain in Colmar vom 10. August 1773 förmlich abgeschafft, weil die Gemeinden dem Landgrafen die für Ausübung derselben vor alters bedungenen Grundzinsen verweigerten, welche das Gericht auf 271 ₰ 7 sols jährlich veranschlagte. Der Gerichtshof verurteilte die Besitzer des Forstes, diese 271 ₰ 7 sols alljährlich, der Staat und die Stadt je zur Hälfte,[2] an

---

[1] 1782 finden sich indessen neben Kaltenhausen, Schirrein, Sufflenheim, Walburg, Durrenbach, Hinterfeld, Hegeney und Morsbrunn auch die hanauischen Gemeinden Eschbach und Schweighausen unter den Gemeinden, welchen die Grenzen bestimmt wurden, über welche sie im Forste mit ihren Herden nicht hinausfahren durften.

[2] Die Stadt hat in den Rechtsstreiten des 19. Jahrhunderts diesen Satz als Beweis dafür angerufen, dass zur Zeit des Forstamts die Forstrechte, welche in dem Staatsratsbeschlusse von 1696 mit den Gehalten der Forstbeamten in einer Linie aufgeführt werden, und damit auch die Gehalte der Stadt nicht allein angerechnet worden seien; die Stadt hätte sonst die 271 ₰ 6 s. allein bezahlen müssen. Das Urteil findet seine Begründung darin, dass von dem Aufhören der Forstberechtigungen die Waldbesitzer gleichmässig Vorteil zogen.

den Grafen von Hanau zu bezahlen. Der Landgraf hatte eine
einmalige Entschädigung von 20,717 16 sols 8 ₰, die rückständigen Grundzinsen mitgerechnet, verlangt. Während der
Revolution haben sich die Gemeinden die Weiderechte wieder
erstritten.

Im Jahre 1697 nicht angemeldete und mit Titeln belegte
Berechtigungen erkannte das Forstamt in der Regel überhaupt
nicht an; so verweigerte es 1749 dem Herrn von Berstett,
zu dessen Lehen die sogenannte Neumühle, die frühere Vierrädermühle gehörte, aus diesem Grunde die Abgabe des zur
Instandsetzung derselben notwendigen Holzes, obwohl in seinem
aus dem Jahre 1732 stammenden Lehensbriefe als Teil des
Lehens das Recht bezeichnet ist, Holz für die genannte Mühle
im Forste von Hagenau zu hauen.

Der Abtei Neuburg, welche ihre Titel rechtzeitig vorlegte,
wurde 1697 das Weide- und Mastrecht zuerkannt, das Holzrecht aber, weil durch die Ordonnanz von 1669 abgeschafft,
abgesprochen. Das gleiche scheint bei dem Kloster Walburg
der Fall gewesen zu sein, welches noch 1753 sein Weiderecht
ausübte. Königsbrück wurde 1729 aufgefordert, seine Rechtstitel
vorzuzeigen. Dem Kloster Biblisheim wurde 1747 eine neue Frist
von drei Monaten zur Einreichung seiner Rechtstitel auf die
Mastnutzung bewilligt.

Die Forstrechte der Klöster in der Stadt selbst suchte der
Rat 1719 von sich abzuwälzen, indem er erklärte, er habe
nichts dagegen, wenn das Holz von dem Forstamte aus dem
ganzen Forste gegeben werde; davon aber, dass das Holz der
Stadt allein angerechnet werde, wollte der Rat nichts wissen;
früher habe man übrigens nur Bauholz, aber kein Holz zu
Brettern und Dielen gegeben. Später scheint er denselben auf
Grund des Staatsratsbeschlusses von 1734 die Abgabe von Bauholz auf Rechnung der Stadt verweigert zu haben. Die früheren

---

Sie waren das Pfand für eine vom Reiche 1322, also zu einer Zeit,
in welcher die Stadt noch nicht Miteigentümerin war, bei den Herren
v. Lichtenberg gemachte Schuld.

Brennholzlieferungen an dieselben suchte der Rat als freiwillige Akte der Wohlthätigkeit hinzustellen, so 1753 die Abgabe von jährlich 30 Klafter Stockholz an die Kapuziner im Werte von 4 ℔ das Klafter.

Das Gesuch der Prämonstratenser um Anweisung ihres Brennholzbedarfes, als Inhaber der St. Nikolaus-Pfarrei, auf Grund alter, eben erst vom Könige bestätigter Rechte, wies das Forstamt 1777 auf Grund der Ordonnanz von 1669 «quant à présent» ab, «sauf à eux de se mettre en règle».

Dass die Bauholzrechte der Mühlen und Werke durch Staatsratsbeschluss vom 20. Mai 1734 auf diejenigen beschränkt wurden, welche Steuern an die Stadt bezahlten, haben wir bereits erwähnt.

Das Verfahren in Forststrafsachen war folgendes: Der Förster reichte seine Strafanzeige bei dem Gerichtsschreiber ein, der, wenn der Förster des Schreibens unkundig war, eine Verhandlung über den Inhalt der Anzeige aufnahm. Der Angeklagte wurde in die nächste Sitzung geladen. Erschien er nicht, so wurde die Sache in die nächste Sitzung vertagt und in dieser, auch wenn der Angeklagte abermals nicht erschienen war, Urteil gesprochen. Zuerst wurde die Strafanzeige verlesen, dann von dem mitgeladenen Förster beschworen. Der Staatsanwalt stellte und begründete seinen Antrag, worauf der Richter nach Anhörung des Beklagten sein Urteil sprach und sofort, nebst den Anträgen des Staatsanwaltes und den Aussagen des Beklagten, in das Protokollbuch eintragen liess. Am Rande desselben wurden dann die ausgesprochenen Strafen sowie die Werts- und Schadensersätze notiert und, wenn ein ordnungsliebender Gerichtsschreiber amtierte, am Schlusse jeder Sitzung addiert.[1] Nötigenfalls fand, bevor das Urteil gesprochen wurde, Ortsbesichtigung statt, zu der Staatsanwalt und Beklagter zugezogen wurden. Gegen das Urteil stand in gewissen Fällen den Verurteilten ein Einspruchsrecht zu. Die Sache wurde dann

---

[1] Die Strafen betrugen z. B. am 18. December 1750 139 ℔, am 18. Februar 1751 66 ℔ 10 s., am 30. April 43 ℔ 10 s., am 18. Juli 1400 ℔.

nochmals vor dem Forstamte verhandelt und meist in letzter Instanz entschieden. In Disciplinarsachen stand den Verurteilten jedoch Berufung bei der Table de marbre zu.

Die Civilgerichtsbarkeit des Forstamtes beschränkte sich hauptsächlich auf Klagen von Holzhändlern gegen säumige Zahler, welche namentlich in und unmittelbar nach Kriegszeiten ausserordentlich häufig waren. Von 1742 bis 1744 enthält das Protokollbuch des Forstamtes nichts anderes. Die Urteile sind die beste Quelle für die damalige Höhe der Holzpreise. War einem Händler aufgearbeitetes Holz aus den Schlägen gestohlen worden, so erfolgte keine Bestrafung der Thäter wegen Diebstahls, wohl aber wurden sie verurteilt, das Holz den Händlern zu bezahlen. Derartige Fälle kamen 1740 und 1744 vor, in letzterem Jahre handelte es sich um den Abfall des zu Palissaden abgegebenen Holzes. Diese Abfälle wurden also versteigert. Sehr häufig waren die Schädigungen der Schlagsteigerer durch die Truppen. So wurden 1702 dem Käufer aus einem Schlage bei Schweighausen von den französischen Truppen 50, einem anderen 1744 durch die Oesterreicher 121 Klafter, dem Käufer der Abfälle von dem Pallisadenholz in dem gleichen Jahre von den Franzosen 22 Klafter Holz abgefahren.

Auch Streitigkeiten zwischen den Pächtern der Eichelmast und ihren Abnehmern kamen vor das Forstamt; so 1722 ein Streit des damaligen Pächters mit der Gemeinde Mittelhausbergen, welche die versprochenen 30 Schweine nicht eintrieb, weil ihr die Mast nicht genügte. In dem gleichen Jahre verurteilte das Forstamt einen Mann zur Bezahlung von 40 ₰ Schadensersatz an den Pächter der Mast, weil er dieselbe durch abfällige Aeusserungen in Verruf gebracht hatte.

Die Forstgesetzgebung war während der Herrschaft des Forstamts Sache des Königs. Sie ruhte fast vollständig. Die Forstordonnanz von 1669 blieb bis zum Schlusse der Periode in der Hauptsache unverändert in Kraft. Von Bedeutung ist in dieser Hinsicht nur die Abschaffung der Table de marbre in Metz und die Uebertragung ihrer Zuständigkeit an den Conseil souverain in Colmar im Jahre 1771, sowie das Edikt des Königs vom Jahre 1788, welches die gesamte Forstgerichtsbarkeit den ordentlichen Gerichten übertrug. Die Vorschriften der Ordonnanz in Bezug auf Verwaltung und Bewirtschaftung blieben fast ganz unverändert.

Der formelle Gang bei der Verwaltung war folgender: Der Staatsanwalt beantragte entweder mündlich in der Sitzung oder schriftlich die Ausführung dieser oder jener Massregel, z. B. das Auszeichnen der Schläge, den Verkauf der Dürrhölzer, den Erlass einer Verordnung u. s. w., das Forstamt fasste darauf — bei wichtigeren Dingen in kollegialer Beratung — förmlichen Beschluss, über welchen wie über die Urteile eine Verhandlung aufgenommen wurde. Der Vorsitzende beauftragte dann den oder die zuständigen Beamten mit der Ausführung, der über dieselbe dann wiederum eine Verhandlung aufnahm.

Bei der Holznutzung wurde in folgender Weise verfahren:

Zuerst bestimmte — etwa im April — der Oberforstmeister oder, wenn er verhindert war, was gegen Schluss der Periode so häufig vorkam, dass die Anzeigen davon jahraus jahrein den gleichen Wortlaut hatten, der Forstmeister in Gegenwart des Staatsanwaltes, des Garde marteau, des Gerichtsschreibers, des Feldmessers und der einschlägigen Förster an Ort und Stelle die Forstorte, an welchen im nächsten Winter gehauen werden sollte, und bezeichnete mit seinem Waldhammer, dem «Marteau du Roi» die Eckbäume (pieds corniers) der Schlagflächen. Der Hammer wurde in einem mit mehreren Schlössern, zu welchen verschiedene Beamte die Schlüssel hatten, verschlossenen Etui an Ort und Stelle gebracht und nach gemachtem Gebrauche wieder eingeschlossen. Dem Feldmesser wurden die Eckbäume vorgezeigt und ihm der Auftrag erteilt, die dazwischen liegende Fläche zu vermessen und nötigenfalls in Schläge einzuteilen und das Ganze zu kartieren. Der Feldmesser führte diesen Befehl im Laufe der nächsten Wochen aus, bezeichnete seinerseits mit seinem Hammer die Saumbäume der ganzen Schlagfläche (arbres de lisière) sowie die Eck- und Randbäume der einzelnen Schläge (arbres parois). Hierauf erschien der Oberforstmeister und an seiner Stelle der Forstmeister, um in Gegenwart derselben Beamten zur Auszeichnung der überzuhaltenden Stämme (martelage et balivage) zu schreiten. Zu dem Ende wurde zunächst die Richtigkeit der Messung und Kartierung geprüft und der Königshammer an die Stöcke der Randbäume geschlagen. Hierauf suchte der Forst-, bezw. Oberforstmeister die zum Ueberhalten geeigneten Stämme aus, liess ihren Umfang ¹/₂ Fuss über dem Boden in ganzen Fussen messen und sie am Stocke[1] mit dem Hammer des Königs anschlagen.

Ueber dieses Geschäft wurde abermals eine Verhandlung aufgenommen, in welcher neben der Grösse jedes einzelnen Schlages die Zahl der Ueberhälter jeder Holzart und jeden Umfangs in Worten angegeben wurde.[2]

Hierauf wurde das allgemeine und specielle Bedingnisheft von dem Oberforstmeister festgestellt und die Versteigerung der Schläge ausgeschrieben und bekanntgemacht. Das letztere geschah durch Anschlagen des gedruckten Ausschreibens an den Gemeindehäusern und durch Verlesen desselben von den Kanzeln an zwei aufeinanderfolgenden Sonntagen.

Bei der Versteigerung, welche in der Regel im November oder December stattfand, übergab zunächst der Staatsanwalt dem Oberforstmeister und in dessen Verhinderung dem Forstmeister die Bescheinigungen der Ortsvorsteher und Pfarrer über die stattgehabte Bekanntmachung der Versteigerung; der Oberforstmeister liess dann das Bedingnisheft vorlesen und schritt endlich zur Versteigerung der einzelnen Lose im Aufgebote bei brennenden Lichtern.[3] Der Zuschlag wurde erteilt, wenn nach Stel-

---

[1] Diese Art der Bezeichnung der Ueberhälter wurde bis in die vierziger Jahre unseres Jahrhunderts beibehalten und hat sehr häufig die Bildung von Faulstellen veranlasst. Fast alle alten Eichen, die im Forste gefällt werden, haben am Stockabschnitte seitenständige faule Stellen, die sich manchmal meterweit in den Stamm fortsetzen und offenbar von Rindenverletzungen am Stocke herrühren.

[2] Diese Verhandlungen sind so ausführlich, dass sie sogar das Thor angeben, durch welches der Forstmeister die Stadt verlassen hat, und die Stelle, an welcher er mit den übrigen Beamten zusammentraf.

[3] Diese eigentümliche, obwohl die sog. Lichter nur Centimeter lange mit Wachs getränkte dünne Dochte sind, recht langsame Art der Versteigerung ist im Reichslande auch jetzt noch vielfach im Gebrauche.

lung des letzten Gebotes drei Lichter abgebrannt waren, ohne dass ein neues Gebot erfolgte.

Die allgemeinen, teilweise wörtlich der Forstordonnanz von 1669 entnommenen Bedingungen blieben während der ganze Periode bis auf wenige Sätze Wort für Wort unverändert, wenn man auch erst im Jahre 1782 dazu kam, sie drucken zu lassen.

Ihre wichtigsten Bestimmungen sind nach einem Versteigerungsprotokolle von 1714 die folgenden :

«Alle nicht prohibierten Personen werden zu den Geboten nach den Bestimmungen der Ordonnanz zugelassen.»

«Wir verbieten allen Händlern und Steigerern und andern Privaten, welcher Art sie auch sein könnten, irgend welche heimliche Vereinigungen zu machen oder auf indirektem Wege die Gebote zu verhindern, sei es durch Worte, sei es schriftlich, bei Vermeidung der Einziehung des Kaufobjektes, einer willkürlichen Strafe, welche nicht unter 1000 ₰ betragen darf, und der Ausweisung aus dem Walde.»

«Die Steigerer können nicht mehr als drei Mitsteigerer haben. Sie sind verpflichtet, dieselben binnen 8 Tagen nach der Versteigerung auf der Schreibstube des Forstamtes anzumelden, dort zusammen eine Ausfertigung ihres Vertrages zu hinterlegen und dort schriftlich mit ihren Mitsteigerern ihre Unterwerfung unter alle Auflagen der Versteigerung zu erklären bei Vermeidung einer Strafe von 1000 ₰ gegen sie und Aufhebung der Gesellschaft gegen die Mitsteigerer.»

«Die Steigerer können bis mittags 12 Uhr des Tages nach der Versteigerung von ihren Geboten zurückstehen, wenn sie bis dahin dem Vorletztbietenden in dem von ihm gewählten Wohnsitz und dem Generaleinnehmer der Domänen und Forsten Akt zustellen lassen. Dem letzteren haben sie das Reugeld bar zu bezahlen.»

«Alle Steigerer haben in dieser Stadt Wohnsitz zu wählen, sowohl behufs Gültigkeit der der Versteigerung folgenden Akte, wie zur Ausführung ihrer Gebote, des Widerrufs und des Zuschlags, der Steigerung des Preises durch Nachgebot um ein und um ein halbes Drittel und die Hälfte desselben.[1] Andernfalls werden alle Akten auf der Schreibstube gemacht und für ebenso gültig betrachtet, als wenn sie in Person oder im Domizil zugestellt wären.»

«Der Händler, dem der Zuschlag erteilt wird, ist, wenn er von seinem Gebote zurücksteht und auf den Kauf verzichtet, verpflichtet, sein Reugeld[2] zu zahlen oder dafür gute und genügende Bürgschaft zu stellen; wenn nicht, wird darüber verfügt und der Zuschlag geht auf den Vorletztbietenden über und so fort von einem zum andern.»

«Die steigernden Händler haben binnen 8 Tagen von dem Tage des Zuschlags an und bevor sie mit der Ausnutzung des Holzes beginnen, einen guten und genügenden Bürgen und Rückbürgen zu stellen, welche von dem genannten Generaleinnehmer der Domänen und Forsten und auf dessen Weigerung durch den Forstmeister und Anwalt des Königs angenommen werden und sich zu verpflichten haben, den Hauptpreis und alle daran hängenden Lasten nach der Ordnung zu zahlen.»

«Die Steigerer werden den Hauptpreis ihrer Steigerung in französischer Münze in gleichen Zahlungen in zwei Terminen, den einen auf nächste Johanni und den folgenden Weihnachtstag, in die Hände des genannten Generaleinnehmers zahlen.»[3]

[1] Geringere Nachgebote wurden nicht angenommen. Solche um ein Drittel (tiercements) kamen dagegen häufig vor. Sie wurden ebenso wie die Verzichtleistung im Versteigerungsprotokolle nachgetragen. Das Nachgebot um ein halbes Drittel (demi-tiercement) konnte nur gemacht werden, wenn bereits ein ganzes Drittel nachgeboten war. Das Nachgebot um die Hälfte hiess doublement.

[2] Das Reugeld bestand in dem Betrage, um welchen das Gebot des unmittelbar vorhergegangenen überschritten wurde. Im Jahre 1785 zahlten einmal für einen und denselben Schlag neun Händler Reugeld, so dass schliesslich der Zehntletztbietende den Zuschlag erhielt. Es war deshalb notwendig, jedes einzelne Gebot zu buchen.

[3] Erfolgte die Zahlung nicht, so scheint sich indessen das Forstamt in erster Linie an den Käufer selbst gehalten zu haben. Im Jahre 1731 setzte es einen gewissen Zinder von Mertzweiler wegen Nichtzahlung des Kaufpreises von zwei Schlägen ins Gefängnis und beschlagnahmte sein Vermögen. Dass es vorher die Bürgen zur Zahlung aufgefordert hat, ist in dem Urteile nicht gesagt.

«Sie werden ausserdem bar dem genannten Generaleinnehmer 2 sols 2 deniers für jedes Pfund Hauptpreis ihres Kaufes zahlen, nämlich den alten sol um ihn an die Beamten des Forstamts für ihre Ansprüche auf Tagegelder und Gebühren nach dem von uns festzustellenden Etat zu zahlen, 1 sol für die Inspektoren und 2 deniers auf das Pfund für den Controleur général.» [1]

«Wenn der Steigerer in der 8tägigen Frist von dem Zuschlage an keine Bürgschaft stellt, so ist der Generaleinnehmer verpflichtet, darüber dem Vorletztbietenden Akt zustellen zu lassen. Derselbe tritt an die Stelle des Steigerers, und von diesem Augenblick an ist der Zuschlag ihm zur Last.»

«Bis mittags 12 Uhr am Tage nach der Versteigerung wird jedermann sowohl für die Gesamtheit der Schläge, wie für jeden insbesondere zu Nachgeboten von einem halben und einem ganzen Drittel oder der Hälfte des Kaufpreises zugelassen; nach dieser Zeit wird keinerlei Nachgebot mehr angenommen, unter welchem Vorwande und auf Grund welcher Erwägungen es auch sei.»

«Der Schreiber des Forstamts ist verpflichtet, Tag und Stunde des Zuschlags und aller Nachgebote bei den Strafen der Ordonnanz in seinen Akten genau zu buchen.»

«Wir verbieten den Beamten des Forstamts, zu dulden, dass irgend ein Schlag angefangen wird, bevor ihnen die amtliche Bescheinigung des Einnehmers über die von den Steigerern gestellten Bürgen und Rückbürgen vorgelegt und zugestellt ist, bei Vermeidung der Verantwortlichkeit in ihren eigenen privaten Namen, welche kostenlos einregistriert und von denen eine Ausfertigung in die Hände des Garde-marteau gegeben wird.»

«Die steigernden Händler sind verpflichtet, einen Waldhammer zu führen, dessen Abdruck vor Beginn der Nutzung auf der Schreibstube zu hinterlegen ist, und ohne dessen Zeichen sie kein Holz verkaufen dürfen.»

---

[1] Es ist für die damalige Zeit bezeichnend, dass dieser Passus bis 1789 unverändert blieb, obwohl beide Aemter bereits 1709, bezw. 1715 wieder abgeschafft und die deniers anderen, höheren Forstbeamten zugewiesen waren.

«Wir schärfen ihnen und ihren Geschäftsführern und Schlaghütern ein, ein Register zu führen, in welchem die Namen, Zunamen und Wohnorte derjenigen, an welche sie Holz verkaufen, die Menge und der Preis einzuschreiben sind, bei Vermeidung einer Strafe von 100 ß und der Einziehung, ohne dass mehrere Schlaghüter mehr als einen Hammer führen oder andere Hölzer als diejenigen ihrer gekauften Schläge damit anschlagen dürften bei Vermeidung der Bestrafung als Fälscher. Wenn indessen ein Händler verschiedene von einander entfernte Schläge haben und er durch die Entfernung gezwungen sein sollte, verschiedene Register zu führen, in diesem Falle erlauben wir ihm, so viel Waldhämmer desselben Zeichens zu haben, als Register, vorausgesetzt, dass er darüber ein Protokoll hat aufnehmen lassen und den Abdruck, wie oben gesagt, auf der Schreibstube hinterlegt hat.»

«Die Geschäftsführer und Schlaghüter, welche zur Abnutzung, zur Verarbeitung und zum Verkaufe ihres Holzes aufgestellt werden, sind verpflichtet, in unsere Hände oder diejenigen des Forstmeisters oder seines Vertreters ohne Kosten und Abgaben einen Eid zu leisten; sie werden Strafanzeigen über die Vergehen machen, welche im Bereiche der Verantwortlichkeit für ihre Schläge begangen werden, und werden dieselben durch zwei Zeugen unterschreiben oder, wenn sie nicht schreiben können, bei Strafe der Nichtigkeit vor einem der Richter des Forstamtes feststellen lassen. Ist der Frevel bei Nacht, mit Feuer oder mit der Säge begangen, so soll das Strafprotokoll des Geschäftsführers, sobald er es durch Eid bekräftigt hat, beweiskräftig sein.»

«Die Geschäftsführer sind verpflichtet, ihre Protokolle spätestens binnen 3 Tagen von dem Tage an, an welchem das Vergehen begangen ist, auf der Schreibstube gegen Empfangsbescheinigung einzureichen. In diesem Falle bleiben die Händler von der Verantwortlichkeit entbunden. Wir schärfen den Beamten ein, die Frevler bei eigener Verantwortlichkeit in der von der Ordonnanz vorgeschriebenen Zeit zu verfolgen.»

«Die Steigerer sind verpflichtet, das Holz, sowohl Baumholz

(futaie) wie Schlagholz (taillis), vor dem 15. April fällen zu lassen.» [1]

«Zur Ausführung der Schlagräumung werden die Steigerer so lange Zeit haben, als von uns bestimmt werden wird; Hölzer, welche nach Abfluss dieser Frist stehend oder liegend gefunden werden, werden zum Vorteil Seiner Majestät eingezogen und, soweit liegend, sofort aus dem Walde geschafft.»

«Die Steigerer sind verpflichtet, das Unterholz mit der Axt in der Höhe der Bodenoberfläche abhauen zu lassen, ohne dass die Stöcke splittern und spalten, so dass die Triebe der Ausschläge nicht über der Oberfläche des Bodens erscheinen, so weit es möglich ist, und dass alle alten durch die früheren Schläge veranlassten Knoten auf jeden Fall verschwinden.»

«Wir schärfen ihnen ein, die Bäume so fällen zu lassen, dass sie in die verkauften Schläge fallen, ohne die überzuhaltenden Bäume zu beschädigen, bei Vermeidung der an Seine Majestät zu zahlenden Werts- und Schadensersätze. Sollte es sich ereignen, das gefällte Bäume hängen bleiben, so dürfen die Steigerer den Baum, an welchem dieselben hängen bleiben, ohne unsere oder der Beamten Erlaubnis und ohne dass Seine Majestät entschädigt wäre, nicht hauen lassen.»

«Wir gebieten den Steigerern, das Holz der Stockausschläge nicht mit der Hippe oder der Säge, sondern nur mit der Axt zu hauen und zu fällen bei Vermeidung einer Strafe von 100 ₰, Einziehung des Materials und der Werkzeuge der Arbeiter.»

---

[1] Ueber den Zweck dieser Bestimmung giebt ein Staatsratsbeschluss von 1773 Aufschluss. Ein gewisser Stuhlen hatte auf sämtliche Schläge ein Nachgebot von ein Drittel des Kaufpreises gemacht, einige Händler hatten auf einzelne Schläge ein halbes Drittel nachgeboten. Die Verhandlungen, ob diese teilweisen Nachgebote zulässig seien, zogen sich so lange hin, dass die Schläge nicht bis zum 15. April fertiggestellt werden konnten. Der Staatsrat ermächtigte deshalb die Käufer, alle in den Schlägen stehenden Kiefern und Weichhölzer, sowie alle Stämme anderer Holzarten von mehr als 8 Fuss Umfang, also alle Hölzer, die nicht vom Stocke ausschlugen oder von denen man keine Ausschläge haben wollte, in jeder Jahreszeit zu hauen. Alle schwächeren Harthölzer mussten aber im Winter gefällt werden.

«Wir schärfen ihnen ein, die Stöcke und Stümpfe der zerschlagenen und verkrüppelten aufrechtstehenden Hölzer so nahe wie möglich am Boden abzuhauen, abzuschneiden und auf den Stock zu setzen, und den Beamten darauf zu achten bei Strafe der Ordonnanz.»[1]

«Wenn während des Betriebes der Schläge irgend welche zurückbehaltenen oder gezeichneten Bäume von den Winden, Stürmen oder sonstigen Zufällen umgerissen werden sollten, so sind die Händler oder ihre Geschäftsführer verpflichtet, dieselben an Ort und Stelle zu belassen und dem Förster sofort Anzeige zu machen, welcher davon dem garde marteau zu dem Zwecke Kenntnis giebt, dass sie sich zusammen an die Stelle begeben und ein Protokoll aufnehmen, welches den Beamten übergeben wird, um andere anzuschlagen, alles das ohne Kosten.»

«Wir verbieten den Steigerern, im Umfang ihrer Schläge Hölzer zu halten, welche nicht von denselben herrühren, widrigenfalls sie gestraft werden, als wenn sie die Hölzer gestohlen hätten.»

«Wir verbieten ihnen in ähnlicher Weise, in der Nacht und an Sonn- und Festtagen in den Schlägen arbeiten oder Holz abfahren zu lassen bei Vermeidung von 100 ₰ Strafe.»

«Die Steigerer sind berechtigt, wenn es ihnen nötig scheint, vor Beginn der Fällung vor dem Forstmeister in Gegenwart des garde marteau und des Försters durch Sachverständige, von denen der eine von dem königlichen Anwalte bei dem Forstamte,

---

[1] Das Bedingnisheft der Versteigerungen von 1780 und später schiebt hier folgenden Satz ein:
« Aus den verkauften Schlägen darf kein Brennholz nach anderen Massen verkauft oder geliefert werden, als nach dem Klafter, welches 8 Fuss Länge, 4 Fuss Höhe und 3 ½ Fuss Scheitlänge erhält und die Wellen von 17 bis 18 Zoll Dicke. Wir beauftragen die Förster ausdrücklich, über die Ausführung dieser Bestimmung der Ordonnanz zu wachen und ihre Anzeigen in der gesetzlichen Frist zu erstatten, bei Vermeidung einer Bestrafung wegen Nachlässigkeit » «oder in den Fällen, in welchen sie von der Uebertretung Kenntnis hatten, wegen Ungehorsams.» In dem gedruckten Protokolle von 1783 ist dieser Satz handschriftlich beigefügt.

der andere durch die Versteigerer ernannt wird, eine Aufnahme der im Bereiche der Verantwortlichkeit des Käufers bereits vorhandenen Stöcke (souchetage) bewirken zu lassen, worüber Protokoll bis auf die Kosten der Soucheteurs bei Strafe der Erpressung kostenlos aufgenommen wird.»

«Die Händler sind für alle Vergeben verantwortlich, welche auf Hörweite der Axt in der Umgebung ihrer Schläge, geschätzt auf 50 Ruten (= 366 Meter) für Hölzer von 50 Jahren und darüber und auf 25 für solche von 50 Jahren abwärts, begangen werden, soferne sie und ihre Geschäftsführer nicht in der oben erklärten Weise Anzeige erstattet haben.»

«Die Steigerer sind verpflichtet, 20 Ueberhälter, zur einen Hälfte Oberständer, zur anderen angehende und Hauptbäume, der Schlagauszeichnung entsprechend, welche auf Grund unserer Weisung vom letzten 24. April gemacht wurde, stehen zu lassen.[1] Sie haben weiter alle Eck-, Rand- und Saumbäume sowie alle Obstbäume, die sich in ihren Schlägen finden, stehen zu lassen, alles das unter Vermeidung der in der Ordonnanz angegebenen Strafen und Schadens- und Wertsersätze.»

«Alle von der Versteigerung, zu welcher zu schreiten wir uns anschicken, herrührenden Hölzer und Kohlen sollen in der herkömmlichen Weise frank und frei sein von allen Abgaben, wie Octroi, Zoll, Durchgangsgeld, Ein- und Ausfuhrzoll der Städte und der Provinz und ebenso von allen Abgaben ohne irgend welche Ausnahme, sobald die Steigerer selbst damit nach Massgabe des Staatsratsbeschlusses vom 20. April 1700 verfahren.»

«Die Schlagabnahme in den zu versteigernden Schlägen wird spätestens sechs Wochen nach Ablauf des Räumungstermins vorgenommen.»

«Wir verbieten den Steigerern bei 300 ₰ Strafe, in den Streitigkeiten aller Art, welche sich in Bezug auf ihre Steigerung mit wem immer erheben könnten, irgendwo anders als bei dem Forstamte Recht zu suchen.»

[1] In den späteren Protokollen ist die Zahl der Ueberhälter und ihre Art nicht mehr vorgeschrieben.

«Wir verbieten sehr ausdrücklich den Förstern, ihren Verwandten und Verschwägerten, mittelbar oder unmittelbar Geschäftsführer oder Agenten in den Schlägen der Steigerer [zu werden, bei Vermeidung von 300 ₰ Strafe solidarisch sowohl gegen den Förster wie den Steigerer und ausserdem Suspension des Försters.»

«Die Steigerer dürfen in ihren Schlägen keine Köhler halten, welche Häuser auf Pfeilern, Ställe oder Speicher haben, unter welchem Vorwande es auch sei, sondern nur Hütten oder Baracken, oder welche Wein verkaufen oder Ziegen, Schafe, Kühe, Schweine oder anderes Vieh bei sich haben, bei Vermeidung einer Strafe von 500 ₰ solidarisch sowohl gegen den Köhler wie gegen den Steigerer und ausserdem aller Kosten, Werts- und Schadensersätze.»

«Wir verbieten den Käufern irgend welche Schalme an die nicht reservierten Eichen ihrer Schläge zu machen unter dem Vorwande sie zu verkaufen oder sie den Holzhändlern zu zeigen bei Vermeidung einer Strafe von 20 ₰ für jede so bezeichnete Eiche, zu welchem Zwecke wir die Beamten und Förster beauftragen, darüber zu wachen und ihre Protokolle zu machen, vorbehaltlich des Rechts der Steigerer, sie am Fusse oder sonstwie zu zeichnen, ohne irgend einen Schalm in Nachahmung derjenigen der Ueberhälter zu machen.»

«Die Steigerer werden zudem in der Fällung und Aufarbeitung ihrer Schläge die Forstordonnanz vom Monat August 1669 beobachten, über deren Beachtung die Hand zu halten wir den Beamten bei Vermeidung der Strafen derselben besonders empfehlen. Ausserdem haben dieselben den Beamten die Kosten der Schlagabnahme (récolement) nach der Taxe zu zahlen, welche wir darüber aufstellen werden.»[1]

Das älteste erhaltene Versteigerungsprotokoll, dasjenige von

---

[1] Gegen Schluss der Periode wurde diesem Satze hinzugefügt: «ebenso die gebräuchlichen Gebühren für das Bedingnisheft und zwar an den Gerichtsschreiber, welcher dieselben austeilt, mit dem Verbote an die Steigerer, bei Vermeidung doppelter Zahlung, an Jemand anderen zu zahlen.»

1714/15, enthält keine anderen Bedingungen. Denjenigen von 1780 an — die unmittelbar vorhergehenden sind nicht erhalten — ist noch eine Reihe unständiger Bedingungen beigefügt, welche vorschreiben, welche Arbeiten der Steigerer eines jeden Loses auf seine Kosten ausführen lassen oder welche Kosten er für bereits ausgeführte Arbeiten bezahlen musste, und wie diese Arbeiten auszuführen waren, Vorschriften, auf welche wir später zurückkommen werden.

Ueber die Höhe der Beträge, um welche die einzelnen Gebote die vorhergehenden übersteigen mussten, bestanden anfangs keine Vorschriften. Die Protokolle von 1782 an stellen dagegen dafür einen förmlichen Tarif auf, wonach diese Beträge mit der Grösse der Schläge fielen und mit der Nummer der Lichter stiegen. Die Höchstbietenden vor Ansteckung je des ersten, zweiten und dritten Lichtes hatten dann das Vorrecht, dass sie mit den angefangenen Beträgen fortbieten durften.

In den nächsten sechs Wochen nach Ablauf des Räumungstermins geschah die Nachmessung, « réarpentage », und die Abnahme (récolement) der Schläge. Die erstere erfolgte durch den zweiten Feldmesser — réarpenteur soucheteur — und wurde, wie es scheint, mit grösserer Genauigkeit ausgeführt als die erste, die Fläche nur bis auf 5 Ruten genau ermittelnde Messung. Bei der letzteren hatte sich der Forstmeister in Gegenwart der mehrgenannten Beamten zu überzeugen, ob sämtliche Eck- und Randbäume der gesamten Schlagfläche[1] sowie die ausgezeichneten Ueberhälter und die sämtlichen Obstbäume noch vorhanden und der Schlag nach Vorschrift ausgeführt war. Ausserdem wurde die Umgebung des Schlages auf Hörweite nach Frevelstöcken durchsucht. Stand ein Teil des Schlages noch auf dem Stock, so wurden die Stämme, welche Verkaufswert hatten, zum Vorteile der Waldbesitzer eingezogen, bezüglich des wertlosen Materials aber die Fällung auf Kosten des Käufers angeordnet. Wurde bei der Nachmessung eine

---

[1] Diejenigen der einzelnen Schläge waren wohl in die Versteigerung inbegriffen und brauchten deshalb nicht mehr vorhanden zu sein.

grössere Fläche als im Protokoll angegeben gefunden, so musste der Käufer für das Uebermass entsprechend mehr bezahlen, im umgekehrten Falle wurde ihm der Fehlbetrag vergütet.

In ähnlichen Formen fand die Verwertung der Windfälle, Schneebruch-, Dürr- und aufgefundener Frevelhölzer sowie der Abfälle von freihändigen Holzabgaben statt, nur dass zur Abhaltung der Versteigerungen das Forstamt ohne weiteres zuständig, und dass dasselbe ermächtigt war, solche Hölzer, wenn sie dem Diebstahl ausgesetzt waren, in kleinen Mengen auch aus freier Hand zu verkaufen. Diejenigen liegenden Dürrhölzer, welche zu Nutzzwecken brauchbar waren, wurden mit dem Waldhammer des garde-marteau angeschlagen. Was von liegendem Dürrholz nach Beendigung dieses Geschäftes nicht angeschlagen war, blieb den Dürrholzberechtigten von Hagenau überlassen.

Verkäufe von auf Rechnung der Forstverwaltung aufgearbeitetem Holze kamen während der ganzen Dauer der Herrschaft des Forstamtes niemals vor. Der Verkauf des Holzes auf dem Stocke zur Selbstgewinnung war ausnahmslose Regel.

Die einzelnen Schlagflächen wurden anfangs im ganzen ausgeboten, später aber in einzelne Schläge von 4 bis 20 Morgen geteilt. 1714 mussten die Gebote auf das ganze Los abgegeben werden, 1782 und später wurden alle Lose ohne Ausnahme nach Flächeneinheiten ausgeboten, so dass die Gebote mit der Zahl der Morgen multipliziert werden mussten, um den Kaufpreis für einen jeden zu ermitteln. Die Bestimmung des Staatsratsbeschlusses vom 6. November 1717, dass die Kiefern nur nach der Zahl der Stämme, nicht nach der Fläche verkauft werden dürfen, war demnach, wenn überhaupt je beachtet, gegen Schluss des Jahrhunderts in Vergessenheit geraten. Holzabgaben aus freier Hand kamen, abgesehen von dem Verkaufe von dem Diebstahl ausgesetzten zufälligen Ergebnissen und von den Holzabgaben zu Kriegszeiten, nur bei Bauholzberechtigten und bei Bedarf der Staatsverwaltungen vor.

Die Ordonnanz von 1669 verbietet zwar die Naturallieferung von Holz zu anderen Staatszwecken als zu denjenigen der Marine. Trotzdem sind solche während der ganzen Dauer der Periode wiederholt — und nicht nur in Notfällen — vorgekommen.

Bereits im Jahre 1697 schlug der garde-marteau im Forste Hölzer zur Reparatur der Strassen und Brücken an. 1720 befahl der Staatsrat die Abgabe von 1900 Eichen im Werte von 7198 ₰ zur Herstellung von Palissaden für Strassburg. Eine ähnliche Abgabe scheint 1738 stattgehabt zu haben, denn es sind dort 105 ₰ für Beschlagen von Holz «délivré au Roy» erwähnt. 1743 musste das Forstamt dem Marschall de Noailles 300 Kiefern von 4 bis 9 Fuss Umfang im Werte von 900 ₰ zum Bau von Flössen für Fortlouis abgeben. 1744 erfolgte die bereits erwähnte grosse Holzabgabe zur Herstellung von 20,000 Palissaden für die Befestigungen in Hagenau, Drusenheim und Fortlouis und 1783 eine andere von 107 Eichen bis zu 16 Fuss Umfang im Werte von 4511 ₰ an die Artilleriewerkstätte in Strassburg.[1]

Dass zur Zeit des Forstamtes aus dem Forste Schiffbauholz an die französische Marine freihändig abgegeben wurde, ist trotz der gegenteiligen Behauptung des Forsteinrichtungswerkes von 1842 wenig wahrscheinlich. Die Akten enthalten wohl eine Reihe von Staatsratsbeschlüssen, welche den Verkauf von Stämmen, welche die Marine als für ihre Zwecke tauglich mit ihrem Hammer bezeichnet hat, verbieten und anordnen, dass der Marineverwaltung die Forstorte, in denen gehauen werden soll, angezeigt werden sollen, aber kein Schriftstück, in welchem von einer einzelnen beabsichtigten oder vollzogenen Abgabe an dieselbe die Rede ist.

Weit umfangreicher waren seit 1718 die Abgaben von Be-

---

[1] Bei dieser Abgabe waren ausser den Beamten des Forstamtes drei Beamte der Werkstatt zugegen. Der Forstmeister nahm denselben und den anwesenden drei Förstern den Eid ab, dass sie die Hölzer «fidèlement en leurs âmes et consciences» schätzen wollten. Die Abgaben von 1720 und 1783 sind der Stadt in ihrem ganzen Betrage verrechnet worden, die übrigen, wenn überhaupt, nur teilweise. Bei der Abgabe von 1783 fielen 12 Stämme im Taxwerte von 592 ₰ fehl, so dass die Werkstätte nur 3919 ₰ zu zahlen hatte.

rechtigungsbauholz an die Stadt selbst und die Bürger von Hagenau.

Diese Abgabe erfolgte nach einer Verordnung des Intendanten von 1718 auf Grund von Bedarfsverzeichnissen, welche zwei vereidigte Zimmerleute zweimal im Jahre aufstellten, und welche der Rat prüfte und in ein Gesamtverzeichnis vereinigte. Das Hauptverzeichnis wurde nebst einem Gesamtkostenanschlag auf der Gerichtsschreiberei des Forstamtes eingereicht, worauf der garde-marteau das dazu benötigte Holz im Beisein des Försters anschlug und dem Räte die Tage mitteilte, an welchen es gefällt werden durfte. 14 Tage später musste das Holz abgefahren sein. Gleich im ersten Jahre nach der Wiederbewilligung des Bauholzrechtes wurden 142 Eichen und 1058 Kiefern verlangt, aber nur 108 Eichen, dagegen 1166 Kiefern abgegeben.

Die durchschnittliche Abgabe betrug ferner:

1719 bis 1721 209 Eichen und 2766 Kiefern im Werte von 4198 ₰
1723 u. 1724 196 » » 2395 » » » » 6500 »
1726 bis 1728 142 » » 622 » » » » 6007 »
1744 302 » » 1340 » » » » ?

In der Abrechnung von 1748 ist der Wert des abgegebenen Bauholzes mit nur 216, in derjenigen von 1753 auf 2560 ₰ angegeben. Für die späteren Jahre fehlen die Zusammenstellungen; die mit den Bedarfsbescheinigungen belegten Einzelgesuche sind aber bis 1780 vorhanden.

Gegen Ende der Periode nahm die Stadt die Fällung und Aufbereitung des Berechtigungsbauholzes in die eigene Hand, indem sie dieselbe in öffentlicher Versteigerung an den Wenigstnehmenden vergab. Gleichzeitig unterhielt sie ein grosses, alljährlich durch die Abgaben aus dem Forste ergänztes Lager aller zu Bauzwecken dienenden geschnittenen und beschlagenen Hölzer, aus welchem sie und, so weit der Vorrat reichte, auch die Bürger ihren Bedarf zunächst deckten.

Diese Einrichtung hatte viele Vorteile. Sie ermöglichte eine bessere Ausnutzung der von dem Forstamte einzeln in allen Teilen des Forstes angewiesenen und aller Wahrscheinlichkeit nach ohne Rücksicht auf die Längen nur nach dem

Umfange geschätzten Stämme, verminderte die Aufbereitungskosten und ermöglichte die Verwendung trockenen Holzes, was wiederum die Gefahr der Entstehung des Hausschwamms und des Schwindens des Holzes verminderte und die Dauer des in den Bauten verwendeten Holzes erhöhte. Leider geben die Urkunden keinen Aufschluss, ob das Forstamt oder die Stadt diese höchst zweckmässige Einrichtung angeregt hat.

Die Abfälle von dem Berechtigungsbauholz verblieben im Walde und wurden mit den Windfällen zur Selbstgewinnung versteigert. Dasselbe geschah mit den Afterschlägen des zu Staatszwecken abgegebenen Holzes. Die beteiligten Staatsverwaltungen liessen die Stämme fällen und benutzten davon, was sie zu den von ihnen angegebenen Zwecken gebrauchen konnten. Erst bei der Abgabe an die Artilleriewerkstätte im Jahre 1783 bestimmte dieselbe schon bei der Uebernahme des Holzes die Längen, auf welche sie die einzelnen Stämme gebrauchen konnte.

In Kriegszeiten wurde, abgesehen von dem Diebstahle ausgesetzten Abfällen u. dgl. auch Brennholz freihändig verkauft, so 1743 für 6862 ₰ Dürr- und Stockholz.

Die Mastnutzung wurde, soweit sie nicht zur Deckung des Bedarfes von Hagenau nötig war, meistbietend in ähnlichen Formen wie die Schläge versteigert. Gab es Mast, so reichte zunächst die Stadt das Verzeichnis der einzutreibenden Schweine ein, worauf das Forstamt die Waldteile bestimmte, welche für Hagenau allein reserviert werden sollten.[1]

Auch die zum Forste gehörigen Wiesen wurden nach Ablauf der mit Vorstedt vereinbarten Pachtverträge meistbietend und zwar nach der Abrechnung von 1749 auf sechs Jahre verpachtet. Während ihrer Dauer waren die Pachtgelder dem

---

[1] Bei schwacher Sprengmast wurde manchmal der ganze Forst den Hagenauern zugewiesen. War mehr Mast vorhanden, als die Hagenauer bedurften, so erhielten dieselben ohne Rücksicht auf die Entfernung diejenigen Teile, auf welchen am meisten Mast zu finden war. Die Entfernung von Hagenau hatte keine Bedeutung, weil die Schweine bis zum Schlusse der Periode während der ganzen Mastzeit Tag und Nacht im Walde blieben und zwar, wie aus dem Streite von 1788 hervorgeht, in Pferchen.

Generalpächter der Domänen zugesprochen worden. In den vom Forstamte abgeschlossenen Pachtverträgen scheint die Bestimmung enthalten gewesen zu sein, dass die Pächter die Wiesengräben in gutem Zustande zu erhalten haben. 1752 beantragte der Forststaatsanwalt die Aufhebung derselben wegen nicht genügender Räumung der Gräben.

Ueber die Verpachtung der Weidenutzung gegen Entgelt findet sich aus der Zeit des Forstamtes ebensowenig eine Aufschreibung als über die Gestattung irgend einer anderen Nebennutzung ausser Mast und Wiesen gegen Entgelt. In dem Notjahre 1785 erlaubte der Staatsrat allen Gemeinden den Vieheintrieb ohne alle Entschädigung.

Gestattete das Forstamt überhaupt die Nutzung der Weide, sowie von Gras, Streuwerk, Erde, Kies u. dgl., so geschah es gleichfalls ohne Entschädigung, oder es hat über die Höhe der Entschädigung nicht Buch geführt. Beides ist, abgesehen von der bereits erwähnten einmaligen Nutzung von Thonerde durch Sufflenheimer im Jahre 1698, aus dem Grunde nicht wahrscheinlich, weil in den Sitzungsprotokollen des Forstamtes auch nicht ein einziger Fall erwähnt ist, in welchem gegen jemand wegen Ueberschreitung einer derartigen Erlaubnis vorgegangen worden ist.

In wirtschaftlicher Hinsicht zeichnete sich die Periode des Forstamtes vor allem durch die Einführung der Schlagwirtschaft und zwar einer auf die Spitze getriebenen Schlagwirtschaft aus. Der ganze Forst wurde im Sinne der Ordonnanz von 1669 als Hochwald behandelt, d. h. es wurde alljährlich eine Waldfläche von der durch das règlement des coupes bestimmten Grösse bis auf anfangs 10 Ueberhälter pro Morgen kahl abgetrieben. Diese Schläge bestimmte alljährlich der Oberforstmeister aus freier Wahl. Eine Einteilung in Jahresschläge, wie sie der Staatsratsbeschluss von 1729 für den Königsbrücker Wald vorschrieb,[1] existierte im Forste zur Zeit des Forstamtes

---

[1] Von demselben sollte ein Viertel als Hochwald für ausserordentliche Bedürfnisse reserviert, der Rest in 25jährigem Umtrieb als Mittelwald bewirtschaftet werden.

nicht. Der Wald war nur in eine Reihe von Forstorten verschiedenster Grösse geteilt, welche im Laufe der Jahrhunderte vom Volksmunde eigene Namen erhalten hatten, und deren genaue Grenzen, wenn sie nicht zufällig in Wasserläufe und alte Wege fielen, niemand kannte.

Ausserhalb der regelmässigen Schläge durften von einem Abtriebe zum anderen eigentlich nur die Windfälle, Schneebrüche und Dürrhölzer genutzt werden.

Von dieser Bestimmung der Ordonnanz ist man indessen im Forste seit 1718 insoferne abgewichen, als der Staatsratsbeschluss vom 6. November 1717 gestattete, dass abständige Ueberhälter, welche bis zum nächsten Umtriebe nicht aushielten, auch in der Zwischenzeit verkauft werden durften, und als man die Berechtigungsbauhölzer und anfangs die zu Staatszwecken bestimmten Stämme auch ausserhalb der eigentlichen Schläge zur Fällung brachte, wenn dazu die vorhandenen Windfälle nicht ausreichten. Erst 1767 verfügte ein Staatsratsbeschluss, dass die für die Artilleriewerkstätte bestimmten Hölzer nicht plenterweise gehauen werden dürfen, verordnete aber, dass, um den regelmässigen Ertrag aus den Schlägen nicht zu vermindern, eigene Schläge für die Artillerie als Reserve ausgeschieden werden sollten. Die 1783 an die Artilleriewerkstätte abgegebenen Stämme wurden jedoch den für 1784 zu versteigernden Schlägen entnommen.

Die Fällungen ausserhalb der eigentlichen (Abtriebs-) Schläge beschränkten sich aber viel zu sehr auf abgängige Kiefern und Eichen, als dass sich der Hauptnachteil des Verbots, zwischen zwei Abtrieben die Axt in die Bestände zu bringen, der Mangel an Pflege derselben mit der Axt nicht auch im Hagenauer Forste in entschiedener Weise und zwar, weil in demselben fast alle Holzarten der Ebene in buntester Mischung vorkommen, vielleicht noch in höherem Grade als anderwärts geltend gemacht hätte.

Neben den allgemeinen Nachteilen der vollständigen Unterlassung der Reinigungshiebe und der eigentlichen Durchforstungen hatte sie hier durch die Art der Schlagführung eine Begünstigung der Stockausschläge vor dem Kernwuchs, der Kiefer sowie der leichtsamigen und raschwachsenden Weichhölzer vor den anfangs langsamer wachsenden harten Laubhölzern und auf den meisten Böden der Buche und Hainbuche vor der Eiche zur Folge.

Die Unterlassung des Aushiebes den edleren Holzarten schädlicher Weichhölzer, insbesondere der frühzeitig absterbenden Aspe und Saalweide, veranlasste das Entstehen zahlreicher Bestandslücken nach dem 50. bis 60. Jahre, das Wachsenlassen vorwüchsiger einzelständiger Stockausschläge und nutzholzuntüchtiger Exemplare der edleren Holzarten die Erzeugung weitbeasteter, technisch wenig brauchbarer Stämme.

Die Unterlassung der Durchforstungen bedeutete unter den gegebenen Standortsverhältnissen neben den bekannten Nachteilen des Entganges wertvoller Vornutzungen für den bleibenden Bestand in reinen Kiefernbeständen vermehrte Schneebruchgefahr, in gemischten Laubholzbeständen in den Standorten, in welchen die Buche und Hainbuche der Eiche vorwüchsig ist, ein Verschwinden der Eiche und im umgekehrten Falle ein Absterben der unterständigen Hainbuchen, welche als Bodenschutzholz von nicht geringem Werte gewesen wäre.

In den noch nicht schlagweise abgetriebenen, wie wir gesehen haben, zu Anfang der Periode vorherrschend aus Altholz bestehenden Beständen dagegen veranlasste die Unterlassung eines jeden Hiebes bis zum Abtrieb zunächst eine Ausdehnung des Kronenraumes der vorwüchsigen Stammklassen und ein allmähliches Absterben der dadurch überwachsenen Stämme, später aber bei der Fülle im Verhältnis zu der Lebensfähigkeit der betreffenden Holzart überalter Hölzer auch ein häufiges Eingehen herrschender Stämme und damit das Entstehen zahlreicher Lücken, welche im einzelnen zu klein waren, um sich zu besamen. In grösseren Lücken dagegen erwuchs durch das Stehenlassen einzelner Vorwüchse, an ihrem Rande durch die Ausbreitung der Aeste der Randbäume ästiges Holz von geringem Nutzwerte.

Auch die durch die Ordonnanz vorgeschriebene Art der Schlagführung, die sog. «coupes à tire et aire», mit der schablonenartigen Vorschrift über die Zahl der Ueberhälter — nach der Ordonnanz 40 pro Morgen — hatte grosse Nachteile. Vor allem war vor dem Abtriebe infolge der bisherigen Plenterwirtschaft auf allen besseren Böden unter und zwischen dem Altholze, wenn auch häufig nur vereinzelt, Holz von jedem Alter und von jeder Holzart vorhanden.

Es konnte nicht ausbleiben, dass namentlich die jüngeren Exemplare der vom Stock und aus der Wurzel ausschlagenden Hölzer reichliche Ausschläge und Wurzelschösslinge lieferten, welche, wenn die Zahl der ausschlagenden Stöcke eine grosse war, infolge ihres anfangs rascheren Wuchses keine Kernwüchse unter sich aufkommen liessen. Namentlich überzog die Wurzelbrut der mit ihren Wurzeln weit ausstreichenden Aspe auf den besseren Böden weite Flächen.

War die Zahl der noch ausschlagenden Stöcke dagegen eine geringe, so erwuchsen die entstehenden einzelständigen Ausschläge zu weitastigen, technisch wenig brauchbaren Hölzern, und es hing rein vom Zufall ab, ob sich ein neuer geschlossener Bestand bildete.

Am günstigsten war die Sachlage, wenn zur Zeit der Einlegung des Schlages noch entwicklungsfähiger Aufschlag in genügender Menge vorhanden war. Derselbe entwickelte sich dann unter dem Schutze der Ueberhälter anfangs kräftig, litt aber bald unter dem Drucke der einzelständigen Stockausschläge, die Eichen und Eschen später ausserdem unter demjenigen der übergehaltenen Buchen, konnten sich aber wenigstens da erhalten, wo Oberholz, Stockausschläge und Weichhölzer fehlten.

War die bei Einlegen des Schlages bereits vorhandene Besamung zur Bildung eines neuen Bestandes nicht ausreichend, so war in den früher dicht geschlossenen, mit einer hohen Humusschichte versehenen Bestandteilen der plötzliche Uebergang in fast volles Licht der Bildung neuen Aufschlags nicht günstig. Wurde der Hieb in einem Mastjahre geführt, so ging der Buchenaufschlag in den hohen Humusschichten durch Trockenheit zu Grunde, während die Eiche, statt mit den Wurzeln in die Tiefe einzudringen, ihre Saugwurzeln hauptsächlich in dem später verschwindenden oder sich in Heidehumus zersetzenden Rohhumus austrieb. Nach einigen Jahren lagen diese Wurzeln in ersterem Falle an der Luft und verbreiteten sich im zweiten in einer zur Ernährung für sie untauglichen Bodenschichte. Trat das Mastjahr erst später ein, so war der Boden in den besseren Standorten verrast oder mit Kiefern oder Weichholzanflug so dicht besetzt, dass Eichen und Buchen nicht aufkommen konnten. Zudem war die Zahl der Ueberhälter der Holzarten mit schwerem Samen, auch nachdem man sie auf 20 pro Morgen erhöht hatte, umsoweniger gross genug, um überallhin Samen auszustreuen, als ein grosser Teil derselben nachträglich vom Winde geworfen oder infolge der plötzlichen Freistellung dürr wurden, und ebenso reichte die Zahl der Ueberhälter überhaupt nicht hin, um frostempfindliche Holzarten ausreichend zu schützen. Ueberdies erschien der Aufschlag aus dem Samen der Ueberhälter selbstverständlich vorherrschend unter ihrer Schirmfläche, der von Eichen also unter voraussichtlich lange stehen bleibenden Eichen, der von Buchen unter Buchen, d. h. an einer Stelle, an welcher sie zu brauchbaren Stämmen nicht erwachsen konnten, während wenigstens die Buchen unter Eichen ganz an ihrem Platze gewesen wären und den Eichen unter Buchen durch späteren Aushieb der letzteren hätte geholfen werden können.

Dazu kam, dass die Hiebsflächen der einzelnen Jahre nicht nur an sich ungeheuer gross waren — der erste Schlag von 1695 umfasste 150 Morgen an einem Stück, und nach dem Schlagauszeichnungsprotokoll wurden noch 1790 in Mathsthal 92, in Glaswinkel 104, im Schwarzbruch gar 163 Morgen im Zusammenhange auf einmal abgetrieben —, sondern dass sich diese ungeheuren Schlagflächen an nicht minder grosse der vorangehenden Jahre unmittelbar anschlossen. Dieser unmittelbare Anschluss der neuen Schläge war so sehr Grundsatz, dass in allen Briefen, durch welche die Oberforstmeister die Forstmeister ermächtigten, in ihrem Namen die Schläge des nächsten Jahres zu bestimmen, obschon bereits in dem Staatratsbeschlusse vom 6. November 1717 befohlen worden war, im Interesse des Holzabsatzes die Schläge alljährlich in verschiedenen Teilen des Forstes einzulegen, stets die Forderung enthalten ist, dass sich dieselben wenn möglich unmittelbar an die vorhergehenden anschliessen sollen. So wurden von 1782 bis 1790 in dem Forstorte Wolfswinkel zusammen 78, im Schwarzbruch 64, in Glaswinkel 42, im Mathsthal 41, in den Kiefernorten bei Neuburg 29, auf der Stiefelhart 25, im Kranzhübel im Jahre 1784 allein 13, in Sandlach 12 Schläge von durchschnittlich etwa 10 Waldmorgen in unmittelbarer Folge abgetrieben. Im Schwarzbruch kamen in den drei Jahren 1788 bis 1790 sogar 58 Schläge dieser Grösse zur Versteigerung.

Es ist klar, dass durch die grosse Ausdehnung der Schläge auch die Seitenbesamung der Schlagflächen durch Holzarten mit leichtem, beflügeltem Samen von den Nachbarbeständen aus wesentlich erschwert wurde, dass die entstehende Besamung auf dem grössten Teile der Fläche des Seitenschutzes entbehrte und alle Nachteile grosser Hiebsflächen, Versumpfung in feuchter, Verhagerung in trockener Lage und vermehrter Engerling- und Rüffelkäferschaden in den Kiefernverjüngungen in erhöhtem Masse eintreten.

Für künstlichen Wiederaufbau der abgetriebenen Flächen geschah bis zum Schlusse der ganzen Periode auch nicht das geringste. Von Pflanzungen oder Saaten ist — abgesehen von der Forderung des Staatsanwalts aus dem Jahre 1731, die Bauern von Mertzweiler sollten die gerodete Schiebellochhurst und das Hirtzwäldel mit Eicheln einsäen, und dem Befehle des Oberforstmeisters vom Jahre 1788, die durch einen Waldbrand dürr gewordenen Hölzer unter der Bedingung zu versteigern, dass der Unternehmer auf der Brandfläche Eicheln zu säen habe — in keinem auf uns gekommenen Aktenstücke des Forstamtes auch nur mit einer Silbe die Rede.

Die Wiederbesamung der abgeholzten Flächen war bis zum Schlusse der Periode ganz der Natur überlassen; höchstens suchte man — und auch das erst wieder seit 1775[1] durch Anlage von neuen Entwässerungsgräben auf der Kulturfläche und durch Ausheben und Vertiefen der alten — der Versumpfung vorzubeugen; aber diese Gräben erhielten so steile Böschungen, dass sie unmöglich halten konnten.[2]

Das einzige, was sonst einer Obsorge für den künftigen Bestand ähnlich sah, war die 1785 zum ersten Male erlassene Bestimmung, dass in den reinen Kiefernschlägen vorhandene Jungwüchse von Kiefern von 4 Zoll Umfang stehen bleiben sollten. 1786 wurde dieses Mass auf 5 Zoll erhöht.

Die Ausführung dieser Gräben wurde ebenso wie diejenige der Wegbauten den Schlagsteigerern als Lasten aufgelegt, so zwar, dass in dem Lastenhefte bei jedem Lose vorgeschrieben war, welche Arbeiten der Käufer auszuführen hatte. Hatte ja einmal das Forstamt durch eigene Taglöhner oder im Accord eine Arbeit ausführen lassen, so wurde die Bezahlung derselben dem Käufer irgend eines Loses zur Pflicht gemacht.

Ob das Forstamt zu dieser Aushilfe schritt, weil es über keine Barmittel disponierte oder weil es auf diese Weise keine Rechnung zur Verfügung hatte, ist aus den Urkunden nicht zu ermitteln.

Es ist klar, dass der Mangel an Obsorge für die Wiederbesamung der Schlagflächen die Nachteile der grossen Schläge nur noch vermehrte, und dass überall, wo nicht zufälligerweise

---

[1] In den Lastenheften der 1780er Jahre ist bei jedem an nicht uralte Gräben anschliessenden Graben gesagt, der Käufer der Schläge welchen Jahres die Anschlussgräben gemacht habe. Ueber 1775 reichen diese Angaben nicht zurück. In diesem Jahre erhielt Perreaud eine Gratifikation u. A. unter Anerkennung der Aufmerksamkeit, die derselbe auf die Verbesserung des « fond » und die Erhaltung des Forstes verwende.

[2] Nach dem Lastenhefte der Holzversteigerungen von 1782 bis 1789 erhielten die Hauptgräben bei 4 Fuss Tiefe 1 Fuss untere und 5 Fuss obere, die Schlitzgräben 2 Fuss Tiefe, 1 Fuss untere und 3 Fuss obere Weite. Die ersteren hatten daher statt mindestens einfacher nur $1/8$-, die letzteren $1/4$fache Böschung, mussten also, wenn sie das Wasser nicht erweiterte, namentlich auf Sandboden sehr bald wieder zufallen.

beim Abtriebe eine vollkommene Besamung oder eine ausreichende Zahl ausschlagender Stöcke bereits vorhanden war, auf den Schlagflächen nur lückige und sehr ungleichaltrige Bestände entstehen konnten, in welchen abgesehen von den Ueberhältern die am leichtesten anfliegenden und die raschwüchsigsten Holzarten und die Stockausschläge die Oberhand behielten. Die einzeln übergehaltenen Kiefernvorwüchse wurden natürlich wertlose Wolfe.

Das Ergebnis waren stammarme Bestände, in welchen grobästige Vorwüchse und Stockausschläge neben den alten Ueberhältern und Weichhölzern den Hauptbestand bildeten.

Zu Ueberhältern wählte man mit Ausschluss aller anderen Holzarten vorzugsweise Eichen, in zweiter Linie Buchen, Kiefern und Birken und ganz ausnahmsweise Eschen. Ausserdem blieben alle auf der Schlägfläche vorhandenen Obstbäume, «arbres fruitiers», mit Einschluss der Vogel- und Elsbeeren stehen. Unter den Ueberhältern von 1790 fanden sich noch Eichen bis zu 14 Fuss Umfang, Buchen und Kiefern bis zu 6, Birken bis zu 5 Fuss Umfang, die Buchen in einzelnen Fällen bis zu 8, die Kiefern bis zu 12, die Birken bis zu 5 pro Morgen, von welch letzteren wohl kaum zu erwarten war, dass sie den nächsten Umtrieb aushielten. Um 1750 ist sogar einmal von einem Eichenoberständer von 20 Fuss Umfang die Rede.

Zu Anfang der Periode hielt man sich an die in der Ordonnanz vorgeschriebene Zahl von 10 Ueberhältern pro Morgen, aber bereits 1715 war diese Zahl auf 20, zur Hälfte Oberständer, zur Hälfte angehende und Hauptbäume, erhöht. Der Staatsratsbeschluss vom 6. November 1717 befahl überall die schönsten Bäume als Oberholz (baliveaux, modernes et anciens) stehen zu lassen, ohne ihre Zahl und die Holzart anzugeben. Die Bestimmung, dass 20 Ueberhälter stehen bleiben sollen, scheint aber, wie die Ausrede des Schlagsteigerers im Jahre 1751 (S. 110) beweist, noch bis in die 1750er Jahre im Lastenheft verblieben zu sein. 1790 wechselte ihre Zahl in den einzelnen Schlägen zwischen 9 bis 10 und 20, wobei, wenn weniger als 10 übergehalten wurden, in der Verhandlung ausdrücklich ausgesprochen wurde, dass mehr dazu brauchbare Stämm nicht vorhanden waren.

Einen Unterschied in Bezug auf den Boden scheint man dabei nicht gemacht zu haben, wenn es auch selbstverständlich ist, dass es auf den besseren Standorten leichter war, eine grössere Zahl brauchbarer Ueberhälter zu finden.

Die jährliche Schlagfläche war, wie bereits erwähnt 1674 auf 150 Waldmorgen bestimmt gewesen. An diese Schlagfläche hielt man sich 1695 bis 1702.

Der Staatsratsbeschluss vom 6. November 1717 schrieb vor, dass die Kiefern nicht nach der Fläche, sondern nach der Zahl der Stämme verkauft werden sollen. Diese Vorschrift wurde, wie aus einem Aktenstücke aus dem Jahre 1770 hervorgeht, so aufgefasst, als ob dadurch die frühere Bestimmung über die Grösse der Schläge aufgehoben, das «réglement des coupes illimité» sei, «quant à la contenance des coupes annuelles».

Die jährliche Schlagfläche war infolgedessen 1749 bereits auf 200, 1770 auf 440 und von 1782 an auf 500 Morgen gestiegen. Darüber hinaus trieb man 1770 noch 220, 1778 72, 1781 98, 1782 bis 1783 73, bezw. 61 und 34 Morgen als Extrahieb zum Bau von Kasernen u. dgl. ab.[1] Die bestockte Waldfläche nach Abzug des Königsbrücker Waldes auf rund 30,000 Morgen angenommen, betrug demnach die Umtriebszeit um 1700 rund 200, um 1750 150, 1778 bis 1781 75 und von da bis zum Schluss der Periode 60, und wenn man die Extrahiebe mitrechnet, wenig über 50 Jahre, wobei allerdings einzelne bis zu 200jährige, in der Hauptsache aber doch nur 80- bis 100jährige Eichen und 60- bis 100jährige Buchen, Kiefern, Birken und Eschen in den neuen Umtrieb übergingen.[2]

[1] Die Gesamtschlagfläche betrug 1749 rund 200, 1751 203, 1752 205, 1753 201, 1770 660, 1778 472, 1781 509, 1782 572, 1783 552, 1784 547 Morgen.

[2] Die «réglements des coupes», welche die Erhöhung der jährlichen Hiebsfläche von 150 auf 200, bezw. 440 und 500 Morgen verfügten, sind nicht erhalten. Es ist deshalb nicht zu erkennen, ob mit dieser Erhöhung eine vorübergehende Abnutzung der zahlreichen aus der Vorzeit übernommenen überalten Bestände oder eine dauernde Herabsetzung der Umtriebszeit beabsichtigt war.

Bei Auswahl der Schläge nahm man auf die Deckung der Holzbedürfnisse keine Rücksicht. In dem ersten 1695 verkauften Schlage können nach Massgabe des Standortes so gut wie gar keine Buchen und Hainbuchen und nur sehr wenige gute Eichen angefallen sein, ebenso in dem Schlage von 1696, welcher sich unter Missachtung der Windbruchgefahr östlich an denjenigen von 1695 anschloss. In den Jahren 1782 bis 1790 waren unter durchschnittlich etwa 60 Schlägen bald 20, bald 55 reine Laubholzschläge, so dass der Bezug von Kiefernholz, namentlich wenn der Staat Geld nötig hatte, oft recht schwierig gewesen sein mag. Umgekehrt war 1771 der Anfall von Kiefernholz in den Schlägen längs der Sufflenheimer Strasse ein so grosser, dass einem Holzhändler mit Rücksicht auf die durch die grosse Menge der Kiefernhölzer veranlasste Unabsetzbarkeit derselben gestattet werden musste, acht Harzöfen in seinen Schlägen anzulegen.

Auch auf die Entfernung der Schläge von den Gebrauchsorten wurde wenig Rücksicht genommen. Die Hauptmasse der Schläge lag bald im Norden, bald im Süden, bald im Westen, bald im äussersten Osten des Forstes. Dagegen wurde auf annähernde Gleichmässigkeit des Geldertrages der Schläge grosser Wert gelegt. Die Gewährung einer Gratifikation an den Forstmeister Perreaud im Jahre 1775 ist u. a. damit begründet, dass derselbe bei der Verteilung der Schläge grosse Sorgfalt darauf verwende, dass die guten die schlechten kompensieren, so dass der alljährliche Ertrag derselben keine Verminderung erfahre. Ausserdem scheint man auf die Absatzverhältnisse wenigstens zu Anfang der Periode gesehen zu haben. In der Grenzfeststellungsverhandlung von 1698 ist von dem Waldteile zwischen der Weissenburger Strasse und dem Halbmühlbach gesagt, derselbe sei einer der schönsten des Waldes, aber mit am wenigsten zur Fällung geeignet der grossen Entfernung und der ungeheuren Menge von Holz halber, welche in der Nähe infolge der Unglücksfälle der Kriege verfügbar seien.

Das Forstamt war bestrebt, den Absatz des Holzes aus dem Forste durch alle Mittel zu heben.

Insbesondere hielt es strenge auf Einhaltung der Bestimmung der Ordonnanz, welche es verbietet, Weg- und Brückengeld für Holz aus königlichen und ungeteilten Forsten zu erheben. Im Jahre 1719 erkannte das Forstamt dem Grafen Leiningen-Westerburg zwar das Recht zu, in Mertzweiler überhaupt Brückengeld zu erheben, nachdem die Leiningen'schen Beamten den aktenmässigen Beweis erbracht hatten, dass dieses Brückengeld bereits 1552 erhoben wurde.[1] Für Holz aus dem Forste verbot es ihm aber ausdrücklich die Erhebung desselben. 1721 erneuerte es dieses Verbot und verurteilte 1728 den Brückengelderheber des Grafen von Hanau in Hördt zur Rückgabe der Pfänder, die er einem Schlagsteigerer abgenommen hatte, weil er die Zahlung des Brückengeldes in Hördt verweigerte und zu 10 ₰ Schadenersatz und schärfte das Verbot, Weg- und Brückengeld zu erheben, von neuem ein. Ein Staatsratsbeschluss von 1783 schloss indessen die eigentlichen Holzwaren, Fassdauben, Holzschuhe u. dgl., von dieser Begünstigung aus und beschränkte dasselbe auf Brenn-, Bau- und Wagnerholz.

Dass zur Zeit des Forstamtes von dem aus der Ordonnanz in die Bedingnishefte der Holzversteigerungen übergangenen Verbot der Vereinbarungen unter den Holzhändlern Gebrauch gemacht wurde, ist aus dem vorliegenden Aktenmaterial nicht ersichtlich. 1781 sah sich der Staatsrat veranlasst, das Gebot einzuschärfen.

Das, wie aus den Beschwerden der Stadt hervorgeht, 1696 erlassene und streng gehandhabte Verbot, fremdes Holz durch den Forst nach Hagenau zu führen, wurde später vom Forstamte selber nicht mehr beachtet. 1715 sprach es einige Bauern frei, welche der Missachtung dieses Verbotes beschuldigt waren. Dass das 1728 auf Verlangen der Schlagsteigerer erlassene Verbot an die Hagenauer, Berechtigungsholz an die Juden der Stadt zu verkaufen, unbeachtet blieb, ist bereits früher erwähnt worden. Um so energischer bestand es auf der Einhaltung des

---

[1] Dasselbe ertrug 1552 1 ₰ 12 sols, 1692 86 ₰ 7 sols, 1714 111 ₰ 13 sols 68 ₰. Das Forstamt verpflichtete den Grafen, an der Brücke einen Pfahl mit dem Brückengeldtarife anbringen zu lassen.

bereits erwähnten, vom Forstamte erlassenen Verbotes vom Jahre 1752, im Umkreise von vier Stunden Lagerplätze mit fremdem Holz zu unterhalten. Es beschlagnahmte, nachdem die Frist zum Verkauf der auf den Lagerplätzen vorhandenen Vorräte [1] abgelaufen war, alles auf denselben befindliche Holz, trotz der Einsprache des Intendanten, so bereits 1752 in Oberhofen 180 Klafter, welche aus den hanau-lichtenbergischen Forsten stammten. Es bedurfte langjähriger Verhandlungen und der Einmischung des Ministers, um dieser Gewaltmassregel ein Ende zu machen. Aber noch 1774 beschränkte der Staatsrat das Recht des Grafen von Hanau, Holzlagerplätze zu erhalten, auf das in seinen eigenen Waldungen erwachsene Holz.

Ebenso musste sich Herr von Dürckheim 1755 an den Oberforstmeister wenden, um die Erlaubnis zu erhalten, Holz, welches er auf der Moder hatte flössen lassen, welches er aber «par force majeure» in der Nähe von Hagenau hatte ausschlagen müssen, dort zu verkaufen. Das Forstamt hatte ihm das Gesuch rund abgeschlagen.

Auffallenderweise beschränkte sich dasselbe bei dem Versuch, fremdes Holz von der Konkurrenz mit dem Hagenauer fernzuhalten, auf die nächste Umgebung des Forstes und legte dem Flössen von fremdem Holz auf den den Forst berührenden Bächen, Moder und Sauer, in die rheinabwärts gelegenen natürlichen Absatzgebiete des Forstes kein Hindernis in den Weg. So hat während des Streites wegen der Holzlagerplätze ein Mann aus Seltz 800 Klafter Holz, welche er in Lembach gekauft hatte, ungehindert am Forste vorbei nach Forstfeld geflösst, von dort zu Wagen nach Seltz gefahren und von dort zu Wasser (wahrscheinlich in Schiffen) nach Mannheim verfrachtet. Das Forstamt begnügte sich damit, dafür zu sorgen, dass es nicht in der Umgebung von Forstfeld verkauft wurde.

In ähnlicher Weise wie für den Holzabsatz suchte das Forstamt für gute Verwertung der Mastnutzung zu sorgen.

[1] Es lagerten damals in Hochfelden 190, in Brumath 2500, in Weyersheim 2000, in Oberhofen 180 Klafter auf den Lagerplätzen der Holzhändler.

Als 1725 der Graf v. Hanau-Lichtenberg anordnete, seine Unterthanen sollten ihre Schweine nur in die gräflichen Waldungen treiben, verbot ihm das Forstamt bei 1000 ℔ Strafe, denselben die Konkurrenz bei der Versteigerung der Mast im Forste zu untersagen.

Von einem Versuche des Forstamtes, die Holzpreise im Forste durch Verbesserung der Abfuhrwege zu heben, ist aus den ersten 80 Jahren seiner Wirksamkeit keine Nachweisung vorhanden. Es blieb den Steigerern der Schläge überlassen, die zur Abfuhr ihres Holzes nötigen Wege innerhalb derselben herzustellen und die übrigen, wenn sie sie gebrauchten, in guten Zustand zu bringen.

Mit der Herstellung solcher Wege hatten die Holländer in der Zeit der französischen Landvögte den Anfang gemacht. 1697 fand der Garde marteau im Forste einzelne ganz fahrbare Wege, welche aber sämtlich nur aus den Schlägen an die flossbaren Bäche führten.

Was man aber damals unter gut fahrbaren Wegen verstand, geht aus den Vorschriften hervor, welche von 1782 an die Lastenhefte der Holzversteigerungsprotokolle für die Umwandlung der vorhandenen Wege in regelmässige Strassen, «routes régulières» enthalten.

Darnach bestand dieser Umbau einfach in Rodung der in der Weglinie befindlichen Stöcke, in der Anlage 4 Fuss tiefer, oben 5 und unten 1 Fuss weiter Seitengräben, in der Ausfüllung aller über 1 Fuss tiefer Löcher mit Faschinen bis auf 1 Fuss unter dem Strassenniveau und Bedecken derselben mit einer fusshohen Erdschichte, in der Herstellung hölzerner Durchlässe und in der Abrundung der Ecken in ihrem Verlaufe. Der in den Löchern befindliche Schlamm musste vor Einlegen der Faschinen abgezogen, das Wasser darin abgeleitet werden. Der Grabenauswurf wurde unter möglichster Benützung des vorhandenen Kieses zur Ausebnung des Weges verwendet. Fehlte es an Kies, so suchte man die Erdschichten möglichst zu mischen. Blieb nach Ausebnung der Strasse Erde übrig, so wurde sie mit 1 1/2 Fuss Abstand vom Grabenrande in den

Wald geworfen, der Kies aber so hoch als er nur halten mochte, in der Mitte der Strasse aufgeschichtet.

Wo einigermassen tiefe Gräben die Strasse kreuzten, wurden in der Regel keine Brücken, sondern Furthen hergestellt. Die Sohle derselben wurde mit einer doppelten Schichte von Eichenstangen belegt, welche mit hakenförmigen Pfählen am Boden festgehalten wurden. Bis zur Hochwasserlinie wurden auf beiden Seiten auf ähnliche Weise befestigte Eichenbohlen angebracht und mit Eichenstangen verbunden. Die Durchlässe stellte man in 4 Fuss Tiefe aus 3 Zoll dicken Eichenbohlen mit 1 Quadratfuss lichter Weite her. Wo ausnahmsweise Brücken vorgeschrieben waren, beschränkten sich die Lastenhefte auf die Bestimmung, dass dieselben mindestens 8 Fuss breit und so gebaut werden sollen, dass kein Unglück geschieht, ferner dass das Ufer an den Brücken durch in $1\frac{1}{2}$ Fuss Abstand in der Neigung des Bachufers eingeschlagene Pfähle geschützt und die Gräben u. s w. nach Herstellung der Brücke wieder in den alten Stand gesetzt werden sollen.

Eine ganze Reihe der heute im Forste vorhandenen Strassen ist in den Jahren 1782 bis 1789 in dieser Weise von Schlagkäufern streckenweise verbessert worden, so die Ueberacher Strasse 1782, 1787 und 1788, die Laubacher Strasse 1782, 1783 und 1789, die Wörther Strasse 1782, 1783 und 1789, die Eschbacher Strasse 1785, der sog. Pfadweg[1] 1782, der

---

[1] Dieser uralte Weg, der in den Streitigkeiten des 15. Jahrhunderts eine so grosse Rolle spielte und noch heute Berechtigungsgrenze ist, ist heute unter diesem Namen so unbekannt, dass in dem französischen Forsteinrichtungswerke von 1842 der Satz in der Berechtigungsurkunde von Sufflenheim 1508, «dass die Gemeinde den Weidgang haben soll bis an die Pfäde» mit «jusqu'à l'endroit dit Pfelt» übersetzt ist. Nach den Lastenheften von 1782 und 1788, welche mir bei Abfassung des I. Teiles noch unbekannt waren, berührte der Pfadweg das Schwarzbruch, ebenso der Unterpfadweg nach dem Protokolle von 1788, der erstere ausserdem die Grimmelslach, den nördlichen Teil der Hattener Stangen. Da jetzt nur das in anderen Lastenheften erwähnte Schwabweiler Strässchen den jetzt noch einfach Schwarzbruch genannten Waldteil berührt, die Schläge im Schwarzbruch damals aber auf beiden Seiten dieses Strässchens

Unterpfadweg 1788, die Biblisheimer Strasse 1783 und 1789, die Strassen Mertzweiler-Eschbach 1784, 1785 und 1789, Sufflenheim-Niederbetschdorf 1785, Hagenau-Sufflenheim 1785, Hagenau-Schirrein 1785, Königsbrück-Sufflenheim 1787, Kaltenhausen-Schirrein 1787, Mertzweiler-Forstheim 1789, die Schwarzbruchstrasse 1789, die Schwabweiler-Strasse 1786 bis 1788.

In ähnlicher Weise, d. h. ohne Grundpflaster und Ueberschotterung scheinen damals auch die Staatsstrassen gebaut worden zu sein. Denn als 1755 der Stadt aufgegeben wurde, die nötigen Erdarbeiter zum Ausbau der 1754 als Abzweigung der alten Strasse von Hagenau nach Pfaffenhofen auf eine Breite von 72 Fuss neu abgesteckten Strasse von Hagenau über Reichshofen nach Bitsch auf der Hagenauer Gemarkung zu stellen, wurde der Stadt zur Fertigstellung ihrer Strecke nur eine Frist von fünf Wochen gegeben, welche zur Herstellung einer versteinten Strasse nicht ausgereicht hätte. Die neue Strecke im Walde selbst musste der Käufer des darin anfallenden Holzes bauen. Er hatte nach der Verordnung des Oberforstmeisters von 1751 die Verpflichtung zu übernehmen, die Bäume auszugraben (arracher et deraciner) und die Strasse gut und fahrbar (bonne et praticable) zu machen.

Im Jahre 1754 hatte der Intendant eine Verordnung über die Unterhaltung der Strassen erlassen, in welcher derselbe behauptete, die Mehrzahl der Strassen im Elsass befinde sich in einem Zustande, «qui n'exige plus qu'un entretien». Die durch diese Verordnung vorgeschriebenen Arbeiten beschränken sich aber auf Erdarbeiten, wie Ausheben der Strassengräben, zuziehen der Geleise u. dgl. Von einer Verkiesung dieser Strassen ist aber darin keine Rede. Die einzige Andeutung, dass eine solche wenigstens ortweise vorkam, ist ein

lagen, so scheint zu jener Zeit auch der jetzt Oberschwarzbruch genannte Waldteil diesen Namen geführt zu haben. Unter Pfadweg wäre demnach die jetzt Oberhofen-Oberbetschdorf genante Strasse und unter Unterpfadweg der nördliche Teil derselben zu verstehen. An dieser Strasse ist auch wie im Lastenhefte von 1782 vorgeschrieben, der östliche Strassengraben tiefer als der westliche.

Staatsratsbeschluss von 1755, welcher den Grundeigentümern generell verbietet, die Unternehmer von Strassenbauten an der Entnahme der dazu nötigen Materialien zu hindern. Auffallenderweise ist in diesem Beschlusse den Ingenieuren aufgetragen, diese Materialien womöglich nicht im Walde zu holen. Kies ist unter denselben nicht aufgeführt. Wohl aber scheint eine Ueberschotterung der Strassen auf pfalzzweibrücken'schem Gebiete um diese Zeit bereits üblich gewesen zu sein. 1756 wurde ein Mann von Hölschloch zu 20 ℔ Strafe verurteilt, weil er im Forst einen Karren Kies für die «chaussée de Schönburg» gegraben hatte.

Auch die nach dem Forsteinrichtungswerke von 1842 im Jahre 1717, bezw. 1770 stattgehabte Eröffnung der Weissenburger und Sufflenheimer Strasse scheint sich auf Erdarbeiten beschränkt zu haben. Die im Forste liegende Strecke der Sufflenheimer Strasse ist nach derselben Quelle erst 1836 versteint worden.

Diese drei Strassen erhielten beim Ausbau die in der Ordonnanz von 1669 für königliche Strassen vorgeschriebene Breite von 72 Fuss, die oben je 6 Fuss breiten Gräben mitgemessen. Die Breite aller übrigen mit Ausnahme vielleicht der Wörther Strasse war geringer und betrug, wo sie angegeben ist, 24 Fuss, wie es scheint ohne die Gräben.

Es ist klar, dass bei diesem Zustande der Wege von einem weiten Landtransporte des Holzes nicht die Rede sein konnte. Das Flössen des Holzes blieb bis zum Schlusse der Periode im Gebrauch, obwohl die den Forst berührenden, vermöge ihrer Tiefe zur Not flossbaren Bäche Sauer, Zinsel und Moder wegen ihres trägen Laufes, die Moder und Zinsel ausserdem wegen der grossen Zahl kurzer Krümmungen dazu recht schlecht geeignet waren. Auf der Moder ermöglichte man es durch Stauungen, 30 Fuss lange Stämme zu flössen.

Der Zustand der Wege brachte es ferner mit sich, dass die Nutzholzausbeute eine äusserst geringe war. Noch in den 1750er Jahren wurden dürre Eichen von 10 Fuss Umfang und darüber zu Brennholz aufgehauen. Auf dem an Lacquiante ab-

getretenen Teile des Burgbannes wurde 1778 der Wert des
darauf stockenden Bauholzes auf 45 fl. geschätzt, dagegen sollten
122 Klafter Kiefernholz im Werte von 305 fl. und für 50 fl.
Wellenholz anfallen.

Leider sind infolge des Umstandes, dass das Holz durch-
gängig zur Selbstwerbung verkauft wurde, Aufschreibungen
über die Holzpreise nach Sortiment und Masseinheiten nur in
sehr geringer Zahl und zwar bezüglich des Brennholzes nur
in den Akten über Rechtsstreite zwischen den Holzhändlern
und ihren Abnehmern erhalten. In einem solchen Rechtsstreite aus 1718 ist der Preis von 100 Wellen Eichen-
rinde auf 6 1/2 bis 7 ß angegeben. Für aufgearbeitetes Kiefernbrennholz wurde einem Händler 1720 eine Entschädigung von
1 1/2 ß, 1730 eine solche von 2 ß für das Klafter zugebilligt;
er hatte 2 ß 4 s. verlangt. 1730 schätzte das Forstamt das
Kiefernholz auf 2 ß 8 s., 1738 das Alteichenholz auf 3 ß 12 s.,
Birken auf 4 ß 8 s., Buchen auf 5 ß pro Klafter. 1744 wurden
dem Holzhändler, der die Abfälle von den Pallisaden, also
Eichenholz gesteigert hatte, 5 ß pro Klafter zugesprochen; in
dem gleichen Jahre sind in einem Urteile 6 ß als Preis für
Buchen, 4 ß für Alteichen, 5 für Jungeichen, Erlen und Aspen
angegeben, 1758 6 ß für Alteichen, 9 ß für Rotbuchen. 1760
kostete aufgearbeitetes Hainbuchenholz 10 ß, 1764 Kiefernholz
6 ß, Eichenholz 5 ß 12 s. Der Schätzungspreis des nicht aufgearbeiteten Kiefernholzes im Burgbann betrug 1778 2 fl. 5 ß,
der des Jungeichenholzes 3 fl.

Die Hauerlöhne für ein Klafter Brennholz betrugen 1697
3 ß 9 ₰, 1724 6 s. 8 ₰, 1738 14 s. für Hartholz, 12 s. für
Weichholz.

Bei Rundholz diente als Massstab für die Bemessung des
Preises bei einer und derselben Holzart noch 1744 ausschliesslich
der Umfang des Stammes, 1/2 Fuss über der Erde gemessen,
ohne alle Rücksicht auf Baumform und Länge. Bei der Abgabe
des Palissadenholzes im Jahre 1744 wurde vom Forstamte und
zwar ohne Widerspruch seitens der Stadt, der Wert der im
Eichgraben abgegebenen 1644 Eichen von zusammen 17894, also

durchschnittlich fast 11 Fuss Umfang auf 21530 ₰, der Fuss Umfang demnach auf 1,20 ₰ berechnet. Eine Eiche von 18 Fuss Umfang = 406 cm Durchmesser am Stocke wurde daher 1744 auf 21,60 ₰ geschätzt. Die Angabe derselben Urkunde, dass für die Kiefern der Wert für den Fuss Umfang 30 s. betrage, scheint indessen auf einem Irrtum zu beruhen.[1] 1727 und 1728 wurde der Wert von 267 an die Bürger zu Bauholz abgegebenen Eichen auf 2433, derjenige von 1106 Kiefern auf 1544 ₰ geschätzt.

Das Bauholz, welches sich der Oberförster Huber 1723 zu eigenem Gebrauche hatte hauen lassen, bestehend aus 36 Eichen und 15 Kiefern, worunter 694 laufende Fuss Eichen auf 2 Fuss kantig beschlagen, wurde zusammen zu 400 ₰ veranschlagt, ohne dass die Art der Berechnung angegeben wäre.

Bei der Holzabgabe von 1783 wurde ausser dem auf die angegebene Weise gemessenen Umfange auch die Länge und Güte des Holzes in Betracht gezogen. Zwei Stämme von 16 Fuss Stockumfang (= 166 cm Stockdurchmesser) und 36 Fuss Länge[2] wurden damals auf je 90 ₰, drei am Stock gleich dicke von 24 Fuss Länge auf 50, 56 und 70, ein Stamm von 12 Fuss Umfang (= 124 cm Stockdurchmesser) und 42 Fuss Länge auf

---

[1] Der Wert von 616 Kiefern ist dort auf 937 ₰ 10 sols angegeben. Zu 30 sols pro Fuss Umfang berechnet, würde das einen Gesamtumfang von 625 pro Stamm, also einen Umfang von wenig über einen Fuss ergeben. Es ist kaum wahrscheinlich, dass man damals so schwache Kiefern verwendet hat.

[2] Nimmt man an, dass die beiden 36 Fuss langen und am Stocke 166 cm dicken Stämme in der Mitte auch nur 1 m gemessen hätten, so enthielten dieselben immerhin 9,4 Festmeter ausgesuchtes Nutzholz. Das Festmeter kostete also etwas über $9^{1}/_{2}$ ₰ = etwa 7,50 ℳ. Nimmt man an, dass von den 1744 abgegebenen Stämmen von 16 Fuss Umfang gleichfalls nur 36 Fuss als Nutzholz brauchbar waren, so berechnet sich der damalige Preis eines solchen Nutzstücks auf 19,20 ₰, pro Festmeter also auf etwas über 2 ₰ = 1,60 ℳ. Heute kosten solche Stämme 75 bis 80 ℳ pro Festmeter. Der Preis derselben hat sich also in 155 Jahren auf das 50fache, in 106 Jahren auf 10fache erhöht.

84, ein anderer von 6 Fuss Umfang und 30 Fuss Länge auf 8 ℔ geschätzt. 1778 wandte sich ein gewisser Bertrand an den Staatsrat mit der Bitte, ihm 20 Jahre lang jährlich aus dem Forste 1000 Eichen zum Preise von 40 ℔ für das Stück zu liefern. Eine Entscheidung darüber ist nicht erfolgt. Die verlangten Ausmessungen sind in der Urkunde, einem Monitorium, nicht angegeben.

Der Gesamterlös aus Holz mit Einschluss der Zuschlagspfennige betrug im Durchschnitt der Jahre:

1719 bis 1721	27969	℔, der Anteil der Stadt [1]					6856 ℔
1734 bis 1736	?	»	»	»	»	»	12821 »
1749 bis 1753	36740	»	»	»	»	»	12073 »
1760	66077	»	»	»	»	»	27093 »
1761	?	»	»	»	»	»	27259 »
1763 bis 1766	?	»	»	»	»	»	13851 »
1768 bis 1770	?	»	»	»	»	»	35443 »
1779	?	»	»	»	»	»	75562 »
1781 bis 1783	125060	»	»	»	»	»	?
1784	197999	»	»	»	»	»	89802 »
1785 bis 1787	226004	»	»	»	»	»	?
1788	329277	»	»	»	»	»	?
1789	204482	»	»	»	»	»	?

Der hohe Geldertrag der letzten 9 Jahre ging über die nachhaltige Leistungsfähigkeit des Forstes weit hinaus. Die durchschnittliche Schlagfläche der Jahre 1781 bis 1784 betrug 536 Morgen, also den 56. Teil des ganzen Waldes. Das auf denselben stockende Holz aber war nicht 56jährig mit einer Anzahl alter Ueberständer, sondern mindestens 90 und wenn, wie wahrscheinlich [2] zur Zeit des Forstamtes gar nicht genutzte

---

[1] Einschliesslich den Nebennutzungen und nach Abzug der Gehalte und des Berechtigungsbauholzes.

[2] Nimmt man an, dass 1695 bis 1702 und 1714 bis 1717 150, 1718 bis 1753 200, 1754 bis 1780 450 Morgen gehauen wurden, so waren 1781 noch rund 12000 Morgen vorhanden, welche niemals schlagweise abgetrieben worden waren, in welche also der grösste Teil der 1694 vorhandenen alten Hölzer noch standen.

früher geplenterte Forstorte noch vorhanden waren, 200 bis 250jährig.

Der Einschlag dieser 9 Jahre war daher nicht nur infolge des höheren Alters des stockenden Bestandes wesentlich grösser, sondern auch weit wertvoller, als der bei Einhaltung der Umtriebszeit von etwa 56 Jahren erzielt werden konnte. Leider sind die Verwaltungsakten des Forstamtes aus jener Zeit nicht erhalten, so dass nicht mehr festgestellt werden kann, ob zu dieser ganz unverhältnismässig beschleunigten Abnutzung der aus alter Zeit übernommenen Holzvorräte die Geldnot des Staates oder die Ueberzeugung geführt hat, dass die noch aus deutscher Zeit stammenden überalten Bestände sich nicht mehr halten lassen.

Der Ertrag pro Morgen der wirklich verkauften Schläge betrug, mit Einschluss der Windfälle, in runder Summe 1749 271 ₰, 1753 146, 1781 225, 1782 209, 1713 256, 1784 362 ₰. Diese Unterschiede werden weit übertroffen durch die Differenzen in den Erlösen aus den einzelnen Schlägen bei einer und derselben Versteigerung je nach Holzart und Bestockung. So kosteten 1784 die Kiefernschläge ausschliesslich sol und 14 deniers par livre 142 bis 300, die Eichenschläge z. B. im Forstorte Bruch 535 bis 685 ₰ pro Morgen. Die Durchschnittspreise pro Jahr geben daher keinen Anhalt für das Steigen der Holzpreise. Bei der ersten Versteigerung nach dem spanischen Erbfolgekriege im Dezember 1714 wurden für einen Schlag von 26 Morgen im ganzen nur 850 ₰, mit den Zuschlagsdeniers 949 ₰, also nur etwas über 37 ₰ pro Morgen bezahlt.

Durch die während der ganzen Periode des Forstamtes übliche Art des Holzverkaufes auf dem Stocke in Schlägen von 4 bis 20 und anfangs noch mehr Morgen hat sich während derselben allmählich eine zu Anfang der Periode unbekannte Form des Holzhandels herausgebildet.

Während bis dahin der Lokalbedarf an Brenn-, Bau- und Nutzholz von dem Konsumenten unmittelbar im Walde oder höchstens durch Ankauf von Fuhrleuten, welche, um einen Taglohn zu verdienen, im Walde Holz geholt hatten, gedeckt wurde und fast nur die Schiffsbauhölzer in den Handel gingen, waren jetzt die Käufer der Schläge im Forste gezwungen, mit allen Holzsortimenten, die sich in denselben vorfanden und Tauschwert besassen, Handel zu treiben.

Die Holzkonsumenten im Lande gewöhnten sich dadurch allmählich um so leichter daran, bei eintretendem Holzbedarfe sich an die Holzhändler zu wenden, als dieselben in der Lage waren, gesundes und nicht wie die Fuhrleute vorherrschend auf dem Stocke dürr gewordenes Holz zu liefern.

Die anfangs sehr geringe Anzahl solcher Holzhändler wuchs mit der Zeit immer mehr an, so dass sie sich notgedrungen Konkurrenz machten. Die anfangs thatsächlich bestehende Monopolisierung des Holzhandels wurde dadurch wesentlich gemildert. Bei der Holzversteigerung im Jahre 1714 konkurrierten nur zwei, bei derjenigen im Jahre 1784 24 Händler.

Jeder dieser Händler handelte sowohl mit Bau- und Nutzholz wie mit Brennholz, und es ist aus den Versteigerungsprotokollen nicht zu erkennen, dass irgend einer derselben sich auf einen einzelnen Zweig des Holzhandels geworfen hätte. Im Gegenteil waren diejenigen, welche finanziell in der Lage waren, in einem Jahre mehrere Schläge zu kaufen, sichtlich bemüht, Hölzer der verschiedensten Art an sich zu bringen. Wer nur einen Schlag zu kaufen im stande war, ersteigerte wo möglich einen Schlag, in welchem alle Holzarten vorkamen.

Ueber die Art der Aufarbeitung des Holzes fehlen selbstverständlich alle Aufschreibungen. Nur so viel steht fest, dass alles Brennholz in Klafter gesetzt werden musste, und dass Wellen bereits 1717 in den Schlägen des Forstes gemacht wurden. Stockholz wurde von einzelnen während der ganzen Periode genutzt, ob auch von den Schlagkäufern, steht nicht fest.

Als 1743 des Krieges halber kein Schlag ausgeführt werden konnte, wies das Forstamt den Armen der Stadt dürre Stämme und Stöcke von 13924 Fuss Umfang an und veranschlagte den Wert derselben auf 6862 fl. 1753 gab die Stadt den Kapuzinern 30 Klafter Stockholz ab und schätzte dasselbe auf 4 ß pro Klafter.

Von dem Brennholz wurde ein grosser Teil verkohlt; aus dem Kiefernholz wenigstens von 1771 an Pech gesotten.

Von den Nebennutzungen war finanziell die Einnahme aus den im Forste befindlichen Wiesen die regelmässigste und deshalb bedeutendste. Sie waren 1748 für rund 859, 1751 für 1196, 1758 für 947 ℔ (incl. Zuschlagspfennige verpachtet). Ueber ihre Grössen fehlen gleichzeitige Angaben. Die Fläche der 1842 vorhandenen Wiesen betrug 45,80 ha.

Aus der von den Berechtigten nicht in Anspruch genommenen Mast wurden 1697 341, 1748 1469 ℔ erlöst. Die Einnahme war aber zu unregelmässig, um finanziell grosse Wichtigkeit zu erlangen.

Die Stadt benützte die Mast bis zum Schlusse der Periode in ausgedehntestem Masse. Sie meldete 1696 600 Schweine an, 1727 trieb sie 1108 Schweine in den Vorecker, 388 in den Nachecker, 1747 wurden 1649, 1783 1148 Schweine in den Vorecker eingetrieben. 1768 betrug die Zahl der von der Stadt eingetriebenen Schweine im Vorecker 1168, im ersten Nachecker (17. Dezember bis 6. Februar) 1363, im zweiten Nachecker (7. Februar bis 31. März) 613.

Die Stadt erhob von den davon nicht befreiten Besitzern der Schweine ein Eckergeld, von 7 β (1747) bis 1 fl. (1716 und 1768) pro Stück, welches in Mastjahren bis zu 1505 fl. eintrug, aber zum grössten Teil durch die Kosten (Gebühren des Forstamts, Hirtenlohn u. s. w.) aufgezehrt wurde. Aus den Eckerrechnungen geht hervor, dass die Eckerordnung von 1624 (I. Teil, Seite 28) bis gegen Schluss der Periode aufrecht erhalten wurde. Nur waren die Löhne entsprechend gestiegen, der des Küttmeisters beispielsweise 1747 auf wöchentlich 3 fl., der der Hirten auf 2 fl. 8 β. Ausserdem erhielt jeder Hirte für «Stiffel» 6 fl.[1]

---

[1] 1747 erhielt der Oberschultheiss und die (damals drei) Eckerherren 3 fl. 5 β Tagegelder, zusammen 42 fl., das Forstamt liquidierte für «Bereitung des Eckerichs» 65 fl. 2 β, ausserdem 75 fl. für Brennen der Schweine (6 ₰ für das Stück) und 3 fl. für die dabei verbrauchten Kohlen. «Für Pulver und Blei, so den Hirten gegeben worden»,

Für andere Nebennutzungen sind Einnahmen nicht gebucht.

Ueber die Art der Ausübung der Jagd fehlt aus der Zeit des Forstamtes jeder Nachweis. Der Kardinal Rohan, dem 1780 vom Könige das Jagdrecht im Forste — anfangs mit der Prinzessin Christine von Sachsen, der Tante des Königs — übertragen wurde, setzte 1781 durch, dass ausser seinen Leuten niemand im Forste jagen durfte. Er unterhielt eigene Jagdbeamten, welche von dem Forstamte vereidigt wurden und deren Strafanzeigen in demselben Grade wie die der Förster beweiskräftig waren. An der Spitze derselben stand ein Herr v. Kageneck.

1757 klagte der Oberforstmeister, dass man im Forste das Wild jeder Art vollständig ausrotte, und dass jedermann, die Förster inbegriffen, dort ungestraft jage. Der Fürst von Birkenfeld scheint demnach das ihm 1720 übertragene und noch 1762 innegehabte Jagdrecht später nicht mehr ausgeübt zu haben.

Was die im Forste vorkommenden Wildarten betrifft, so sind die Nachrichten darüber ausserordentlich spärlich. In den Streitigkeiten des Jahres 1724 sagte ein Jagdhüter aus, er habe einen Bauern beim Aufbrechen eines beschlagenen Alttiers betroffen. 1753 musste der Rat 15 ß Entschädigung für einen Eber zahlen, der auf seinen Befehl mit der Herde in den Forst getrieben und dort von einem Keuler derartig zugerichtet wurde, dass er einging. Auch Wölfe scheinen im Forste wenigstens noch in der Mitte des Jahrhunderts vorgekommen zu sein. 1747 entschuldigte sich zwar ein Schäfer, dessen Herde

wurden 1 fl. 8 ß 9 ₰ in Rechnung gesetzt, von den Fronern bei Herstellung der Pferche verzehrt 14 fl. 5 ß 1 ₰. Freischweine hatten ausser den bereits erwähnten Forstbeamten die Stettmeister, Hirten, Küttmeister, der Syndikus sowie die Klöster und Burgmänner.

Eichelmastjahre waren nach den Urkunden im Forste 1697, 1700, 1714, 1715, 1718, 1719, 1721, 1722, 1723, 1727, 1733, 1734, 1735, 1745, 1747, 1748, 1751, 1753, 1756, 1757, 1758, 1760, 1762, 1766, 1768, 1783, 1788; nach dieser jedenfalls unvollständigen Zusammenstellung also 26 Eichelmastjahre in 92 Jahren oder in je 7 Jahren zwei Eichelmastjahre. Dass es auch Bucheckern im Forste gegeben hat, ist nur aus dem Jahre 1700 erwähnt.

im Forste angetroffen wurde, ohne Erfolg damit, dass dieselbe von Wölfen zersprengt worden sei; dagegen wurde 1759 ein Mann vom Forstamte freigesprochen, der, mit einem geladenen Gewehre im Forste betroffen, vorgab, die Fährte von Wölfen verfolgt zu haben.

Die Verhandlungen des Forstamtes wurden im Anfange der Periode nur französisch geführt. Allmählich scheint aber, da die höheren Beamten infolge der Erblichkeit der Aemter zum grössten Teil in Hagenau geboren waren und nicht nur die Parteien, sondern auch ein Teil der Förster der französischen Sprache nicht mächtig waren, die deutsche Sprache sich Eingang in den Forstgerichtssaal verschafft zu haben, wenn auch die Protokolle und alle vom Forstamte abgefassten Schriftstücke französisch abgefasst wurden. Oeffentliche Bekanntmachungen erliess indessen der letzte Perreaud in der Regel in beiden Sprachen.

Im Rate der Stadt wurden die Verhandlungen in deutscher Sprache, die Rechnungen meist in deutscher Währung geführt. Im Verkehre mit den Behörden bediente er sich aber der französischen Sprache.

Streifzüge und Rastorte im Elsass und den angrenzenden Gebieten.

Heft I: **Die Strassenbahn Strassburg-Markolsheim, nebst Ausflügen in den Kaiserstuhl,** von C. Mündel. Mit 10 Illustrationen und 2 Karten. 2. Aufl. 8. 64 S. ℳ 1 —
Heft II: **Das Wasgaubad Niederbronn und seine Umgebung.** Mit 10 Illustrationen und einer Karte von W. Kirstein. gr. 8. 88 S. ℳ 1 —
Heft III: **Wanderungen im Breuschthale.** Von G. Kruhöffer. Mit zahlreichen Illustrationen. gr. 8. 67 S. ℳ 1 —

Demnächst erscheinen:

Heft IV: **Rappoltsweiler und Umgebung.**
Heft V: **Das Münsterthal.**
Heft VI: **Zabern und Umgebung.**

Weitere Hefte sind in Vorbereitung.

Panoramen von Vogesenbergen.

Näher, Panorama des Odilienbergs. ℳ — 60
— » » Donon. ℳ — 60

Weitere Aufnahmen sind in Vorbereitung.

Rectoratsreden der Universität Strassburg.

Heitz, E. Zur Geschichte der alten Strassburger Universität. Rede gehalten am 1. Mai 1885. ℳ — 60
Reye, Th. Die Synthetische Geometrie im Alterthum und in der Neuzeit. Rede gehalten am 1. Mai 1886. ℳ — 40
Zœpffel, Rich. Johannes Sturm, der erste Rector der Strassburger Akademie. Rede gehalten am 30. April 1887. ℳ — 40
Goltz, Friedrich. Gedenkfeier des verewigten Stifters der Universität, weiland Seiner Majestät Kaiser Wilhelms. Rede gehalten am 1. Mai 1888. ℳ — 40
Merkel, A. Ueber den Zusammenhang zwischen der Entwickelung des Strafrechts und der Gesammtentwickelung der öffentlichen Zustände und des geistigen Lebens der Völker. Rede gehalten am 1. Mai 1889. ℳ — 40

Baumgarten, Hermann. **Zum Gedächtniss Kaiser Friedrichs.** Rede bei der Gedenkfeier der Kaiser-Wilhelms-Universität am 20. Juni 1888. ℳ — 40
Nowack, W. Gedächtnisspredigt über 2 Kön. 2, 9-12 bei der Trauerfeier für Kaiser Wilhelm. Rede gehalten am 18. März 1888. ℳ — 20
Ziegler, Theobald. **Thomas Morus und seine Schrift von der Insel Utopia.** Rede zur Feier des Geburtstages Sr. Majestät des Kaisers Wilhelm II. gehalten am 27. Januar 1889. ℳ — 50

Der Ligurinus Gunthers von Pairis im Elsass. Ein Epos zum Ruhme Kaiser Rothbarts aus dem 12. Jahrhundert. Deutsch von Theodor Vulpinus. ℳ 3 50

Wiegand, Wilhelm. **Friedrich der Grosse im Urtheil der Nachwelt.** Vortrag, gehalten in der Eröffnungssitzung der Strassburger staatswissenschaftlichen Gesellschaft am 14. Oktober 1887. gr. 8. 31 S. ℳ — 80

Matthis Gustav. **Die Leiden der Evangelischen in der Grafschaft Saarwerden.** (Kantone Saar-Union und Drulingen im Elsass.) Reformation und Gegenreformation. 1557—1700. Nach den Quellen erzählt. Mit einer Karte der Grafschaft Saarwerden. ℳ 3 —

Lercheimer Augustin (Professor H. Witekind in Heidelberg) und seine Schrift wider den Hexenwahn. Lebensgeschichtliches und Abdruck der letzten von ihm besorgten Ausgabe von 1597. Sprachlich bearbeitet durch Anton Birlinger, herausgegeben von Carl Binz. ℳ 3 50

Baum, Adolf. **Magistrat und Reformation in Strassburg bis 1529.** ℳ 4 50

Bremer, F. P., Prof. Dr. **Franz von Sickingens Fehde gegen Trier und ein Gutachten Claudius Cantiunculas über die Rechtsansprüche der Sickingenschen Erben.** Lex.-8. XXVIII u. 116 S. ℳ — 4 50

Hackenschmidt, Ch. Vater. **Bilder aus dem Leben von Franz Heinrich Härter. Ein Beitrag zur Geschichte des geistlichen Lebens im Elsass im XIX. Jahrhundert.** gr. 8. 68. S. mit zwei Bildern. ℳ — 80

Kindheit- und Jugenderinnerungen von Dr. Fr. Bruch. Aus seinen schriftlichen Aufzeichnungen mitgetheilt von Th. G. Mit drei Radirungen von E. G. ℳ 2. 50

Lupus, B. **Die Stadt Syrakus im Alterthum.** Autorisirte deutsche Bearbeitung der Cavallari-Holm'schen Topografia archeologica di Siracusa. Mit Karten und Illustrationen. ℳ 10 —

Mühlenbeck, E. **Etude sur les origines de la Ste-Alliance.** Avec un portrait de Mad. de Krudener d'après Angelica Kaufmann. ℳ 6 —

von Müllenheim-Rechberg, Hermann Freiherr. **Die Annexion des Elsass durch Frankreich und Rückblicke auf die Verwaltung des Landes** vom Westphälischen Frieden bis zum Ryswicker Frieden (1648-1697). ℳ 1 50

Fröhlich, A. **Sectenthum und Separatismus im jetzigen kirchlichen Leben der evangelischen Bevölkerung Elsass-Lothringens.** 8. 172 S. ℳ 3 —

Gerbert, Camill, Dr. **Geschichte der Strassburger Sectenbewegung bis zur Zeit der Reformation (1524—34).** gr. 8. XV. 200 S. ℳ 3 —

Lindner, Bertha. **Fünf pädagogische Betrachtungen.** 8. 54 S. ℳ 1 20

www.ingramcontent.com/pod-product-compliance
Lightning Source LLC
Chambersburg PA
CBHW031929230426
43672CB00010B/1867